Knaur

D1722249

Über die Autorin:

Insa Näth, geboren 1971, hat Volkswirtschaftslehre studiert und längere Zeit in den USA gelebt. Sie hat außerdem bei einem Dienstleistungsunternehmen für USA-Interessierte gearbeitet und das Buch *Wunschheimat USA* veröffentlicht.

Insa Näth

Knaurs Handbuch
Studieren in den USA

Bewerbung, Zulassung, Finanzierung

Mit Checklisten und Tips
rund ums Campusleben

Knaur

Besuchen Sie uns im Internet:
www.droemer-knaur.de

Originalausgabe Juni 1999
Copyright © 1999 bei Droemersche Verlagsanstalt
Th. Knaur Nachf., München
Alle Rechte vorbehalten. Das Werk darf – auch teilweise –
nur mit Genehmigung des Verlags wiedergegeben werden.
Redaktion: Hermann Ehmann
Umschlaggestaltung: Agentur Zero, München
Umschlagabbildung: Tony Stone, München / Doug Armand
Satz: Ventura Publisher im Verlag
Druck und Bindung: Ebner Ulm
Printed in Germany
ISBN 3-426-82244-X

5   4   3   2   1

Inhaltsverzeichnis

1. Einleitung 9

2. Das amerikanische Bildungswesen 13
2.1. Überblick über das Schulsystem 13
2.2. Rund um amerikanische Universitäten 29

3. Extrateil für bestimmte Fachbereiche 48
3.1. Extrateil für Juristen 48
3.2. Extrateil für Mediziner 49
3.3. Extrateil für Wirtschaftswissenschaftler 52
3.4. Andere Fachbereiche 54

4. Zeitplan für die Bewerbung 55

5. Vorüberlegungen und Voraussetzungen
für Ihre Bewerbung 61
5.1. Informationen beschaffen 61
5.2. Dauer und Zeitpunkt des USA-Studiums 62
5.3. Fächerauswahl 64
5.4. Auswahl der Hochschule 65
5.5. Zulassung und Einstufung 70
5.6. Verbesserung der Englischkenntnisse
vor dem Studium 75
5.7. »Summer Schools« 78

6. Erste Anfrage nach Informationsmaterial 80
6.1. Allgemeine Hinweise zur schriftlichen Korrespondenz
mit den Hochschulen 80
6.2. Erste Anfrage bei amerikanischen Hochschulen 82

7. Finanzierung des USA-Aufenthaltes 84
7.1. Kosten eines USA-Studienaufenthaltes 85
7.2. Selbstfinanzierung 89
7.3. Stipendien und Beihilfe aus öffentlichen Mitteln . . . 90
7.4. Direktaustausch 103
7.5. Amerikanische Stipendien 104
7.6. Arbeit neben dem Studium 105

8. Sprach- und Zulassungstests 108

9. Bewerbung 119
9.1. Bewerbungsunterlagen 120
9.2. Nach der Bewerbung 132
9.3. Checkliste für das Bewerbungsverfahren 133

10. Visa für Studenten 135
10.1. Befristete Visa 137
10.2. Beantragung eines befristeten Visums 145
10.3. Die Green Card 150

11. Vorbereitung und Umzug in die USA 156
11.1. Wohnen während des Studiums 156
11.2. Vorbereitung in Deutschland 161
11.3. Der Umzug in die USA 165
11.4. Checkliste für den Umzug 171
11.5. Ankunft am Flughafen 172

12. Vor Ort in den USA 174
12.1. Alltag an einer amerikanischen Universität 174
12.2. Checkliste bei der Ankunft in den USA 187
12.3. Dinge des täglichen Lebens 188

13. Nach dem Studium 216

13.1. Anerkennung amerikanischer Studienleistungen
in Deutschland 216
13.2. Den Aufenthalt in den USA verlängern 219
13.3. Checkliste für die Rückkehr nach Deutschland ... 221

14. Anhang 222
Glossar 222
Adressen 228
Literaturhinweise 273
Musterbrief 1: Beispiel für eine erste Informations-
anfrage 281
Musterbrief 2: »Summary of Academic Record« 283
Postalische Abkürzungen der Bundesstaaten 285
Register 287

Bitte schreiben Sie uns ...

- Haben Sie ganz besondere Erfahrungen gemacht?
- Wie ist es Ihnen bei der Beantragung Ihres Visums, Ihrem Studium oder Praktikum und Ihrem Umzug ergangen?
- Haben Sie Anregungen oder Kritik zu dem Buch »Studieren in den USA«?

- Um Neuauflagen stets zu verbessern und immer auf dem aktuellen Stand zu halten, freuen wir uns über jeden Hinweis, Erfahrungsbericht, Tip oder Verbesserungsvorschlag. Besonders interessante Erfahrungsberichte können unter Umständen im Rahmen des Buches veröffentlicht werden.

- Schreiben Sie an:
  Droemersche Verlagsanstalt Th. Knaur Nachfolger
- *Stichwort: Studieren in den USA*
- Rauchstr. 9-11
- 81679 München

1. Einleitung

Viele Studenten träumen davon, ein, zwei Semester oder sogar ihr gesamtes Studium an einer amerikanischen Hochschule zu verbringen. Zum einem lockt das gute Bildungsangebot amerikanischer Hochschulen, der Drang nach Abwechslung, der Wunsch, sein Leben individuell zu gestalten, und natürlich auch der Hauch von Abenteuer. Ohne Zweifel bereichert ein USA-Aufenthalt Ihren Erfahrungsschatz, trägt zu Ihrer Persönlichkeitsentwicklung bei, erweitert Ihre Fach- und Sprachkenntnisse und ist ein einzigartiges Erlebnis.

Zum anderen wird von vielen Stellen immer wieder betont, wie sehr ein Auslandsaufenthalt, insbesondere ein USA-Aufenthalt, die Karriere fördert. Wagen Sie den Schritt über den Atlantik, gelten Sie überall als kosmopolitische, selbständige, engagierte Persönlichkeit mit umfangreichen Sprachkenntnissen und mit der Fähigkeit zur Eigeninitiative.

Die Vorteile eines USA-Aufenthalts auf einen Blick:
- Neue Erfahrungen können Ihr Leben in Europa bereichern und verändern.
- Auslandserfahrungen erweitern Ihren Horizont, fördern Ihre Selbständigkeit und Ihr Verständnis für andere Kulturen.
- Sie verbessern Ihre Englischkenntnisse.
- Sie verbessern Ihre Fachkenntnisse (ein Auslandsaufenthalt ist in vielen Fachbereichen ein »Muß«).
- Häufig verbessern Sie Ihre Chancen auf dem europäischen Arbeitsmarkt.

Bei all diesen Vorteilen sollten Sie bedenken, daß der Weg an eine amerikanische Hochschule sehr mühsam und mit vielen Verwaltungsangelegenheiten verbunden ist. Sie müssen Ihren Aufenthalt meist lange im vorhinein planen (ein bis eineinhalb Jahre). Ihre Gesamtstudienzeit kann sich verlängern. Zudem ist ein Studium in den USA sehr teuer, und Sie müssen unter Umständen einen Teil selbst finanzieren.

Dennoch empfinden die meisten Studenten, die aus den USA zurückgekehrt sind, Ihren USA-Aufenthalt als ein unentbehrliches Erlebnis. Fast alle bestätigen, daß sich der Aufwand gelohnt hat.

Wenn Sie Ihren »Studienwunsch USA« verwirklichen möchten, werden Sie auf jede Menge Fragen und Probleme stoßen:

- Wie realisieren Sie einen USA-Aufenthalt?
- Wie finanzieren Sie das Studium?
- Welche Bedingungen müssen Sie erfüllen, um in den USA studieren zu können?
- Wo und wie beantragen Sie welches Visum?
- Was müssen Sie bei der Bewerbung alles beachten?
- Was erwartet Sie in den USA?
- Wer hilft Ihnen?

Diese und viele andere Fragen möchte ich Ihnen in diesem Buch beantworten. Sie erfahren, wie Sie Ihren Wunsch Schritt für Schritt

- von der Idee, in den USA zu studieren,
- über die Bewerbung um einen Studienplatz
- bis zur Rückkehr nach Deutschland

realisieren können.

Dazu gebe ich Ihnen umfangreiche Informationen über das amerikanische Bildungswesen, Visabestimmungen und das Leben in den USA, auf deren Grundlage Sie Ihr Vorhaben planen können. Ein Extrateil enthält wichtige Informationen für angehende Juristen, Mediziner und Wirtschaftswissenschaftler. Tips, Entscheidungshilfen, Anleitungen zum Erstellen von Informationsanschreiben und Bewerbungen sowie Checklisten erleichtern Ihnen die Organisation und geben nützliche Hilfestellungen.

Ein umfangreiches Glossar übersetzt Begriffe, auf die Sie bei der Organisation Ihres Studienvorhabens stoßen werden. Zahlreiche Kontaktadressen in bezug auf ein Studium in den USA und Adressen für diejenigen, die ein Praktikum, einen Job oder einen Referendariatsplatz suchen, vervollständigen den Serviceteil. Literaturhinweise helfen Ihnen weiter, wenn Sie über dieses Buch hinausgehende spezielle Informationen benötigen.

Wege in die USA

Bevor ich beginne, Ihnen das amerikanische Hochschulwesen zu erläutern, möchte ich Ihnen eingangs die verschiedenen Wege zeigen, die zu einem Studienplatz in den USA führen:

Weg 1:
Sie können sich auf eigene Faust an einer amerikanischen Hochschule bewerben. Dieser Weg bringt in der Regel den größten Aufwand mit sich. Dafür können Sie die Hochschule, die Dauer des Studiums und vieles mehr selbst bestimmen.

Weg 2:
Sie können sich für ein Stipendium bewerben. Bei einigen Stipendien müssen Sie ebenfalls das Studium selbst planen und die Bewerbung durchführen. Andere Stipendien werden im Zusammenhang mit bestimmten Studiengängen und bestimmten Universitäten vergeben, so daß Ihr Aufwand etwas geringer ist.

Weg 3:

Sie können sich für ein integriertes Austauschstudium bewerben. Dies ist oft der einfachste Weg, da deutsche Hochschulen meist integrierte Auslandsstudiengänge mit bestimmten Partnerhochschulen durchführen. Häufig ist im vorhinein festgelegt, welche Leistungen Sie in den USA erbringen müssen, und Ihnen wird garantiert, daß diese Leistungen anerkannt werden. Außerdem ist die Dauer und der Verlauf des Auslandsstudiums festgelegt. Austauschprogramme dauern in der Regel ein oder zwei Semester. Studiengebühren an der ausländischen Partneruniversität entfallen erfahrungsgemäß oder sind ermäßigt. Um an solchen Programmen teilzunehmen, bewerben Sie sich bei Ihrer Hochschule. Sie müssen Sprachtests ablegen und Auswahlgespräche durchlaufen. Aufgrund des hohen Organisationsgrades solcher Programme haben Sie weder die Wahl der amerikanischen Hochschule noch können Sie Ihren Aufenthalt in bezug auf die Dauer und den Inhalt frei bestimmen. Informationen und Adressen von Hochschulen mit integrierten Studiengängen im Bereich Wirtschaftswissenschaften finden Sie im Internet: http://www.daad.de/info-f-d/integrierte_studiengänge_-_wirtschaftswissenschaften.shtml

Weg 4:

Sie können sich über eine Organisation an eine amerikanische Hochschule vermitteln lassen. Beispielsweise vermitteln der Council, die Carl-Duisberg-Gesellschaft, der DAAD, die Fulbright-Kommission oder das GLS-Sprachenzentrum Studienprogramme in den USA (Adressen ab S. 234).

Unabhängig davon, für welchen Weg Sie sich entscheiden, oder ob Sie über mehrere Wege versuchen, in die USA zu kommen – die Voraussetzungen für Erfolg sind Eigeninitiative und sorgfältige Vorbereitung.

2. Das amerikanische Bildungswesen

2.1. Überblick über das Schulsystem

Wenn Sie in den USA studieren möchten, sollten Sie die Struktur des amerikanischen Bildungswesens kennen, damit Sie sich realistische Vorstellungen davon machen können, was Sie in den USA erwartet und auf welcher Ausbildungsstufe Sie sich aufgrund Ihrer bisherige Ausbildung befinden. In diesem Kapitel gebe ich Ihnen einen ersten Überblick über die Struktur des amerikanischen Schulsystems. Auf dieser Basis können Sie Ihre eigene bisherige Ausbildung realistisch einschätzen und entscheiden, ob Sie lieber auf einem »College«, einer Universität oder einer »Technical Institution« studieren wollen bzw. in welches Studienjahr Sie eingestuft werden möchten. Außerdem werden Sie viele (Deutschen meist unbekannte) typisch amerikanische Prinzipien besser verstehen und sich leichter in den USA zurechtfinden.

Zuständigkeit für die Bildungspolitik

Das amerikanische Bildungswesen liegt im Kompetenzbereich der einzelnen Bundesstaaten, die den lokalen Körperschaften häufig weitreichende Befugnisse einräumen.

Anfangs hatten nur einzelne Bundesstaaten ihr Bildungswesen miteinander koordiniert. Seit den sechziger Jahren sorgt die »Educational Commission of the States« für eine bessere Koordinierung der Bildungspolitik zwischen allen Bundesstaaten. Außerdem schaltet sich die Bundesregierung der USA in einigen Bereichen in die Bildungspolitik ein, um Chancengleichheit zu fördern und um für eine zumindest in den Grundzügen einheitliche Bildungspolitik zu sorgen. Darüber hinaus greift die Bundesregierung immer dann in die Bildungspolitik ein, wenn die nationale Sicherheit oder die internationale Wettbewerbsfähigkeit gefährdet zu sein scheint. Beispielsweise wurden nach dem »Sputnik-Schock« (die UdSSR brachte 1957 den ersten Satelliten »Sputnik 1« in die Erdumlaufbahn) mehrere Milliarden Dollar in die Förderung der Mathematik, der Naturwissenschaften und Fremdsprachen gesteckt.

Qualität der amerikanischen Schulen

Die Qualität der Ausbildung und der akademischen Abschlüsse ist an den amerikanischen Schulen und Hochschulen sehr unterschiedlich.

Seit Beginn der achtziger Jahre wird in den USA immer wieder über das Bildungswesen debattiert. Anlaß waren Untersuchungen von Bildungskommissionen über die Qualität der amerikanischen Ausbildung, die mehrfach auf erhebliche Defizite der amerikanischen Schulbildung stießen. Ebenso oft, wie das amerikanische Bildungssystem kritisiert wird, wird insbesondere das Universitätssystem als Vorbild gelobt. Die sehr gute Qualität der Ausbildung an etlichen amerikanischen Hochschulen beruht auf

- der individuellen Betreuung der Studenten, ermöglicht durch eine geringe Zahl an Studenten pro Lehrkraft,
- der guten Qualität der Lehre, bedingt durch die Konkurrenz unter den akademischen Lehrkräften,

- der Ausstattung der Universitäten mit Computern, Büchern und anderem Lehrmaterial und
- dem umfangreichen Freizeitangebot.

Möglich ist diese Form der universitären Ausbildung nur aufgrund relativ hoher Studiengebühren.

Überblick über das Schulsystem

Der Weg bis zum »High School«-Abschluß

Im Alter von sechs Jahren beginnt in den USA für jedes Kind die Schulpflicht, die mit dem 16. Lebensjahr endet. Mit sechs Jahren besuchen die Kinder eine Grundschule (»Elementary School«, »Primary School«, »Grammar School« oder »Grade School«). Die »Elementary Schools« dauern vier, sechs oder acht Jahre.

Anders als in Deutschland, wo die Schüler je nach individueller Leistung ein Gymnasium, eine Real- oder Hauptschule besuchen, gehen im amerikanischen Schulsystem alle Schüler nach der »Elementary School« auf eine »High School«. In der »High School« werden für einige Fächer mehrere Kurse mit verschiedenen Leistungsniveaus angeboten. Mit diesem System sollen allen Schülern gleiche Startchancen gewährt werden.

Der Zeitraum, den amerikanische Schüler in den jeweiligen Ausbildungsstufen verbringen, kann unterschiedlich lang sein. Bis zum »High School«-Abschluß haben die Schüler auf jeden Fall 12 Jahre die Schulbank gedrückt. Dabei können sie entweder

- vier Jahre eine »Elementary School«, vier Jahre eine »Middle School« und vier Jahre eine »4 Year High School«,

- sechs Jahre eine »Elementary School«, drei Jahre eine »Junior High School« (»Secondary Education«) und drei Jahre eine »Senior High School« (»Higher Education«),
- sechs Jahre eine »Elementary School«, zwei Jahre eine »Junior High School« und vier Jahre eine »Senior High School«,
- acht Jahre eine »Elementary School« und anschließend vier Jahre eine »High School« besucht haben.

Während die Schulpflicht nach zehn Schuljahren endet, wird ein »High School«-Abschluß erst nach zwölf Schuljahren vergeben. Die Schüler aber, die die »High School« mit dem Ende der Schulpflicht ohne Abschluß verlassen, gelten als Schulabbrecher. Die Qualität des »High School«-Abschlusses schwankt stark zwischen den einzelnen »High Schools«.

Das Ziel der »High School« ist es, die Schüler auf das »College« oder auf den Berufsweg vorzubereiten. Daher gibt es neben den Fächern mit theoretisch allgemeinbildenden Inhalten auch solche, in denen praktische Kenntnisse vermittelt werden.

Während des dritten und vierten Jahres entscheiden sich die Schüler, ob sie im Anschluß an die »High School« ein »College«, eine »Vocational School« oder eine »Technical Institution« besuchen möchten oder direkt in das Berufsleben einsteigen.

Bevor ich Ihnen die Ausbildungsstufen nach der »High School« erläutere, hier ein Überblick über die einzelnen Schulstufen:

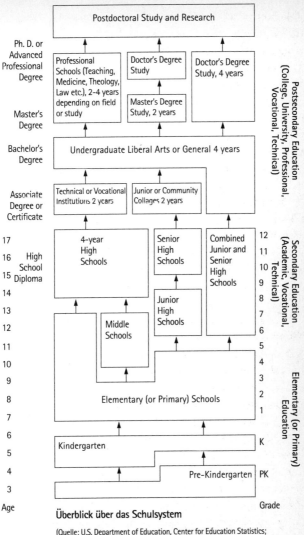

Überblick über das Schulsystem

(Quelle: U.S. Department of Education, Center for Education Statistics;
in: If You Want to Study in the United States: Scholars and Professionales,
HG. United States Information Agency. Washington, D.C., 1993)

1 7

Überblick über die Ausbildungsstufen		
Ausbildungsstufe	unterteilt in weitere Erziehungsstufen	besuchte Schule
»Elementary Education«	»Elementary Education«	»Elementary School«
»Secondary Education«	»Secondary Education«	»Junior High School«
	»Higher Education«	»Senior High School«
»Postsecondary Education«	»Undergraduate Studies«	»College»
	»Graduate Studies«	»College« oder Universität
	»Postgraduate Studies	Studium zum Doktorgrad

»Vocational Schools« und »Technical Institutions«

Eine duale Berufsausbildung, ähnlich dem System in Deutschland (eine Kombination aus Berufsschule und Lehre), gibt es in den USA in der Regel nicht. Bereits an der »High School« können die Schüler eine praxisorientierte Ausbildung erhalten, da neben den akademischen Kursen meistens zahlreiche praktische Kurse angeboten werden. Diejenigen, die ohne »High School«-Abschluß die »High School« verlassen oder die nach der »High School« keine weiteren Bildungseinrichtungen besuchen möchten, können berufliche Kenntnisse direkt in einem Unternehmen bei der Arbeit lernen (»on the Job Training«).

Die eigentliche qualifizierte Berufsausbildung erfolgt jedoch in der Regel nicht an der »High School«, sondern an postsekundären Bildungseinrichtungen, wie den »Vocational Schools«, den »Technical Schools« und an den meisten »Colleges«. Die Ausbildung an einer »Vocational School« oder an einer »Technical School« entspricht der Ausbildung an einer zweijährigen Berufsfachschule. Beispielsweise können sich die Schüler hier zum »Dental Hygenist«, zur Sekretärin oder zum Automechaniker ausbilden lassen.

Alternativ zur Berufsausbildung an »Vocational Schools« oder »Technical Schools« haben »High School«-Absolventen die Möglichkeit, an »Colleges« eine praktische Ausbildung zu absolvieren. Wie an den »High Schools« besteht das Kursangebot an den meisten »Colleges« aus akademischen und praxisorientierten Kursen.

Colleges

Zulassungsvoraussetzungen

Während in Deutschland jeder Abiturient – unabhängig davon, an welcher deutschen Schule er sein Abitur erworben hat – das Recht hat, eine staatliche Hochschule zu besuchen, muß sich ein »High School«-Absolvent für eine Zulassung an dem betreffenden »College« bewerben, um an einem »College« studieren zu dürfen. Die Chance, eine Zulassung zu erhalten, hängt von der Qualität des »High School«-Abschlusses und dem Ruf der »High School« ab, an der der Abschluß erworben wurde, von den Aktivitäten außerhalb des Lehrplans (wie Sport, künstlerische oder journalistische Aktivitäten), von den »High School Grades«, den »Class Ranks«, den »Scores«[1] und der Beurteilung der Leistungen durch Lehrer. Außerdem beeinflussen die Ergebnisse der Zulassungstests, die jeder Collegeanwärter ablegen muß, die Entscheidung über eine Zulassung. Zu solchen Examina zählen die »SATs« und »ACTs« (siehe Kapitel 8, S. 108).

1 Die Begriffe werden in späteren Abschnitten erläutert

Schüler mit herausragenden Leistungen in sportlichen, künstlerischen oder journalistischen Bereichen haben häufig einen relativ leichten Zugang zu den »Colleges« und werden oftmals über Stipendien, sogenannte »Scholarships«, gefördert. Womit wir bei dem Thema der Kosten eines »Colleges« angelangt sind.

Studiengebühren

Unabhängig davon, ob die »Colleges« in privater oder in öffentlicher Hand sind, müssen Studiengebühren entrichtet werden. Insbesondere an renommierten Privatschulen sind die Studiengebühren um so höher, je besser der Ruf ist. Um weiterführende Schulen besuchen zu können, nehmen viele Studenten Kredite auf. Außerdem ist es für die meisten Studenten selbstverständlich, in den Ferien und neben dem Studium zu jobben.

Inhalt einer Collegeausbildung

Die Collegeausbildung soll zur Persönlichkeitsbildung beitragen, das Sozialverhalten formen und eine wissenschaftliche bzw. berufliche Ausbildung vermitteln. In den ersten beiden Jahren stehen allgemeinbildende Inhalte auf einer höheren Stufe als das Fachstudium. Anfangs schnuppern deshalb amerikanische Studenten häufig in viele verschiedene Fachgebiete hinein und entscheiden sich manchmal erst während der ersten zwei Jahre für ein bestimmtes Hauptfach (»Major«). Am Ende des zweiten Jahres müssen sie sich jedoch für ein Hauptfach entschieden haben.

Die »Liberal Art Colleges« nehmen eine Sonderstellung unter den »Colleges« ein. Sie haben sich zum Ziel gesetzt, eine breitgefächerte Ausbildung in verschiedenen Fachgebieten zu vermitteln und Kreativität zu fördern.

Zusammenschlüsse verschiedener »Colleges«

Es gibt »Colleges«, die sich zu sogenannten »Cluster Colleges« (ähnlich den später erläuterten »Consortia«) zusammengeschlossen haben. Die Studenten haben hierdurch die Möglichkeit, als Zweit- oder Nebenhörer Fächer an »Colleges« dieses Verbundes zu belegen.

> Übrigens: Die Collegestudenten werden im ersten Jahr »Freshmen«, im zweiten Jahr »Sophomores«, im dritten Jahr »Juniors« und im vierten Jahr »Seniors« genannt. Allerdings nennen manche Universitäten die Studenten im ersten Jahr nicht »Freshmen« sondern »First-Year Students«; andere Universitäten nennen alle Studenten, die an die Universität wechseln (also nicht nur die erste Jahrgangsklasse), »First-Year Students«.

Mehr als zwei Millionen »High School Seniors« strömen jährlich auf die »Colleges«. Die »Colleges« kann man unterteilen in »Four-Year Colleges«, die meist an Universitäten angeschlossen sind, und »Two-Year Colleges«.

»Two-Year College«

Von den ungefähr 1.400 »Two-Year Colleges« bereiten einige »Colleges« die Studenten auf den Besuch eines »Four-Year College« vor, andere üben die Funktion einer Berufsschule aus.

Hier können die Studenten beispielsweise eine Ausbildung in Berufssparten wie Schweißer, Verkäufer, technischer Zeichner, Buchhalter und ähnliches erhalten. Üblicherweise richtet sich das jeweilige Kursangebot eines »College« an den Bedürfnissen der lokalen Wirtschaft aus.

Den Studenten, die sich in einem »Two-Year College« auf ein Vollstudium vorbereiten möchten, werden die Grundbegriffe akademischer Fächer beigebracht.

Der akademische Abschluß, den die Studenten an einem »Two-Year College« erwerben können, heißt »Associate Degree«. In sozialwissenschaftlichen Fächern wie Englisch, Geschichte, Musik und ähnlichem erhält der Abschluß den Zusatz »Associate of Arts« (A.A.), in Mathematik oder naturwissenschaftlichen Fächern den Zusatz »Associate of Science« (A.S.).

Die öffentlichen »Community Colleges« kosten die Studenten zwar relativ wenig, deutsche Abiturienten bzw. Studenten sollten sich aber bewußt sein, daß hier erbrachte Leistungsnachweise in Deutschland grundsätzlich nicht anerkannt werden.

»Four-Year College«

In den ersten beiden Jahren auf einem der rund 800 »Four-Year Colleges« erhalten die Studenten eine allgemeinbildende Ausbildung. Im dritten und vierten Jahr spezialisieren sich die Studenten auf ein Fach (»Major«). Trotz dieser späten Spezialisierung ist das Studium an einem »Four-Year College« nicht einem deutschen Grundstudium gleichzusetzen. Das Studium an einem »College« ist ein vollständiger Studiengang. Neben der akademischen Ausbildung können die Studenten, wie in einem »Two-Year College«, auch auf einem »Four-Year College« praktische Tätigkeiten erlernen, die von der Ausbildung zur Krankenschwester bis zum Hotelmanager reichen.

Der Abschluß an einem »Four-Year College« heißt »Bachelor's Degree«. Ebenso wie beim »Associate Degree« unterscheidet man zwischen dem »Bachelor of Arts« (B.A.) und dem »Bachelor of Science« (B.S.).

Universities

Mit einem »College«-Abschluß können sich die Studenten an einer »University« für ein weiterführendes Studium (»Graduate Studies«) bewerben. Es steht den einzelnen Universitäten vollkommen frei, eine Bewerbung anzunehmen oder nicht. Ein »College«-Abschluß beinhaltet kein Recht auf eine Zulassung an einer Universität.

»Graduate Studies« können außer an Universitäten auch an sogenannten »Professional Schools« betrieben werden. Die »Professional Schools« werden im Anschluß an diesen Abschnitt erläutert.

Bei ausländischen Studenten kommt es häufig zu Verwirrung, da sich einige der technischen Universitäten »Institut of Technology« und andere Bildungseinrichtungen sich zwar »University« nennen, inhaltlich und formal aber einem »College« entsprechen.

State University System

Die öffentlichen Universitäten einiger Bundesstaaten sind zu einem »State University System« zusammengefaßt. Diese Universitäten werden gemeinsam verwaltet, bleiben sonst aber eigenständig. In einigen Staaten regeln »Master Plans of Higher Education« den Zugang der Studienanfänger zu den einzelnen öffentlichen Hochschulen. Mit diesen Zulassungsstrukturen kommen allerdings nur Amerikaner in Berührung.

Consortia

Es gibt eine Reihe von Universitäten, teilweise mit verschiedenen fachlichen Ausrichtungen, die sich zu sogenannten

»Consortia« zusammengeschlossen haben und gemeinsame Forschungsprojekte, Kurse und Ausbildungsprogramme durchführen. Insbesondere die Studenten in großen Städten können von solchen »Consortia« profitieren, da ihnen hierdurch die Möglichkeit gegeben wird, als Zweit- oder Nebenhörer Fächer an Universitäten dieses Verbundes zu belegen.

Zugangsvoraussetzungen

Bei der Bewerbung um einen Studienplatz an einer »University« müssen unter anderem die Ergebnisse bestimmter Tests (beispielsweise der »GRE«) und ausgefüllte Formblätter eingereicht werden. Außerdem werden Nachweise über die Finanzierung des Studiums und des Lebensunterhaltes verlangt. Die genauen Zulassungsvoraussetzungen werde ich später näher erläutern (ab S. 70).

Inhalt und Abschluß der Graduate Studies

Die »Graduate Studies« ergänzen und vertiefen das wissenschaftliche Studium. Neben dem Fachstudium bleibt den Studenten meistens etwas Raum, Lehrveranstaltungen anderer Fachbereiche zu besuchen. Das Kursangebot der Universitäten konzentriert sich in der Regel auf geisteswissenschaftliche, sozialwissenschaftliche oder naturwissenschaftliche Disziplinen. Fächer, die sich unmittelbar auf den Beruf beziehen, werden in der Regel nicht unterrichtet.

Nach ein bis drei Jahren Studium kann ein akademischer Abschluß als »Master« oder in Ausnahmefällen als Doktor erworben werden. Der »Master Degree« erhält je nach Studienschwerpunkt den Zusatz »Master of Arts« (M.A.), »Master of Sciences« (M.S.), »Master of Education« (M.Ed.), »Master of Music« (M.M.) oder »Master of Business Administration« (M.B.A.). Voraussetzung für einen Masterabschluß ist meistens die Anfertigung einer »Master Thesis« (entsprechend einer

Diplom- oder Magisterarbeit) oder das Mitwirken an wissenschaftlichen Projekten. An einigen »Universities« wird ein »Master Degree« auch bereits bei Erreichen einer bestimmten Anzahl von »Credits« vergeben.

Evening Classes, University Extension und Sommer Schools

Amerikanische Hochschulen haben oft für Berufstätige sogenannte »Evening Classes« eingerichtet, um Berufstätigen den Erwerb eines akademischen Grades oder eine Fortbildung zu ermöglichen.

> **Wichtig:** »Evening Classes« entsprechen nicht deutschen Volkshochschulkursen.

Als Ausländer darf man in der Regel kein reines Abendstudium, gekoppelt mit einer Berufstätigkeit am Tage, absolvieren. Allerdings dürfen neben dem normalen Studium natürlich »Evening Classes« besucht werden. Insbesondere Studenten deutscher Fachhochschulen (für Ingenieurswissenschaft und Betriebswirtschaft) machen von den meist sehr praxisorientierten »Evening Classes« gerne Gebrauch.

Außerdem bieten Hochschulen häufig »University Extensions« (Veranstaltungen der Universität in Nachbarorten) an.

Im vorlesungsfreien Sommer werden von den meisten Hochschulen »Summer Schools« angeboten. In den »Summer Schools« können amerikanische Studenten nichtbestandene Kurse nachholen oder ihre Gesamtstudienzeit verkürzen. Für viele ausländische Studenten bieten die »Summer Schools« eine gute Gelegenheit für ein intensives Sprachstudium.

Professional Schools

Anstatt an einer Universität »Graduate Studies« zu betreiben, können die Studenten eine »Professional School« besuchen. Auf »Professional Schools« werden Fachkräfte ausgebildet, die nicht in rein wissenschaftlichen Fachbereichen tätig sind, sondern in gelehrten Berufen (Mediziner, Rechtsgelehrte, Theologen, Lehrkräfte).

Viele der an »Professional Schools« unterrichteten Fächer werden ebenfalls an »Colleges« angeboten, wo man einen »First Professional Degree« (»Bachelor Degree«) erwerben kann. An der »Professional School« dagegen kann ein »Second Professional Degree« (»Master Degree«) erreicht werden. Fächer, die sowohl am »College« als auch an »Professional Schools« unterrichtet werden, sind beispielsweise »Agriculture«, »Architecture«, »Business Administration«, »Engineering«, »Education«, »Psychology«, »Religion«, »Social Work«, »Human Services«. Diese Fächer nennt man auch »Preprofessional Fields«.

Andere Fächer werden nicht am »College« unterrichtet und können generell erst mit einem »College«-Abschluß, also nur an »Professional Schools«, studiert werden. Hierzu gehören die Fachbereiche »Medicine«, »Dentistry«, »Dental Medicine«, »Veterinary Medicine«, »Pharmacy«, »Clinical Psychology« und »Law«.

Promotionsstudium

Um einen Doktorgrad zu erlangen, müssen sich amerikanische Studenten für einen Promotionsstudiengang bewerben. Die erfolgreiche Teilnahme an einem solchen Studiengang führt in der Regel zu einem »Ph.D.« (»Doctorate of Philosophy«), in pädagogischen Disziplinen zu einem »Ed.D.« (»Doctorate of

Education«), in medizinischen Studiengängen zu einem »M.D.«
(»Doctor of Medicin«) (siehe auch S. 49 f.), in »Law Schools«
zu einem »J.D.« (»Doctor of Jurisprudence«) (siehe auch S. 48 f.)
und in »Fine Arts Schools« zu einem »M.F.A.« (»Master of Fine
Arts«). Voraussetzung für den Titel ist meistens das Anfertigen
einer Doktorarbeit, die einem Expertenausschuß vorgestellt
und vor diesem verteidigt werden muß. Zudem haben die
angehenden Doktoranden wissenschaftliche Arbeiten (»Papers«) zu publizieren.

Häufig arbeiten die Absolventen eines »Ph.D.«-Studienganges
einige Jahre an der Universität (»Post-Graduate Work«), wo sie
sich überwiegend der Forschung widmen.

Nachdem Sie nun eine Einführung in das amerikanische
Bildungswesen erhalten haben, möchte ich Ihnen noch einmal
einen Überblick über amerikanische Abschlüsse geben. Hierbei
sollten Sie bedenken, daß es in den USA mehr als 2.500
akademische Grade gibt, die von anerkannten Hochschulen
vergeben werden, und es existieren mindestens ebenso viele Bezeichnungen dieser Grade. Die folgende Darstellung vermittelt Ihnen daher nur die Grundformen der Abschlüsse. Die
Namen der einzelnen Abschlüsse bestehen häufig aus dem
Namen der Grundform des Abschlusses und einer Erweiterung
(beispielsweise »Master of Library Science«), daneben gibt es
aber auch akademische Grade, in deren Bezeichnung die
Grundform (beispielsweise »Master«) ganz weggelassen wurde
(»Aeronautical Engineer«).

Übersicht über die Grundformen der amerikanischen Abschlüsse					
	Abschluß (Grundform)	Abkürzung	Institution	Eingangsvoraussetzungen	normale Studienzeit
Undergraduate Degrees	Associate of Arts	A.A.	Community oder Junior »College«	High School Diploma	2 Jahre
	Associate of Science	A.S.	Community oder Junior »College«	High School Diploma	2 Jahre
	Bachelor of Arts	B.A.	»Colleges« oder Universitäten	High School Diploma	4 Jahre
	Bachelor of Science	B.S.	»Colleges« oder Universitäten	High School Diploma	4 bis 5 Jahre
Graduate Degrees	Master Degree, z.B.Master of Arts, Master of Science, Master of Business and Administration	M.A. M.S. M.B.A.	Universitäten	Bachelor's Degree	2 Jahre
Doctor's Degree	am gebräuchlichsten ist der Doctor of Philosophy	»Ph.D.«	Universität (Doctoral Program)	Master Degree (in Ausnahmefällen auch Bachelor's Degree)	3 Jahre (mit Bachelor Degree 5 und mehr Jahre)

In den USA haben 10,4% den achten Grad oder weniger erreicht, 14,4% der Erwachsenen haben eine »High School« besucht, aber keinen Abschluß erworben. 30% haben einen »High School«-Abschluß. 18,7% haben ein »College« besucht, aber keinen Abschluß erworben. 6,2% der erwachsenen Amerikaner haben einen Associate Degree, 13,1 % einen Bachelor's Degree und 7,2% einen Graduate oder Professional Degree (Daten aus dem »Chronicle of Higher Education Almanac 97-98«).

2.2. Rund um amerikanische Universitäten

Im vorangegangenen Kapitel haben Sie einen ersten Eindruck über das amerikanische Hochschulwesen erhalten. Nun möchte ich Sie mit den wichtigsten Aspekten amerikanischer Universitäten vertraut machen. Sie benötigen die detaillierten Informationen als Grundlage für Ihre Entscheidung, wie Sie Ihr Studium in den USA gestalten, welche Hochschule Sie wählen – und natürlich für Ihre Bewerbung.

Trägerschaft und Verwaltung

Amerikanische Universitäten sind entweder in öffentlicher (»Public«/»State«) oder in privater (»Private«/»Independent«) Hand. Etwa 40 Prozent aller Hochschulen sind öffentlich, d.h. sie werden von den Bundesstaaten, Städten oder Gemeinden betrieben. Dabei erteilen öffentliche Hochschulen zum Teil eine sehr hochwertige Ausbildung, sind also nicht generell schlechter als private Hochschulen. Der Träger sorgt für die grundlegende Finanzierung und beeinflußt die Verwaltung, die Struktur der Hochschule und die Lehrinhalte.

Sie werden aller Wahrscheinlichkeit nach mit folgenden Verwaltungseinheiten Kontakt haben:

- »Admission Office«: Das »Admission Office« ist für alle Bewerbungen zuständig. Hier erhalten Sie die Bewerbungsformulare, hier werden die Bewerbungen eingereicht, und hier wird darüber entschieden, welche Studenten zugelassen werden und welche nicht.
- »Financial Aid Office«: Im »Financial Aid Office« erfahren Sie, ob Sie eine finanzielle Unterstützung von der Hochschule erhalten können, und hier bewerben Sie sich gegebenenfalls für ein Stipendium oder einen Kostenerlaß.
- »Department of Student Affairs«: Bei dieser Stelle erfahren Sie alles über das Campus-Leben und angebotene Aktivitäten. Außerdem finden Sie hier das »International Student Office«, das für die Belange der internationalen Studenten zuständig ist.
- »Registrar's Office«: Hier werden Unterlagen der akademischen Leistungen der Studenten aufbewahrt (»Student Academic Records«).

Lehrkörper

Die verschiedenen Fachbereiche amerikanischer Hochschulen werden häufig »Colleges« genannt – nicht zu verwechseln mit den Schulen, die ebenfalls als »Colleges« bezeichnet werden. Fachbereiche werden von einer »Chairperson« geleitet. Diese Stelle übernimmt im Wechsel ein Mitglied des Lehrkörpers.

Die »Colleges« (beispielsweise »Economics«) können noch einmal in »Departments« unterteilt sein (beispielsweise »International Economics«, »Macroeconomics« etc.). Jedes »Department« wird von einem »Dean« geleitet.

An einer amerikanischen Universität gibt es ordentliche Professoren, sogenannte »Professors«, daneben unterrichten »Associate Professors« bzw. »Instructors«, Lehrbeauftragte bzw. Lektoren und »Adjunct Professors«, die nur nebenberuflich tätig sind. Außerdem werden Studenten im »Undergraduate«-Bereich häufig von sogenannten »Teaching Assistants« unterrichtet. »Teaching Assistants« sind meist »Graduate Students«. Der gesamte Lehrkörper an einer amerikanischen Hochschule wird »Faculty« genannt, dagegen bezeichnet »Staff« alle anderen an der Hochschule beschäftigten Personen, die nicht zum Lehrkörper gehören.

Qualität der Hochschulen

Da es keine einheitliche bundesstaatliche Regelung bezüglich der Anerkennung der Abschlüsse gibt und die Hochschulen autonom über den Lehrplan entscheiden können, unterscheidet sich die Qualität der Bildung stark zwischen den Hochschulen. Dabei hängt die Qualität nicht unbedingt mit der Größe der Hochschule, der Trägerschaft (öffentlich oder privat) oder der Konfession zusammen. Ein Indiz für die Qualität einer Hochschule ist die Akkreditierung, die im folgenden Abschnitt erläutert wird.

Welche anderen Faktoren außer der Akkreditierung die Qualität einer Hochschule ausmachen, wird ausführlich in dem Abschnitt »Auswahl einer Universität« behandelt.

Akkreditierung

Die akademischen Grade, die Sie an einer amerikanischen Universität erlangen können, sind nicht wie in Deutschland gesetzlich geschützt. In den USA entscheiden Gremien von fachlich kompetenten berufsständischen Organisationen (z.B. Berufsverbände) oder Gremien der akademischen Selbstverwaltung darüber, ob die Qualität eines Studienganges (»Professional/Specialized Accreditation«) oder die Qualität einer Hochschule als Gesamtheit (»Institutional/Regional Accreditation«) anerkannt oder nicht anerkannt wird. Im Falle einer Anerkennung des Studiengangs bzw. der Hochschule spricht man von »Accreditation«. Achten Sie darauf, daß die »Accreditation« nicht von der Hochschule selbst erteilt wurde; in diesem Fall werden die Abschlüsse nicht von den US-Bundesbehörden anerkannt.

Die »Accreditation« (also die fachliche Anerkennung eines Abschlusses) ist zu trennen von einer Erlaubnis (»Charter«), akademische Grade zu verleihen, die den Bildungseinrichtungen von den einzelnen Bundesstaaten erteilt wird. Die Erlaubnis (»Charter«), akademische Grade zu verleihen, bedeutet noch lange nicht, daß die akademischen Grade auch anerkannt (akkreditiert) werden.

Im Bereich der »Secondary« und »Undergraduate Studies« entscheidet eine von sechs regionalen »Associations of Colleges and Schools« über die »Accreditation« der Abschlüsse.

Im Bereich der »Graduate Studies« gibt es neben akademischen Gremien Berufsverbände (beispielsweise Berufsverbände von Bibliothekaren, Ingenieuren, Juristen und Medizinern), die über die »Accreditation« entscheiden. Die Liste der erteilten »Accreditations« wird jedes Jahr vom »American Council on Education« veröffentlicht.

Bis 1993 waren die Gremien, die »Accreditations« vergeben haben und von den Bundesbehörden anerkannt waren, im sogenannten »Council on Postsecondary Accreditation« (COPA) organisiert. Seit 1993 gibt es keine zentrale Institution mehr, die die Gremien koordiniert. Sie können in einer neuen Auflage der »Accredited Institutions of Postsecondary Education«, die in den meisten deutsch-amerikanischen Instituten ausliegt, nachschlagen, ob die von Ihnen ins Auge gefaßte Hochschule eine Akkreditierung hat. In Zweifelsfällen bezüglich der Akkreditierung einer Hochschule wenden Sie sich am besten an amtliche Stellen wie die amerikanische Botschaft, Konsulate oder die deutsche Kultusministerkonferenz.

Übrigens sind alle Mitglieder des »Council of Graduate Schools in the United States« (CGS), zu dem auch die Mitglieder der »American Association of Universities« (AAU) gehören, ausnahmslos anerkannte Bildungseinrichtungen. Literatur zur Akkreditierung finden Sie im Literaturverzeichnis (S. 279 f.).

Relevant wird die Frage der »Accreditation«, wenn Sie die amerikanische Universität, an der Sie studieren möchten, nach der Qualität aussuchen, und wenn Sie die dort erworbenen Kurse in Deutschland anerkennen lassen wollen. Die »Accreditation« ist eine Voraussetzung für eine deutsche Anerkennung Ihrer Studienleistungen. Außerdem sollten Sie sich rechtzeitig bei Ihrer Hochschule bzw. Ihrem Fachbereich erkundigen, inwieweit in den USA erbrachte Studienleistungen anerkannt werden und welche Studiennachweise Sie dafür vorweisen müssen.

Möchten Sie den amerikanischen Titel in Deutschland führen oder in einen deutschen Titel umwandeln, müssen Sie sich bei den Kultus- oder Wissenschaftsministerien des Bundeslandes, in dem Ihr Wohnsitz liegt, erkundigen, ob Sie den Titel von der von Ihnen gewählten amerikanischen Hochschule in Deutschland führen dürfen. Liegt Ihr Wohnsitz außerhalb Deutschlands, ist das Ministerium für Wissenschaft und Forschung in Nordrhein-Westfalen für die Anerkennung verantwortlich. Vorabinformationen über Anerkennungen können Sie auch bei der Zentralstelle für das ausländische Bildungswesen in Bonn erhalten. Weiterführende Hinweise hinsichtlich der Anerkennung amerikanischer Studienleistungen erhalten Sie in den Abschnitten S. 216 f.

Campus

In den USA gibt es ebenso wie in Deutschland Campus-Universitäten und solche ohne Campus. Der Campus ist ein geschlossenes Universitätsgelände, auf dem sich Unterrichtsräume, Bibliotheken, Labors, Sport- und andere Freizeiteinrichtungen sowie Wohnheime der Studenten befinden. Das Leben auf dem Campus hat eigene Regeln und Gewohnheiten. Besonders die »Extra-Curricular Activities«, also die Aktivitäten, die nicht direkt mit der akademischen Ausbildung zusammenhängen, nehmen einen wichtigen Stellenwert ein. Zu diesen Aktivitäten gehören Sport, Musik- und Theateraufführungen, studentische Clubs, politische Aktivitäten, Campus-Zeitungen, Campus-Radio etc.

In großen Städten gibt es zwar auch Campus-Universitäten, das Campus-Leben erstreckt sich aber hier häufig nur auf den Unterricht und nicht auf die »Extra-Curricular Activities«.

Betreuung der Studenten

Generell ist festzustellen: Amerikanische Studenten werden individueller betreut als Studenten in Deutschland. An den meisten Hochschulen wird jedem Studenten ein Mitglied der Fakultät als Betreuer und Vertrauensperson (»Adviser«) zur Seite gestellt, die dafür sorgen soll, daß der Student das Studium in angemessener Zeit erfolgreich beendet. Dabei ist es nicht notwendig, daß der Student akademische Veranstaltungen bei seinem »Adviser« besucht. Manchmal begleitet ein

»Adviser« seinen Studenten durch das gesamte Studium, manchmal werden den Studenten in bestimmten Zeitabschnitte neue »Adviser« zugeteilt. Ein »Adviser« ist für sechs bis zwölf Studenten zuständig.

Der »Vice President of Student Affairs« trägt mitsamt seinem Mitarbeiterteam insbesondere für die Belange der jüngeren Studenten Sorge. Für ausländische Studenten sind normalerweise Mitarbeiter des »International Student Office«, die »Foreign Student Adviser«, zuständig. Sie helfen ausländischen Studenten in allen Studien-, Arbeits- und Lebensbereichen. Unter anderem sind sie für alle Belange im Zusammenhang mit Visa zuständig.

Außerdem gibt es Einrichtungen, die sich um die ärztliche Versorgung und psychologische Betreuung der Studierenden kümmern.

Die gesteigerte Aufmerksamkeit, die den Studenten in den USA zuteil wird, impliziert häufig zahlreiche Regelungen und Vorschriften bezüglich des Campus-Lebens. Anwesenheitspflicht, Kleiderordnungen, Rauch- und Alkoholverbote sind daher keine Seltenheit.

Akademisches Jahr

An den meisten Universitäten beginnt das akademische Jahr Ende August oder September und endet im Mai oder Juni (dauert also neun bis zehn Monate). Ein Schuljahr wird von den Universitäten nochmals in Abschnitte unterteilt, sogenannte »Terms«, die unterschiedlich lang und zwischen denen keine Ferien vorgesehen sind. Das Schuljahr kann entweder in zwei, drei oder vier »Terms« unterteilt sein.

Wird es in zwei »Terms« unterteilt, dann spricht man von Semestern. Ein »Semester« dauert ungefähr 18 Wochen. Das

»Fall Semester« endet meist Mitte Dezember und das »Spring Semester« beginnt Mitte Januar.

Wird das Schuljahr in drei »Terms« unterteilt, spricht man von Trimestern. Ein Trimester dauert in der Regel zwölf Wochen.

Im Anschluß an das akademische Jahr werden von manchen Universitäten während der Sommerpause »Summer Schools« (»Summer Sessions«) angeboten.

»Quarter« unterteilen das Schuljahr in vier »Terms«, die ebenfalls meist zwölf Wochen lang sind. Der vierte »Term« ist optional und liegt im Sommer. Auf diese Weise haben Studenten die Möglichkeit, ihr Studium sehr schnell abzuschließen.

Neben diesen üblichen Aufteilungen des akademischen Jahres findet man an einigen Hochschulen eine Unterteilung des akademischen Jahres in zwei viermonatige »Terms«, zwischen denen ein Monat als Forschungsmonat liegt (»Intermester«).

Zwar gibt es keine Ferien zwischen den »Terms«, die Studenten haben aber eine Woche zu »Thanksgiving« frei, am Jahresende erhalten sie zwei bis drei Wochen Urlaub und im März gibt es noch eine Woche Ferien (»Spring Break«).

Zulassung und Einstufung

Die meisten amerikanischen Hochschulen sind in keiner Weise verpflichtet, ausländische Studenten zum Studium zuzulassen. Eine Ausnahme bilden die Hochschulen mit »Open Admission«, die Studenten, die bestimmte Mindestanforderungen erfüllen, zum Studium zulassen müssen. Bewerben Sie sich an einer Universität in den USA, konkurrieren Sie sowohl mit Amerikanern als auch mit anderen ausländischen Bewerbern um eine Zulassung. Häufig ist eine Zulassung an einen Numerus clausus oder einen Eingangstest geknüpft.

Ebenso wie die Zulassung beruht die Einstufung in bestimmte

Jahrgangsklassen allein auf der Entscheidung der Hochschule. Die Hochschulen orientieren sich aber häufig bei der Einstufung an AACRAO-Empfehlungen, die auf S. 70 erläutert werden.

Wichtig: Aufgrund der nicht eindeutigen Verwendung des Begriffs (siehe S. 21) »First-Year Student« sollten Sie sich bei Erhalt eines Zulassungsbescheids, der Sie in die Jahrgangsklasse »First-Year Student« einstuft, unbedingt vergewissern, wie der Begriff an der entsprechenden Universität verwendet wird.

Lehrveranstaltungen

Der Studienplan wird mit »Program« oder »Curriculum« bezeichnet. Er besteht aus einer Reihe von Pflichtveranstaltungen (»Requirements«), läßt aber meist Freiraum für die Verfolgung individueller Interessen in Form von Wahlveranstaltungen (»Electives«). Die Stundenpläne und die Studienpläne müssen mit dem »Adviser« besprochen und genehmigt werden. Aus den Stundenplänen ergeben sich die Wochenstunden, »Load« genannt. Neben der durchschnittlichen »Load« von 16 Stunden pro Woche muß der Stundenplan die Zeit, die zur Vor- und Nachbereitung der Kurse benötigt wird, berücksichtigen. In der Regel beträgt die Arbeitszeit das Vier- bis Fünffache der »Load«.

Lehrveranstaltungen erfolgen in Form von »Lectures«, Seminaren, freien Kursen oder »Laboratories«.

»Lectures« sind eine Kombination von Vorlesung und Übung. Bei den »Lectures« besteht Anwesenheitspflicht; dabei wird von den Studenten Vorbereitung und Mitarbeit erwartet. In der Regel bereiten sich die Studenten anhand eines »Textbook« (Lehrbuch) und einer »Reading List« (Liste der Pflichtlektüre) auf die Veranstaltung vor. Ausgehend von bereits vorhandenem Grundwissen bei den Studenten werden während der Veranstaltung Interpretationen, Übungsfälle und ähnliches behandelt. Die Vorbereitung oder Nachbereitung der Lehrveranstaltung wird manchmal in Form von Abfragen, kurzen (etwa fünfminütigen) Tests (»Short Quiz« oder »Test«), kontrolliert. In Veranstaltungen für fortgeschrittene Studenten erstellen die Teilnehmer in der Regel eine oder mehrere schriftliche Hausarbeiten bzw. halten Referate (»Term Paper« oder »Research Paper«). Außerdem besteht häufig die Möglichkeit, am Ende der Veranstaltung im Rahmen von Diskussionen Fragen zu erörtern und den Unterrichtsstoff zu vertiefen.

Neben »Lectures« können die Studenten »Seminares« belegen. »Seminares« werden meist für fortgeschrittene Studenten angeboten und haben eine Teilnehmerzahl von 10 bis 15 Studenten. Übrigens wird der Begriff »Seminar« anders als in Deutschland nicht für die Bezeichnung von Institutionen oder Fachbereichen (Volkswirtschaftliches Seminar, Seminarbibliothek), sondern ausschließlich für diese Art von Lehrveranstaltungen benutzt.

Examensarbeiten oder kleine Forschungsprojekte werden im Rahmen sogenannter freier Kurse (»Problems Course« oder »Reading Course«) bewertet. Ein freier Kurs ist also nicht, wie der Name nahelegt, eine Veranstaltung, sondern die Arbeit eines Studenten an einem Projekt unter regelmäßiger Rücksprache mit einem Dozenten.

Nicht zu vergessen bei der Aufführung der Bildungsangebote sind die »Laboratories«. »Laboratories« können Laborkurse, Praktika, Arbeitstreffen außeruniversitärer Gruppen auf dem Campus, Sprachlaborarbeit oder Arbeit in Testzentren für Psychologen sein.

Außerdem gibt es Veranstaltungen, die mit dem Oberbegriff »Field Work« bezeichnet werden. Dazu zählen etwa biologische oder geographische Exkursionen, Praktika in den Bereichen Sozialwissenschaft, Kommunikationswissenschaft (z.B. in lokalen Zeitungsredaktionen) oder Psychologie und ähnliches. Studenten können an Veranstaltungen als »Auditor« teilnehmen. Sie schreiben dann keine Prüfungen und Hausarbeiten.

Prüfungen und Leistungsbewertung

Amerikanische Studenten müssen zahlreiche Prüfungen über sich ergehen lassen. Prüfungsarbeiten werden häufig (besonders im »Undergraduate«-Bereich) geschrieben – und zwar in Form von fünf- bis zehnminütigen Tests einmal pro Woche am Anfang einer Veranstaltung. Für alle Studenten gibt es außerdem in der Mitte und am Ende des »Terms« (erstere heißen »Midterms«, letztere »Final Exams« oder »Finals«) schriftliche Prüfungen, die eine bis drei Stunden dauern.

Prüfungen unterscheiden sich darin, ob sie »Objective Examinations« oder »Subjective Examinations« sind. In »Objective Examinations« werden Tatsachenwissen und simple Zusammenhänge abgefragt. Es gibt fünf verschiedene Formen von »Objective Tests«:

1. »Multiple Choice Tests«: Unter einer Reihe vorgegebener Antworten müssen eine oder mehrere richtige Antworten auf eine Frage gefunden werden.
2. »Matching Tests«: Wörter, Sätze oder Thesen müssen so zusammengestellt werden, daß sie eine richtige Aussage beinhalten.
3. »True/False Statement Tests«: erfordern eine rasche Entscheidung, ob eine These richtig oder falsch ist.

4. »Identification Tests«: Die Bedeutung eines Begriffs, einer Relation oder eines Satzes muß erklärt werden.
5. »Filling in Blanks« oder »Complete Sentence/Statement Tests«: Leerräume in Thesen müssen sinnvoll ausgefüllt werden.

»Subjective Tests« haben die Form von »Essay Questions«. Hier müssen Sie Fragen in Form eines Essays beantworten oder Aufgaben lösen. Diese Art von Prüfung beinhaltet Transfer-Aufgaben. Sie müssen Ihr theoretisches Wissen auf eine spezielle Situation anwenden.

Bewertung der Studienleistungen

Die Bewertung der Prüfungsergebnisse erfolgt in Zensuren (»Grades«), die die Form von Prozentwerten (»Scores«, 100 Prozent bis 0 Prozent), Buchstaben (von A, B, C, D, F und Inc. oder I) oder Punkten (von 4 bis 0) haben. Innerhalb des Buchstabensystems können noch Plus- und Minuswerte vergeben werden; entsprechend dem deutschen System bedeutet eine 2+ etwas besser und eine 2– etwas schlechter als 2. Anhand der folgenden Tabelle können Sie die Relationen zwischen den Bewertungsmethoden ablesen:

Prozent	Buchstabe	Punkt	Bewertung
100 – 91	A	4	sehr gut
90 – 81	B	3	gut
80 – 71	C	2	durchschnittlich
70 – 61	D	1	mangelhaft
60 – 0	F	0	ungenügend
	I		unvollständig

Ein I (»Incomplete« oder »Inc.«) bekommen Studenten, wenn sie aus besonderen Umständen, die der Professor akzeptiert hat, ihre Arbeit im Kurs nicht vollenden konnten. Studenten, die ein I erhalten, bekommen meistens die Chance, im folgenden Semester ihre Arbeit fertigzustellen. Schaffen sie das, wird das I in den erreichten Grad getauscht; schaffen sie es nicht, wird das I in ein F umgewandelt.

Bei manchen Kursen werden gar keine individuellen Endbewertungen vergeben. Für diese Kurse muß der Student meist Mindestanforderungen erfüllen und erhält bei Beendigung des Kurses ein »Passed« (teilgenommen) oder »Failed«.

In einigen »Undergraduate Courses« werden nicht die absoluten Leistungen, sondern die relativen Leistungen gemessen. Mit Hilfe einer statistischen Häufigkeitsverteilungskurve der Leistungen ermittelt man die besten zehn Prozent, die ein »A« für ihre Leistung erhalten, die folgenden 25 Prozent, die ein »B« für ihre Leistung erhalten usw. Die schlechtesten zehn Prozent werden schließlich mit einem »F« bewertet. Dieses Verfahren, »Grading on the Curve« genannt, soll bewirken, daß eine mangelnde Unterrichtsqualität nicht zu Lasten der Studenten geht.

Die individuelle Leistung der Studenten in bestimmten Lehrveranstaltungen wird mit »Grades« bewertet. Zusätzlich werden die Lehrveranstaltungen selbst mit einer bestimmten Anzahl an »Course Credits« oder »Credit Hours« bewertet, die die Intensität (Anzahl der Wochenstunden) und das Niveau der Veranstaltung ausdrücken. Für die Endbewertung der Studenten werden die individuell erzielten »Grades« mit den »Course Credits« der jeweiligen Lehrveranstaltung gewichtet. »Grades« machen die Leistung der Studenten vergleichbar, während »Course Credits« das Anspruchsniveau der verschiedenen Lehrveranstaltungen vergleichbar machen.

Die Anzahl an »Course Credits«, die eine Lehrveranstaltung

erhält, richtet sich nach der Anzahl der Wochenstunden pro Semester und nach der Form des Unterrichts. Dauert ein Kurs also vier Stunden pro Woche, so erhält der Student für diesen Kurs vier »Credit Hours«. Auch für Laborkurse, Hausarbeiten und Forschungsprojekte gibt es eine bestimmte Menge an »Credit Hours«. Sowohl »Colleges«, »Universities« als auch »Professional Schools« benutzen ein »Credit«-System, ähnlich manchen Universitäten in Deutschland. Um einen Studienabschluß zu erhalten, müssen die Studenten eine bestimmte Menge an »Course Credits« oder »Credit Hours« sammeln. Haben die Studenten diese Menge erfüllt, so erhalten sie ohne weitere Prüfungen den Abschluß. Außerdem wird von der Hochschule festgelegt, wie viele »Credits« pro Semester erzielt werden müssen. In der Regel werden minimale und maximale »Course Credits« pro Semester festgelegt. Der »Student Adviser« achtet darauf, daß die minimalen Bedingungen erfüllt sind. Die maximalen Grenzen dürfen nur mit dem Einverständnis der »Student Advisers« überschritten werden. Ausländische Studenten müssen, um ihren Visum-Status nicht zu gefährden, unbedingt die minimalen »Credit«-Bedingungen erfüllen, die garantieren, daß der betreffende Student ein Vollzeitstudium absolviert. Wie bereits gesagt, bedeutet eine Richtlinie von beispielsweise zwölf »Credit Hours« pro Woche, daß die tatsächliche Arbeitszeit der Studenten aufgrund von Vor- und Nachbereitungen der Veranstaltungen erheblich höher ist als zwölf Wochenstunden.

Die »Grades«, die ein Student für einen Kurs in einem »Term« erhält, werden gewichtet (mit den Wochenstunden, die der jeweilige Kurs in Anspruch nimmt, also mit den »Credit Hours«) und dann addiert, damit der Durchschnitt »Average Grade« oder »Average Credit Points« der Leistungen ermittelt werden kann. Das Ergebnis (die insgesamt erreichten »Points« geteilt durch die »Credit Hours« aller in einem »Term« belegten Kurse) ist ein gewogener Durchschnitt, der sogenannte »Grade Point Average« (GPA). Am Ende eines »Terms« erhält jeder Student ein Zeugnis (»Grade Report«, »Achievement Report«, »Transcript of Record«). Zum besseren Verständnis erläutere ich das Ganze noch einmal anhand eines Beispiels:

Beispiel: Ein Student besucht folgende Veranstaltungen, die eine bestimmte Anzahl an »Credit Hours« einnehmen, und für die er bestimmte »Grades« erzielt:

Veranstaltung	Credit Hours	Grade	Points
Englisch	3	A (4)	12
Economics	3	C (2)	6
Mathematics	2	B (3)	6
Statistics	4	B (3)	12
Business	4	A (4)	16
Total Attempt	16		54
Grade Point Average: 3,375 (54:16)			
Grade Points: A = 4, B = 3, C = 2, D = 1, F = Failed			

»Special Honors«

Studenten mit einem hohen »Grade Point Average« während ihres gesamten »Undergraduate Programs« erhalten sogenannte »Special Honors«. Die »Special Honors« stehen im Abschlußzeugnis in Form von lateinischen Ausdrücken, wie »Cum Laude« (»with Honors«), »Magna cum laude« (»with High Honors«) oder »Summa cum laude« (»with Highest Honors«). Studenten, die keine »Special Honors« erhalten, können andere

Auszeichnungen, beispielsweise einen »Degree with Dinstinction«, bekommen.

Manche Hochschulen laden gute Studenten mit hohem »GPA« dazu ein, besondere Kurse zu besuchen, in denen sie »Special Honors« erhalten können. Mit solchen Kursen ist in der Regel die Erstellung eines Forschungsarbeit oder Arbeit an einem Forschungsprojekt verknüpft.

Das amerikanische Schul- und Studiensystem ist sehr leistungsorientiert aufgebaut. Die Studenten stehen untereinander in einem starken Konkurrenzverhältnis. Ebenso wie vieles in den USA anhand der Konkurrenz bewertet wird, seien es Kinofilme, Erfolge von Büchern oder Leistungen der Angestellten eines Unternehmens , werden auch die Leistungen der Studenten in Relation zu den Leistungen der anderen Studenten bewertet. Neben dieser Leistungsorientierung ist auf der anderen Seite aber »Teamwork« ein ebenso grundlegender Aspekt der amerikanischen Gesellschaft.

Bibliotheken

In der Regel sind die universitären und öffentlichen Bibliotheken Präsenzbibliotheken. Seminarbibliotheken oder Institutsbibliotheken werden Sie meist vergeblich suchen.

Vom Service amerikanischer Bibliotheken werden besonders die Studenten begeistert sein, die in Deutschland mit Hilfe von Karteikästensystemen ihre Bücher mühsam zusammensuchen mußten. In den USA sind die Bibliotheken in der Regel »on-line«. »Orientation Programs« erleichtern es Neulingen, sich in dem System zurechtzufinden. Meist haben die Studenten bis 22 Uhr und auch an den Wochenenden Zugang zu der

Bibliothek. Zudem sind Videogeräte, genügend Computer-, Einzel- und Gruppenarbeitsplätze sowie Erfrischungsbereiche normalerweise selbstverständlich.

Unterkunft

Amerikanische Studenten haben oft die Möglichkeit, auf dem Campus zu wohnen. Da es nur wenig Einzelzimmer gibt, teilen sich in den meisten Fällen zwei Studenten einen Raum. Die Zimmer sind normalerweise mit Betten, Stühlen, Tischen und einem Schrank für jeden eingerichtet. Für Bettzeug, Handtücher, Dekorationen sorgen die Studenten in der Regel selber. Es gibt Hochschulen, die Studenten mit Familie die Möglichkeit bieten, sehr günstig in sogenannten »Married Student Housings« zu wohnen. Für eine Unterbringung auf dem Campus zahlen die Studenten am Anfang des akademischen Jahres eine Jahresgebühr für »Room and Board«, in der häufig eine bestimmte Anzahl an Mahlzeiten auf dem Campus inbegriffen ist.

Neben der Möglichkeit, auf dem Campus zu leben, können sich die Studenten ein Zimmer oder ein Appartement außerhalb des Campus besorgen. Vermittlungsservices (»International Student Office«) der Universitäten unterstützen häufig ausländische Studenten bei der Wohnungssuche. Das Leben außerhalb des Campus hat oft den Nachteil, daß der Transport an die Hochschule mit einigen zusätzlichen Kosten verbunden ist, insbesondere dann, wenn es keine öffentlichen Verkehrsmittel gibt und der Student auf ein eigenes Auto zurückgreifen muß.

Ausländische Studenten können sich an einigen Hochschulen für eine ein- oder mehrmonatige Unterbringung in amerikanischen Familien vermitteln lassen.

Kosten des Studiums

Wer an amerikanischen Universitäten studieren möchte, muß in der Regel Studiengebühren (»Tuition«, »Fees«) bezahlen. Die Höhe der Studiengebühren variiert stark zwischen den einzelnen Bildungseinrichtungen. In der Regel sind die Studiengebühren an privaten Hochschulen höher als die an öffentlichen Hochschulen. Dies bedeutet aber nicht zwingend, daß die Ausbildung an öffentlichen Schulen generell schlechter ist als die an privaten. Ebensowenig sollten Sie ausschließlich von der Höhe der Studiengebühren auf die Qualität einer Hochschule schließen. Es gibt durchaus teure Hochschulen mit minderer Ausbildungsqualität.

An öffentlichen Hochschulen müssen Sie mit U.S. $ 4.000 bis 20.000 pro akademischem Jahr, an privaten Hochschulen mit U.S. $ 10.000 bis 30.000 rechnen. Manchmal werden die Studiengebühren auch nach belegten »Credit Hours« pro »Term« berechnet.

Ausländische Studenten bezahlen an öffentlichen Hochschulen »Out-of-State (oder »Non-Resident) Tuitions«. Amerikanische Studenten, die in ihrem Heimatbundesstaat an öffentlichen Hochschulen studieren, bezahlen dagegen geringere »In-State (Resident) Tuitions«. Private Hochschulen berechnen dagegen allen Studenten gleich hohe Studiengebühren.

Studenten an amerikanischen Hochschulen müssen außer den Studiengebühren auch noch für Unterbringung und Verpflegung (»Room and Board«) aufkommen.

Die Höhe dieser Kosten ist abhängig von der Lage der Hochschule und variiert zwischen U.S. $ 4.000 und 10.000 pro Jahr. In Großstädten müssen Sie natürlich mit besonders hohen Lebenshaltungskosten rechnen. Über die Lebenshaltungskosten verschiedener Regionen können Sie sich beispielsweise im Internet informieren (Adresse S. 265) oder mit Hilfe von amerikanischen Büchern (beispielsweise im »Places Rated Almanac«).

Ausländische Studenten sollten in ihre Finanzierungsüberlegungen Kosten für Flüge, internationale Telefongespräche, (Kranken-) Versicherungen, Bücher und Freizeitausgaben einfließen lassen.

3. Extrateil für bestimmte Fachbereiche

3.1. Extrateil für Juristen

Jurastudium in den USA

In den USA werden Rechtswissenschaften an »Law Schools« gelehrt, die zu den »Professional Schools« zählen. Eine Zulassung an einer »Law School« erhalten nur Studenten mit einem »College«-Abschluß. Als deutscher Student müssen Sie mindestens das erste juristische Staatsexamen mit guter Leistung abgeschlossen haben, um eine Zulassung für eine »Law School« zu erhalten. Vor dem ersten Staatsexamen können Jurastudenten höchstens im Rahmen einer Hochschulkooperation einen befristeten Studienaufenthalt an einer »Law School« verbringen. Nach einem dreijährigen Studium erwerben die Studenten einen »Juris Doctor« (J.D.). Mit einem J.D. können die Studenten nach einem weiteren Jahr Studium einen »Legum Magister« bzw. »Master of Law« (LL.M.) erhalten. An manchen Hochschulen wird anstelle des LL.M. ein »Master of Comparative Law« (M.C.L.) oder ein »Master of Comparative Jurisprudence« (M.C.J.) vergeben. Nach Anfertigung einer Dissertation kann der »Doctor of Comparative Law« (D.L.C.), der »Doctor of the Science of Law« (J.S.D.) oder der »Doctor of Juridical Science« (S.J.D.) erlangt werden. Eine Auflistung von »Law Schools«, die ein LL.M.-Programm anbieten, finden Sie im Internet unter folgenden Adressen:
http://www.law.cornell.edu/dla/ oder
http://radbruch.jura.uni-mainz.de:80/DARM/usa-llm.html

Referendariat in den USA

Anstatt in den USA Jura zu studieren, können Sie Ihre Wahlstation in den USA durchlaufen. Kontaktadressen finden Sie im Teil »Adressen« (Informationen für Rechtsreferendare siehe S. 257). Möchten Sie sich auf eigene Faust um eine Stelle kümmern, können Sie bei den Oberlandesgerichten Listen mit Adressen ausländischer Rechtsanwälte einsehen. Adressen finden Sie ebenfalls im amerikanischen Anwaltsverzeichnis »Martindale-Hubbell Law Directory«, das in Amerika-Häusern, bei der Deutsch-Amerikanischen Juristenvereinigung (DAJV) oder in Universitätsbibliotheken vorhanden ist. Bei der DAJV können Sie zusätzlich Adressen von international tätigen großen Rechtsanwaltskanzleien erhalten. Die Chancen, in einem solchen Büro eine Wahlstation zu machen, sind allerdings aufgrund des großen Andrangs relativ gering, steigen aber, wenn Sie sich Spezialkenntnisse angeeignet haben. Weitere Informationen finden Sie auf der Internetseite der DAJV: http://www.sanet.de/dajv/refusa.htm

3.2. Extrateil für Mediziner

In den USA besteht die medizinische Ausbildung aus der »Pre-Medical Education«, die an »Four-Year Colleges« angeboten wird, und der »Medical Education«, die an »Medical Schools« durchlaufen werden kann. Die »Pre-Medical Education« bereitet die Studenten auf das Medizinstudium und die dafür nötigen Zulassungsprüfungen vor. Sie ist nicht vergleichbar mit dem deutschen Physikum. Der erfolgreiche Abschluß einer »Pre-Medical Education« garantiert keine Zulassung zu einer »Medical School«. Die Ausbildung an der »Medical School« dauert drei bis fünf Jahre und entspricht dem deutschen

Medizinstudium. Famulaturen (»Clinical Clerkship« und »Medical Externs«) sind fester Pflichtbestandteil des Studiums. Das erfolgreiche Studium an einer »Medical School« führt zu einem »Doctor of Medicin« oder »Medical Doctor« (M.D.). Danach werden Pflichtpraktika (»Graduate Medical Education«) oder eine Spezialisierung, »Residency«, gemacht. Eine Berufsqualifikation erhalten die angehenden Ärzte aber erst mit dem anschließenden Lizenzexamen des »National Board of Medical Examiners«, das einer deutschen Approbation entspricht. Eine empfehlenswerte Informationsquelle ist die Publikation von Wally Esch von 1991: »Medizinstudium und Weiterbildung in den USA«.

Als deutscher Studienanfänger können Sie ein »College« besuchen, um eine »Pre-Medical Education« zu absolvieren. Um eine »Medical School« besuchen zu dürfen, müssen Sie einige Semester in Deutschland mit sehr guten Leistungen studiert und meistens einen Teil des »Foreign Medical Graduate Examination in the Medical Sciences« (FMGEMS) gemacht haben. Nach Angaben des DAAD scheitern viele deutsche Studenten an den Aufnahmetests oder der Finanzierung des Studiums. Der Grund hierfür ist, daß die Studenten für die Finanzierung von mindestens vier Jahren Studium an der »Medical School« und manchmal zusätzlich drei Jahren Studium an einem »College« sorgen müssen. Solche Langzeitstudien werden aber in der Regel nicht gefördert.

Medizinische Famulatur in den USA

Nach Ihrem Physikum können Sie Ihre Famulatur in den USA ableisten. Vom Deutschen Famulantenaustausch (dfa) wird empfohlen, die Auslandsfamulatur dann zu beginnen, wenn Sie bereits über klinische Erfahrungen verfügen. Beim dfa erhalten Sie eine Liste mit den Adressen von Krankenhäusern im Ausland, mit deren Hilfe Sie sich auf eigene Faust eine Famulatur organisieren können. Außerdem können Sie bei der dfa einen Fahrtkostenzuschuß des DAAD für Ihre Famulatur beantragen. Voraussetzung dafür ist, daß die Famulatur mindestens 60 Tage, aber nicht mehr als sechs Monate dauert. Bevor Sie Ihre Famulatur im Ausland beginnen, sollten Sie sich unbedingt bei Ihrem zuständigen Landesprüfungsamt erkundigen, ob die Famulatur anerkannt wird. Weitere Informationen, wie Krankenhausadressen, Jobangebote und Erfahrungsberichte, finden Sie im Internet auf der Seite: http://www.brains.de/brains-content.html und auf der Seite: http://medizin.imnetz.de/.

Zahnmedizinische Famulatur in den USA

Um eine zahnmedizinische Famulatur im Ausland machen zu können, müssen Sie einen Abschluß des ersten klinischen Behandlungskurses (KONS 1, zweites klinisches Semester) besitzen. Über Studienbedingungen und Adressen zahnmedizinischer Fakultäten können Sie sich beim »Local Exchange Officer« (LEO) des Zahnmedizinischen Austauschdienstes (ZAD) an Ihrer Hochschule erkundigen. Für eine zahnmedizinische Famulatur können Sie beim ZAD in Bonn einen Fahrtkostenzuschuß des DAAD beantragen.

Praktisches Jahr in den USA

Erkundigen Sie sich, ob ein Austausch über eine eventuelle Kooperation Ihrer Hochschule mit einer amerikanischen Hochschule möglich ist, oder organisieren Sie sich auf eigene Faust einen PJ-Platz. Organisationen, die PJ-Plätze in die USA vermitteln, gibt es nach Auskunft des DAAD nicht. Studienbedingungen und Adressen medizinischer Hochschulen in den USA finden Sie im »World Directory of Medical Schools«. Hilfreich kann es ebenfalls sein, Erfahrungsberichte, die beim dfa eingesehen werden können, zu lesen. Außerdem finden Sie reichlich Informationen im Internet: **http://medizin.imnetz.de/.**

Bevor Sie Ihr Praktisches Jahr antreten, sollten Sie sich bei dem für Sie zuständigen Landesprüfungsamt über die Anerkennung informiert haben. Sie können versuchen, Auslands-BAföG oder einen Fahrtkostenzuschuß des DAAD zu beantragen.

3.3. Extrateil für Wirtschaftswissenschaftler

Für viele Wirtschaftswissenschaftler ist ein MBA-Studium (»Master of Business and Administration«) eine begehrte Zusatzqualifikation. Das MBA-Studium wird in verschiedenen Programmtypen angeboten:

1. Vollzeitprogramm für Universitätsabsolventen
2. Programme für Manager mit Berufserfahrung (»MBA Executive Programs«). Diese Programme werden entweder als Abend- oder Wochenendstudium oder als Fernstudium mit Präsenzphasen angeboten.
3. »In Company«- oder Konsortialprogramme. Dies sind MBA-Programme mit unternehmensspezifischen Inhalten, bei denen die Unternehmen das Programm mitgestalten und häufig Arbeit an Projekten im Unternehmen Teil des Programmes sind.

Das Studium dauert zwischen neun Monaten und zwei Jahren. Ziel ist die Vertiefung und Erweiterung fachlicher Kenntnisse und die Ausbildung persönlicher Eigenschaften der Teilnehmer (beispielsweise Belastbarkeit, Kommunikationsfähigkeit, Teamfähigkeit und Analysefähigkeit). Voraussetzung für eine Zulassung an einem MBA-Programm sind in der Regel ein abgeschlossenes Hochschulstudium (alle Fachbereiche) und mehrjährige Berufserfahrung. Allerdings gibt es immer wieder Ausnahmen. Manchmal werden auch Studenten mit einem Vordiplom für MBA-Studiengänge zugelassen.

> **Wichtig:** Achten Sie darauf, daß das MBA-Programm akkreditiert ist, da Sie sonst den Titel nicht in Deutschland führen dürfen.

Einen interessanten und informativen Erfahrungsbericht, der Kriterien für die Hochschulauswahl gibt, Bewerbungsverfahren und vieles mehr erläutert, finden Sie auf der Internetseite des Bundesverbandes Deutscher Volks- und Betriebswirte: http://www.bdvb.de/htm/themen.htm.

Auf folgenden Internetseiten finden Sie eine Übersicht der Hochschulen, die MBA-Programme anbieten:
http://www.petersons.com/search97cgi/s97_cgi?Action=
Search&ServerKey=Primary&Theme=Standard&Com
pany=petersons.com&ResultTemplate=pete_standard.hts&
collection=gradinc&QueryText=MBA
http://www.focus.de/D/DB/DBT/dbt.htm

Ranglisten finden Sie unter folgenden Adressen:
http://www.businessweek.com/tocs/bschools.htm

http://www4.usnews.com/usnews/edu/beyond/gdmbaT1.
HTM
http://www4.usnews.com/usnews/edu/beyond/gbbizspe.
htm

3.4. Andere Fachbereiche

Informationen zu einzelnen Fachbereichen finden Sie in der
DAAD-Broschüre von Ulrich Littmann. Außerdem stoßen Sie
über die Internetseite der Studienberatung USA auf zahlreiche
Links für alle möglichen Fachbereiche (beispielsweise Archi-
tektur, Biomedizin, Kostüm-Design, Umwelttechnik bis zu
Sozialwesen):
http://www.fh-hannover.de/usa/studusa8.htm.

4. Zeitplan
für die Bewerbung

Nachdem Sie sich nun über das amerikanische Bildungswesen informiert haben, können Sie mit den ersten Vorbereitungen für Ihre Bewerbung beginnen. Als erstes sollten Sie natürlich dieses Buch gründlich durchgelesen haben. Sie werden dabei feststellen, daß alle einzelnen Schritte der Bewerbung, die in diesem Kapitel kurz angerissen werden, in späteren Kapiteln detailliert erklärt werden.

Um ein Studium in den USA vorzubereiten, ist es wichtig, früh genug, also mindestens ein, besser noch eineinhalb Jahre vor dem Aufenthalt mit der Planung zu beginnen. Da Sie sehr viel organisieren müssen, sollten Sie sich einen Zeitplan aufstellen, an dem Sie sich in der Vorbereitungszeit orientieren können. In diesem Abschnitt zeige ich Ihnen, wie ein Zeitplan für einen Studienbeginn im November 2001 aussehen kann. Die einzelnen Termine dieses Zeitplans müssen Sie allerdings an die Termine der Hochschulen, an denen Sie sich bewerben möchten, anpassen.

Ganz am Anfang Ihrer Planung sollten Sie sich einen Aktenordner anschaffen, in dem Sie alle Informationen sammeln und die Kopien Ihres Schriftverkehrs aufbewahren. Legen Sie sich eine Tabelle an (am besten per Computer), in der Sie zu jedem Kontakt Notizen machen. Auf diese Weise haben Sie beispielsweise immer vor Augen, wann Sie nach einer schriftlichen Bewerbung mündlich nachhaken müssen. Eine solche Tabelle kann folgendermaßen aussehen:

University of California, Los Angeles				
Datum	Form	Adressat bzw. Gesprächs- partner	Inhalt	Reaktion
3. März 2000	Fax	Director of Graduate Admission	Erste Informations- anfrage	
20. März 2000	Fax	Director of Graduate Admission	Nachfrage, wo Infor- mationen bleiben	Erste Anfrage übersehen, Unterlagen werden aber sofort ver- sandt.
20. März 2000	Brief	»Departmen- tal Graduate Admission Committee Chair«	Bitte um Informationen zu Studium und Forschung im Bereich »Economics«	
5. August 2000	Brief	Director of Graduate Admission	Bewerbungs- unterlagen versandt (außer TOEFL- Testergeb- nissen)	
20. August 2000	Brief	Director of Graduate Admission	Nachreichen der TOEFL- Testergebnisse	
12. Januar 2001	Telefon	Director of Graduate Admission	Nachfrage, ob Bewerbung Erfolg hatte	Ergebnisse werden in nächsten Tagen ver- schickt.

März bis Juni 2000

Sammeln Sie alle notwendigen Informationen. Sie bekommen diese beim DAAD, bei den akademischen Auslandsämtern und bei deutsch-amerikanischen Instituten. Besorgen Sie sich folgende Dinge:

- Informationen über die amerikanischen Hochschulen
- Die DAAD-Broschüre über deutsche Stipendien
- Informationen über Partneruniversitäten Ihrer Heimathochschule
- Informationen über Stipendien, die für Sie in Frage kommen könnten, Auslands-BAföG-Bestimmungen und ähnliches.

Sobald Sie die nötigen Unterlagen haben, sollten Sie mit Vorüberlegungen, die im nächsten Kapitel erläuterten werden, beginnen. Hierzu gehören Überlegungen in bezug auf

- den Zeitpunkt des Studiums,
- die Dauer des Studiums,
- die Wahl der Fächer,
- die Wahl der Hochschule,
- die gewünschte Einstufung.

Haben Sie eine grobe Vorstellung, wann, wie lange, was und wo Sie studieren möchten, verschicken Sie eine erste Anfrage an die amerikanischen Hochschulen Ihrer engeren Wahl. Außerdem ist es empfehlenswert, Ihre Englischkenntnisse zu verbessern, da Sie, um einen Studienplatz zu bekommen, in der Regel ausreichende Sprachkenntnisse nachweisen müssen. Der Nachweis wird in Form von Englischtests erbracht, wobei die Testergebnisse ein wichtiges Kriterium für die Vergabe von Studienplätzen an Ausländer sind. Indem Sie Ihre Sprachkenntnisse verbessern, steigen Ihre Chancen auf einen Studienplatz.

Juli bis August 2000

Erkundigen Sie sich so früh wie möglich über die Finanzierungsmöglichkeiten Ihres USA-Studiums. Prüfen Sie, ob Sie Stipendien, »Assistanceships« und ähnliches beantragen können, und achten Sie auf die Bewerbungstermine.

Den Unterlagen der ersten Anfrage haben Sie die Zulassungsvoraussetzungen und Bewerbungstermine entnommen. Notieren Sie diese Termine in Ihrem individuellen Zeitplan. Fordern Sie Unterlagen über die obligatorischen Zulassungstests an. Melden Sie sich für die Tests so an, daß die Testergebnisse rechtzeitig für Ihre Bewerbung eintreffen.

Beachten Sie hierbei Bewerbungsfristen der einzelnen Universitäten. Je früher Sie sich für die Tests anmelden, um so bessere Chancen haben Sie, zu dem von Ihnen gewünschten Termin getestet zu werden (Die Testtermine sind sehr schnell ausgebucht).

August 2000 bis Ende November 2000 bzw. Ende Januar 2001

In diesem Zeitraum sollten Ihre Tests liegen. Außerdem sollten Sie sich alle zur Bewerbung nötigen Unterlagen beschaffen und rechtzeitig in die USA schicken.

- Kopieren Sie Ihre Zeugnisse und studentischen Leistungsnachweise (Scheine).
- Lassen Sie sich die Kopien beglaubigen.
- Bitten Sie Lehrer bzw. Professoren um Gutachten.
- Übersetzen Sie alle Unterlagen in die englische Sprache.
- Schreiben Sie Ihr Bewerbungsessay.
- Kopieren Sie die unausgefüllten Bewerbungsbogen der Hochschulen.

- Füllen Sie den Bewerbungsbogen aus, den Sie sich von der gewünschten Universität zusenden haben lassen.
- Kontrollieren Sie Ihre Unterlagen auf Vollständigkeit.
- Achten Sie darauf, die Bewerbungsgebühr zu bezahlen.
- Schicken Sie die Bewerbungsunterlagen per Luftpost rechtzeitig und ausreichend frankiert ab. Denken Sie daran, daß es immer zu Verzögerungen durch die Post kommen kann, d.h. Sie sollten die Unterlagen nicht zum letzten Termin vor dem Ende der Bewerbungsfrist versenden.
- Achten Sie darauf, daß Sie Bewerbungstermine einhalten. Die Bewerbungstermine ausländischer Studenten liegen häufig vor den Terminen amerikanischer Studenten.
- Die Bewerbungstermine für »Scholarships« oder »Fellowships« liegen sehr oft vor den Bewerbungsterminen der »Admission«.

Ende April 2001

Haben Sie bis Ende April keinen Bescheid über eine Zulassung oder Ablehnung Ihrer Bewerbung erhalten, sollten Sie unbedingt per Telefon oder Fax bei der Hochschule nachhaken und das Ergebnis Ihrer Bewerbung erfragen.

April bis Sommer 2001

Haben Sie mehrere Zulassungsbescheide erhalten, entscheiden Sie sich jetzt, an welcher Hochschule Sie studieren wollen, und benachrichtigen Sie alle anderen Hochschulen, also auch die Hochschulen, an denen Sie nicht studieren werden.
Beantragen Sie am besten sofort nach Erhalt der Zulassung ein Visum, damit Sie, falls es zu Verzögerungen kommt, auf

jeden Fall zum Studienbeginn in die USA einreisen dürfen. Kümmern Sie sich um Ihre Unterkunft in den USA. Falls Sie nicht in einem Studentenwohnheim wohnen, beginnen Sie mit der Wohnungssuche.

Sorgen Sie für einen durchgehenden Krankenversicherungsschutz.

Organisieren Sie Ihren Umzug in die USA und melden Sie sich rechtzeitig in Deutschland ab (Universität, Einwohnermeldeamt, Zeitungen, etc.)

Herbst 2001

Hat alles geklappt, sind Sie zu diesem Zeitpunkt in den USA und beginnen pünktlich Ihr Studium.

5. Vorüberlegungen und Voraussetzungen für Ihre Bewerbung

5.1. Informationen beschaffen

Bevor Sie sich an einer amerikanischen Hochschule bewerben, sollten Sie sich umfangreiche Informationen beschaffen. Grundlegende Informationen, beispielsweise wie das amerikanische Bildungssystem, insbesondere das Hochschulsystem, funktioniert, haben Sie bereits in den vorangegangenen Kapiteln erhalten. Nicht in diesem Buch zu finden sind Informationen über einzelne Hochschulen, deren Studienpläne, Fächerangebote, Zulassungsvoraussetzungen, Bewerbungsfristen und über die Lage diverser amerikanischer Hochschulen. Informationen über die einzelnen Hochschulen finden Sie in Bibliotheken, in Amerika-Häusern, deutsch-amerikanischen Instituten oder im Internet. Haben Sie bestimmte Hochschulen in Ihre engere Wahl gezogen und besitzen Sie eine grobe Vorstellung davon, wann Sie wo und wie lange studieren möchten, dann sollten Sie natürlich die Hochschulen direkt anschreiben, um so aktuelle Unterlagen zu erhalten. Wie das erste Schreiben an amerikanische Hochschulen am besten aufgebaut wird, erläutere ich im folgenden Kapitel (ab S. 80). Zunächst aber gebe ich Ihnen einige Anhaltspunkte für die Entscheidung bezüglich Ihres Studiums, die Sie bei dem Durchgehen der Informationsunterlagen im Hinterkopf haben sollten.

Um sich an einer amerikanischen Universität zu bewerben, sollten Sie sich überlegt haben,

- wann Sie mit dem Studium beginnen möchten,
- wie lange Ihr Studium dauern soll (ein Semester, ein akademisches Jahr, ein Vollstudium etc.),
- welche Fächer Sie belegen möchten bzw. welche Abschlüsse Sie erlangen möchten,
- an welcher Universität Sie studieren möchten und
- in welches Studienjahr Sie eingestuft werden wollen.

5.2. Dauer und Zeitpunkt des USA-Studiums

Natürlich spielt die Frage der Finanzierung eine bedeutende Rolle. Sie sollten daher bei Ihren Vorüberlegungen bezüglich des Zeitpunkts und der Dauer Ihres Studiums die Finanzierungsmöglichkeiten, die im Kapitel »Finanzierung« (ab S. 84) erörtert werden, im Auge behalten. Bei der Frage, wann Sie Ihr Studium in den USA beginnen möchten und wie lange Ihr Studium dauern soll, haben Sie folgende Möglichkeiten zur Auswahl:

Zeitpunkt:
- nach dem Abitur
- nach dem Grundstudium
- nach dem Examen in Deutschland
- nach einer Doktorarbeit.

Dauer:
- ein Semester
- zwei und mehr Semester
- volles Studium
- Aufbaustudium

- Promotionsstudium
- Forschungsaufenthalt (nach Doktorarbeit).

Wann also ist der geeignete Zeitpunkt, in den USA ein Studium zu beginnen? Meistens wird empfohlen, sich vor dem USA-Studium bereits Grundkenntnisse in seinem Fach angeeignet zu haben, also frühestens nach dem deutschen Grundstudium in die USA zu gehen. Ein bedeutendes Problem für Abiturienten, die direkt nach der Schule ein Vollstudium in den USA absolvieren möchten, ist, daß sie in der Regel keine Förderung erhalten. Sie müssen also für die Studiengebühren selbst aufkommen und dürfen (ohne Green Card) noch nicht einmal außerhalb des Campus eine Arbeit annehmen, um so ihr Studium zu finanzieren.

Ein Vollstudium ist meistens nur dann sinnvoll, wenn Sie auch nach dem Studium in den USA bleiben möchten. Solche Vorhaben können aber aufgrund von Visabestimmungen problematisch sein. Möchten Sie nach dem Studium nach Deutschland zurückkehren, so sollten Sie bedenken, daß Sie mit einem ausländischen Abschluß unter Umständen in Deutschland Probleme mit der Berufszulassung bekommen. Spielen Sie mit dem Gedanken, Ihr gesamtes Studium in den USA zu absolvieren, weil Ihnen ein deutsches Studium durch einen Numerus clausus in dem gewünschten Fachgebiet verwehrt ist, werden Sie höchstwahrscheinlich keinen Erfolg haben, da es in den USA meist in denselben Fächern ebenfalls Zugangsbeschränkungen gibt. Nach Angaben der USIA (»United States Information Agency«) gibt es insbesondere in den Bereichen »Engineering«, »Computer Science«, »Pre-Law«, »Pre-Medicine«, »Marine Biology«, »Architecture« starke Konkurrenz bei der Zulassung. Möchten Sie eines dieser Fächer studieren, müssen Sie sehr gute bisherige Leistungen und Testergebnisse vorweisen, um einen Studienplatz zu bekommen.

Wer als Abiturient lediglich die ersten Studiensemester in den USA verbringen möchte, profitiert von der Vielfalt der angebotenen Fächer und durchläuft ein eher allgemeinbildendes Studium. Wie bereits gesagt, empfiehlt es sich für die meisten Studenten, nur ein Teilstudium an einer amerikanischen Universität zu absolvieren. Für ein oder zwei Semester ist es wesentlich einfacher, ein Stipendium zu erhalten und damit die Finanzierung des Studiums zu sichern. Unter Umständen können Sie erworbene Scheine auf das deutsche Studium anrechnen lassen oder erwerben während Ihres Teilstudiums einen amerikanischen Abschluß.

Leider erhalten deutsche Hochschulabsolventen normalerweise kein Stipendium für ein komplettes amerikanisches Promotionsstudium. Wer trotzdem auf den amerikanischen Titel »Ph.D.« versessen ist, muß aus eigener Tasche zahlen.

Allerdings haben deutsche Hochschulabsolventen die Möglichkeit, Forschungsaufenthalte in den USA zu verbringen. Eine Übersicht über Stipendien für Graduierte und Promovierte finden Sie in der Broschüre des DAAD.

5.3. Fächerauswahl

Sie können als Abiturient oder Student die Fächer in den USA studieren, in denen Sie einen (deutschen oder amerikanischen) Abschluß machen möchten. Planen Sie dagegen, Ihren USA-Aufenthalt dafür zu nutzen, um in andere Fächer reinzuschnuppern und nicht unbedingt Leistungsnachweise zu erwerben, die später an deutschen Universitäten anerkannt werden, so können Sie von der meist sehr großen Fächervielfalt profitieren. Achten Sie darauf, daß Sie richtig eingestuft werden und daß gegebenenfalls die Voraussetzungen für das von Ihnen beantragte Stipendium diesem Vorhaben nicht entgegenstehen.

5.4. Auswahl der Hochschule

Nachdem Sie sich Gedanken über den Zeitpunkt und die Dauer Ihres USA-Studiums gemacht haben, müssen Sie sich überlegen, an welcher Hochschule Sie studieren möchten. Nehmen Sie dagegen an einem Austauschprogramm des DAAD oder Ihrer Hochschule teil, haben Sie unter Umständen keine Wahlmöglichkeit, da diese Programme häufig in Absprache mit bestimmten amerikanischen Hochschulen organisiert sind. Haben Sie die freie Auswahl, was die Hochschule betrifft, so sollten Sie folgende Punkte in Ihre Entscheidung einfließen lassen:

- Die Qualität der Ausbildung
- Das Fächerangebot
- Die Finanzierung (Höhe der Studiengebühren und der Lebenshaltungskosten)
- Den Freizeitwert der Hochschule (Lage der Hochschule, z.B. Land, Stadt, Ost- oder Westküste, Küste, Gebirge etc., Freizeitangebot der Hochschule, Freizeitmöglichkeiten der Umgebung der Hochschule)
- Die Größe der Hochschule
- Die Anerkennung der Studienleistung in Deutschland.

Um eine Entscheidung zu treffen, ist es natürlich notwendig, daß Sie sich über die Studienbedingungen verschiedener Hochschulen informiert haben.

Qualität der Ausbildung

Neben anderen Kriterien ist normalerweise die Qualität der Ausbildung ein wesentlicher Faktor bei der Auswahl einer Hochschule. Im vorherigen Kapitel haben Sie bereits erfahren,

Sie sollten sich nicht nur *eine* Hochschule auswählen, sondern gleich fünf oder sechs, da Sie nicht davon ausgehen können, bei Ihrer ersten Wahlhochschule zugelassen zu werden. Fordern Sie am besten ruhig von 10 bis 20 Hochschulen Informationsunterlagen an und wählen dann Ihre »Top Six« aus. Am besten stufen Sie sich anhand der Informationsunterlagen und Rankings selbst ein, und bewerben sich sowohl an Hochschulen, an denen Sie mit guten Chancen für eine Zulassung, als auch an Hochschulen, an denen Sie mit weniger guten Chancen für eine Zulassung rechnen.

daß die Qualität eines Studiums zwischen den einzelnen Universitäten stark schwankt.

Woran aber erkennt man die Qualität einer Universität?

Ein Indiz für Qualität ist die »Accreditation«, die bereits auf S. 31 erläutert wurde. Weitere Indizien sind die Qualität eines Fachbereichs, die im wesentlichen von der Qualität der Professoren abhängt, und der Bekanntheitsgrad der Professoren (die Zahl der Veröffentlichungen, Ehrungen und ähnliches).

Ebenso bedeutsam für die Qualität der Ausbildung sind Bibliotheken, Labors, Computerräume und ähnliches, denn ohne gute Unterrichtsmaterialien läßt sich schlecht studieren.

Nicht zuletzt können Sie auf sogenannte »Rankings« zurückgreifen, um sich über die Qualität zu informieren.

Hochschulrankings finden Sie in deutsch-amerikanischen Instituten oder im Internet. Beispielsweise hat der »National Research Council« verschiedene Promotionsstudiengänge untersucht und verglichen (siehe S. 267). (Internet: **http:// www.nap.edu/readingroom/ books/researchdoc/**). Sie sollten bei »Rankings« beachten, unter welchen Kriterien diese aufgestellt wurden.

Wenn Sie beschließen, daß Ihnen die beste Ausbildung gerade gut genug ist, sollten Sie sich bewußt sein, daß die beste Ausbildung unter Umständen auch die kostspieligste ist. Überlegen Sie sich gründlich, ob Sie die Anforderungen solcher Hochschulen überhaupt erfüllen können. Können Sie das nämlich nicht, ist Ihr Geld an einer anderen Hochschule besser angelegt.

Das Fächerangebot

Besonders Studienanfänger, die sich noch nicht auf ein Fach festgelegt haben, profitieren von der Breite der angebotenen Fächer. Oft bietet das Angebot auch Anreize für Studenten, Fächer zu studieren, die nicht unbedingt mit ihrem Studienfach in Deutschland zusammenhängen. Einen Überblick über von amerikanischen Hochschulen angebotene Fächer können Sie sich im Internet oder in speziellen Nachschlagewerken (Literaturhinweise S. 273 f.) verschaffen. Beispielsweise geben »Peterson's Guide to Graduate and Professional Programs« und »The College Board Guide to 150 Popular College Majors« einen umfassenden Überblick über angebotene Studiengänge. Im Internet ist nur ein Teil dieses Überblicks veröffentlicht. Wie Sie die »Homepages« verschiedener Universitäten erreichen, erfahren Sie im Kapitel »Adressen« (S. 266).
Streben Sie einen akademischen Abschluß an, dann sollten Sie darauf achten, daß die amerikanische Hochschule für den jeweiligen Studiengang eine »Accreditation« hat.

Finanzierung des USA-Aufenthalts

Die Höhe der Studiengebühren und der Lebenshaltungskosten sowie die Möglichkeit, Förderungen zu erhalten, hängen meist von der Hochschule ab, an der Sie studieren möchten. Finanzieren Sie sich privat, sollten Sie sich überlegen, wieviel es Ihnen wert ist, an einer bestimmten Universität zu studieren. Erkundigen Sie sich, inwieweit Sie Finanzierungshilfen bekommen können. Beachten Sie, daß Sie unter Umständen an weniger bekannten Hochschulen eine größere Chance haben, Unterstützung zu erhalten. Mögliche Finanzierungshilfen werden im Kapitel »Finanzierung« (ab S. 84) näher erläutert.

Freizeitwert

Lassen Sie in die Wahl der Hochschule nicht nur objektive Kriterien einfließen, sondern auch Ihre persönlichen Präferenzen. Insbesondere dann, wenn Sie in den USA nicht nur studieren möchten, sondern Ihren Studienaufenthalt auch dazu nutzen wollen, Land und Leute kennenzulernen. Ihre Lebensqualität wird mitbestimmt von Freizeiteinrichtungen und Institutionen (es gibt beispielsweise Musik- und Theateraufführungen, Campuszeitungen, -radio, -fernsehen), die den Charakter der Universitäten ebenso prägen wie das akademische Angebot.

Das Angebot an sportlichen Einrichtungen erhöht zwar nicht unbedingt die Qualität akademischer Fächer, kann für den einzelnen Studenten aber dennoch ein bedeutendes Argument für eine bestimmte Universität sein.

Für die Freizeit ist ebenfalls die Lage der Universität von Bedeutung. Sind Sie Fan von kulturellen Veranstaltungen (Museen, Theater, Ausstellungen etc.), werden Sie unter Umständen an einer New Yorker Universität glücklicher als an einer Hochschule in Iowa. Lieben Sie Wassersport, so kann das Leben an einer Universität in Küstennähe vielleicht zu einem unvergeßlichen Erlebnis werden.

Größe der Hochschule

Die Größe der Hochschule sagt etwas über die Intensität der Betreuung und die Breite des Fächerangebots aus. An kleinen Hochschulen erfahren Sie unter Umständen eine intensivere Betreuung, auf der anderen Seite nimmt die Anzahl der angebotenen Fächer oft mit der Größe der Hochschule zu. Hier kann natürlich keine Aussage getroffen werden, was besser ist. Sie müssen nach Ihren persönlichen Vorlieben entscheiden, ob Sie lieber an einer großen oder kleinen Hochschule studieren möchten.

Anerkennung der Studienleistungen in Deutschland

Bei Ihrer Entscheidung für eine bestimmte Hochschule spielt die Frage der Anerkennung Ihrer amerikanischen Studienleistungen in Deutschland eine Rolle. Wollen Sie bestimmte Studienleistungen anerkennen lassen, so müssen Sie sich vor Ihrem Studium in den USA bei Ihrer deutschen Hochschule erkundigen, welche Fächer welcher Universitäten unter welchen Bedingungen in Deutschland anerkannt werden. Wenn eine deutsche Hochschule bestimmte Leistungsnachweise anerkennt, heißt das allerdings noch lange nicht, daß auch andere deutsche Hochschulen diese Nachweise anerkennen. In der Regel werden in Deutschland nur Studienleistungen anerkannt, die an amerikanischen Hochschulen mit einer Akkreditierung erworben wurden.

Überlegen Sie sich, ob Sie eine Präferenz für öffentliche, private oder religiöse Hochschulen haben. Sind religiöse Institutionen Träger der Hochschule, kann es beispielsweise sein, daß von den Studenten der Verzicht auf Rauschmittel (Zigaretten, Alkohol …) erwartet wird.

Vielleicht ist Ihnen auch wichtig, in einer bestimmten Klimazone zu studieren. Wer beispielsweise bei Hitze nicht arbeiten kann, sollte sich nicht gerade in Florida oder Texas um eine Zulassung bemühen.

5.5. Zulassung und Einstufung

Es gibt keine allgemein anerkannten Richtlinien, die die Zulassung und Einstufung von Studenten mit ausländischen akademischen Graden festlegen. Ihre Zulassung zum Studium und Einstufung auf einem bestimmten Bildungsniveau beruht allein auf der Entscheidung der jeweiligen Hochschule. Allerdings orientieren sich viele Hochschulen bei ihrer Entscheidung an den Empfehlungen für die Zulassung und Einstufung von deutschen Studenten (AACRAO-Empfehlungen von 1990 = gemeinsame deutsch-amerikanische Empfehlungen), die von der westdeutschen Rektorenkonferenz, der »National Association for Foreign Student Affairs« und der »American Asscociation of Collegiate Registrars and Admissions Officers« ausgearbeitet wurden. Diese Empfehlungen sind nicht rechtsverbindlich, werden aber häufig als Grundlage für die Einstufung benutzt. Am besten nehmen Sie eine Kopie dieser Empfehlungen mit in die USA, weil amerikanische Hochschulen oft noch die Empfehlungen von 1986 benutzen. Die Empfehlungen sind unter anderem im kostenlosen Studienführer USA des DAAD abgedruckt.

Haben Sie sich für eine oder mehrere Hochschulen entschieden, so müssen Sie sich über die Zulassungsvoraussetzungen der einzelnen Hochschulen informieren. Erfüllen Sie die Zulassungsvoraussetzungen für »Undergraduate Studies« bzw. »Graduate Studies«, so können Sie sich Gedanken über die gewünschte Einstufung in dem jeweiligen Studienbereich machen. Häufig gibt es verschiedene Zulassungsverfahren für »Undergraduate Studies« und »Graduate Studies«.

Undergraduate Studies

Über die Zulassung im Bereich der »Undergraduate Studies« entscheidet die Zentrale der Hochschulverwaltung, nämlich das »Office of Admissions« oder der »Dean of Admission«. In der Regel müssen deutsche Bewerber folgende Voraussetzungen für eine Zulassung zu »Undergraduate Studies« erfüllen:

- Bewerber müssen für die Zulassung zu »Undergraduate Studies« entweder ein **Fach- oder allgemeines Abitur** oder eine **Fachhochschulreife** haben. Bei Fachabitur bzw. Fachhochschulreife erhalten Bewerber in der Regel nur eine Zulassung für die jeweiligen Fächer. Außerdem sollten sie die beglaubigten Zeugnisse der Klassen neun bis zwölf bzw. dreizehn vorweisen.
- Bewerber müssen **beglaubigte Kopien ihrer Leistungsnachweise** in Form von Abschlußzeugnissen (Abitur, Fachhochschulreife etc.) vorweisen. Geben Sie Ihre Leistungskurse und Prüfungsfächer mit Inhalt, Note und Zuordnung zu Fachbereichen an. Unter Umständen können Sie dadurch einige Einführungsveranstaltungen in den USA überspringen.
- Bewerber müssen **Gutachten** oder **Empfehlungsschreiben** ihrer Lehrer vorlegen.

- Bewerber müssen **Zulassungstests** (»Admission Tests«) bestehen. Meist wird bei »Undergraduate Studies« der SAT (»Scholastic Aptitude Test«) oder der ACT (»American College Test«) verlangt. Allerdings sollten Sie sich, bevor Sie sich zu einem Test anmelden, bei der Hochschule erkundigen, welchen Test Sie vorlegen müssen.
- In künstlerischen und musischen Fächern wird manchmal der Nachweis Ihrer Begabung auf Kassetten, Dias, Fotos etc. verlangt, wenn nicht sogar eine Aufnahmeprüfung (»Audition«) in den USA Voraussetzung für eine Zulassung ist.
- Ausländische Bewerber müssen **Sprachtests** bestehen.
- Bewerber müssen **Bewerbungsformulare** ausfüllen. Jede Hochschule verschickt auf Anfrage individuelle Bewerbungsformulare, die Sie sehr sorgfältig ausfüllen müssen. Zu den Bewerbungsunterlagen gehören neben Lebensläufen oft sogenannte **Bewerbungsessays** (»Statement of Purpose« oder »Statement of Choice«), in denen Sie Ihren Hochschulwunsch begründen und Ihre Studienplänen darlegen sollen, wobei sowohl akademische als auch nichtakademische Vorhaben gemeint sind.
- Bewerber müssen in jedem Fall erklären, wie sie das Studium finanzieren wollen.

Graduate Studies

Die Zulassungen zu »Graduate Studies« sind zwischen den Universitäten und den Fachbereichen sehr unterschiedlich. Da die einzelnen Fachbereiche bzw. Fakultäten über die Zulassung entscheiden (auch wenn das Bewerbungsergebnis durch das »Office of Admissions« dem Bewerber mitgeteilt wird), ist für eine Zulassung oft ausschlaggebend, ob der bisherige Ausbildungsweg eines Bewerbers mit den Forschungsschwerpunkten des Fachbereiches korrespondiert. Das bedeutet, daß Sie auch mit den besten Noten abgelehnt werden können, wenn Ihre Studienschwerpunktsetzung nicht zu den Schwerpunkten der Fakultät, an der Sie sich bewerben, paßt.

Normalerweise müssen deutsche Bewerber folgende Voraussetzungen für eine Zulassung zu »Graduate Studies« erfüllen:

- Bewerber müssen **entweder drei Jahre in ihrem Fach studiert** haben und ihre Studienleistung mit Hilfe von **beglaubigten Kopien** des **Vordiploms, der Zwischenprüfung** oder des **Fachhochschulabschlusses** belegen.

- Die Bewerber müssen **beglaubigte Kopien der Studiennachweise** in Form von Abschlußzeugnissen (Vordiplom, Zwischenprüfung, Diplom, Magister, Staatsexamen etc.) und Nachweisen über die von ihnen mit Erfolg belegten benoteten Lehrveranstaltungen (Übungen, Vorlesungen, Seminare etc.) vorweisen. Geben Sie Ihre erworbenen Scheine samt Lehrinhalt, Benotung und Ihre Vertiefungsfächer an. Falls Sie zum Zeitpunkt Ihrer Bewerbung zwar Abschlüsse, aber noch keine Zeugnisse erhalten haben, müssen Sie mit einer Verzögerung der Zulassungsentscheidung rechnen, wenn Sie nicht sogar ganz abgelehnt werden.

- Bewerber müssen **Gutachten** oder **Empfehlungsschreiben** ihrer akademischen Hochschulprofessoren vorlegen.

- Bewerber müssen **Zulassungstests** (»Admission Tests«; der Oberbegriff solcher Tests ist GRE = »Graduate Record Examination«) bestehen. Möchten Sie »Business Administration« studieren oder betriebswirtschaftliche Aufbaustudiengänge absolvieren, wird normalerweise der GMAT (»Graduate Management Admission Test«) verlangt.

- Ausländische Bewerber müssen **Sprachtests** bestehen.

- Bewerber müssen **Bewerbungsformulare** ausfüllen. Jede Hochschule verschickt auf Anfrage individuelle Bewerbungsformulare, die Sie sehr sorgfältig ausfüllen müssen.

- Bewerber müssen **Bewerbungsessays** (»Statement of Purpose« oder »Statement of Choice«) schreiben. Hier sollen Sie Ihre Hochschulwunsch begründen und Ihre Studienpläne darlegen, wobei sowohl akademische als auch nichtakademische Vorhaben gemeint sind.
- Bewerber müssen in jedem Fall erklären, wie sie das Studium finanzieren wollen.

Einstufung

Anhand Ihrer Bewerbungsunterlagen entscheidet die Hochschule über Ihre Einstufung. Sie sollten Ihre Bewerbung daher sehr sorgfältig und gründlich gestalten. Je ausführlicher und informativer Sie Ihren bisherigen Ausbildungsweg darlegen, desto bessere Chancen haben Sie, in die gewünschte Ausbildungsstufe eingestuft zu werden.

Damit Sie von vornherein Ihre Einstufungschancen richtig abschätzen können, möchte ich Ihnen hier grobe Richtlinien der gängigen Einstufung aufzeigen.

Wie bereits gesagt, kann die Hochschule völlig frei entscheiden, wie Sie eingestuft werden, d.h. Ausnahmen von der hier aufgeführten Einstufungskriterien sind durchaus möglich.

Werden Sie nicht auf dem von Ihnen gewünschten Niveau eingestuft, können Sie unter Umständen ein bis zwei »Terms« als »Non-Degree Student« oder »Special Student« studieren, was ausländischen Studenten von einigen Hochschulen angeboten wird. Im Gegensatz zu dem Status als »Degree Student« haben Sie als »Non-Degree Student« mehr Freiheit bei der Gestaltung Ihrer Fächer, da Sie nicht auf einen Abschluß hin studieren. Außerdem sind die Zulassungsbedingungen für »Non-Degree Students« weniger restriktiv als für »Degree Students«, Sie haben allerdings als »Non-Degree Student« so gut wie keine Chance, ein Stipendium Ihrer amerikanischen Hochschule zu bekommen.

Deutsche Ausbildung	Voraussichtliche Einstufung an amerikanischen Hochschulen
Fachhochschulreife (nach 12 Schuljahren)	erstes Studienjahr im Bereich »Undergraduate Studies«
Abitur (nach 13 Schuljahren)	zweites Studienjahr im Bereich »Undergraduate Studies« (häufig können Sie das erste Jahr überspringen, das nennt sich dann »Advanced Standing«)
Student ohne Vordiplom und Fachhochschulstudenten	zweites, drittes oder viertes Jahr im Bereich »Undergraduate Studies«, je nachdem, wie viele deutsche Leistungsnachweise Sie vorweisen können.
Fachhochschulstudenten mit Fachhochschulabschluß	viertes Jahr im Bereich »Undergraduate Studies« oder erstes Jahr im Bereich »Graduate Studies«
Studenten mit mindestens drei Jahren deutschem Studium und bestandenem Vordiplom, Zwischenprüfung oder ähnlichem	Einstufung, je nach erbrachter deutscher Studienleistung im Bereich »Graduate Studies«
Hochschulabsolvent	Bereich »Graduate Studies« oder Promotionsstudium

5.6. Verbesserung der Englischkenntnisse vor dem Studium

Für ein Studium in den USA sollten Sie gute Englischkenntnisse haben, da Ihr amerikanischer Professor in der Regel den Unterrichtsstoff nicht langsamer lehren kann, nur weil ein Student Probleme mit der Sprache hat. Außerdem sollten Sie in der Lage sein, selber mündlich und schriftlich fachliche Themen zu bearbeiten.

Es gibt eine ganze Reihe von Möglichkeiten, vor Beginn Ihres USA-Aufenthaltes Ihre Sprachkenntnisse aufzumöbeln. Eine gute Möglichkeit, in Deutschland Ihren passiven Wortschatz zu erweitern, ist es, Filme in englischer Sprache zu sehen oder sich Nachrichten und Berichte regelmäßig über BBC und ähnliche Sender oder über das Radio anzuhören. Filme in englischer Sprache können Sie sich in vielen Videotheken und in Bibliotheken ausleihen. Sehr sinnvoll ist es, ebenfalls englische Literatur – sei es Fachliteratur für das Studium, Zeitungen oder Romane – zu lesen. Bibliotheken und Buchhandlungen führen häufig englische Literatur, alternativ können Sie über das Internet bei amerikanischen Verlagen Bücher bestellen. Englische Zeitungen können Sie in den meisten Bahnhofsbuchhandlungen kaufen.

Vielleicht haben Sie auch Lust, bereits in Deutschland Kontakte zu Amerikanern (beispielsweise Austauschstudenten) zu knüpfen. Oft genügt ein entsprechender Aushang am Schwarzen Brett Ihrer Universität, um Austauschstudenten kennenzulernen. Gespräche sollten Sie dann aber in Englisch und nicht in Deutsch führen.

Systematisch erweitern Sie Ihre Sprachfähigkeiten, indem Sie Englischkurse belegen, die an Universitäten, Sprachschulen oder auch Volkshochschulen angeboten werden.

Noch besser, Sie nehmen an Sprachkursen direkt in den USA teil. Einen solchen Aufenthalt könnten Sie dann gleich nutzen, um sich mit der zukünftigen amerikanischen Hochschule vertraut zu machen und sich auf dem Wohnungsmarkt umzuschauen. Englischkurse für internationale Studenten heißen »English as a Second Language« (ESL); diese Kurse können für Anfänger oder Fortgeschrittene konzipiert sein und als Vollzeitkurse oder neben einem regulären Studium als Teilzeitkurse angeboten werden. Hochschulen, die Englischkurse anbieten, die akkreditiert sind (was ein Indiz für gute Qualität ist), sind meistens im »Consortium of University and College Intensive English Programs« (UCIEP, siehe Kapitel »Adressen« S. 243) zusammengeschlossen. Englischkurse, von Mitgliedern der »American Association of Intensive English Programs« (AAIEP, siehe Kapitel »Adressen« S. 235), haben zwar keine Akkredition, erfüllen aber hohe von der AAIEP gesetzte Standards. Englischkurse werden aber auch von Sprachinstituten angeboten, die nicht direkt an eine Hochschule angeschlossen sind, aber durchaus in der Nähe oder sogar auf dem Campus einer Hochschulen sein können. Meistens sind die Kurse an Sprachschulen etwas günstiger als Kurse an Hochschulen. Wenn Sie aber Englischkurse an Hochschulen besuchen, profitieren Sie davon, daß Sie Hochschulbibliotheken benutzen können. Eventuell können Sie einige Kurse in anderen Fachgebieten besuchen und im Kontakt mit amerikanischen Studenten Ihre neu erworbenen Englischkenntnisse anwenden. Bei der Wahl eines Sprachkurses sollten Sie auf folgende Punkte achten:

- Wie intensiv ist der Kurs (Stunden pro Woche)?
- Wie groß sind die Klassen (Teilnehmer pro Klasse)?
- Werden spezielle oder allgemeine Englischkenntnisse gelehrt?
- Werden die Studenten auf einen Sprachtest, wie den TOEFL, vorbereitet, werden akademische Inhalte vermittelt oder lernen die Studenten, wie akademische Arbeiten erstellt werden (Ziel des Kurses)?
- Besteht die Möglichkeit, Kurse an einer Hochschule zu besuchen?
- Welche Ausbildung haben die Lehrpersonen (Studenten, Lehrer, Professoren)?
- Gibt es Zugangsvoraussetzungen?

- Aus welchen Ländern kommen die Studenten?
- Was kostet der Kurs?

Im Adressenteil (ab S. 228) finden Sie Anschriften von Organisationen, die Sprachkurse vermitteln.

5.7. »Summer Schools«

Wie Sie bereits wissen, dienen die »Summer Schools« im vorlesungsfreien Sommer amerikanischen Studenten, um nichtbestandene Kurse nachzuholen oder das gesamte Studium zu verkürzen.

Sie können ebenfalls »Summer Schools« besuchen,
- entweder vor Ihrem USA-Studium, um Ihre Sprachkenntnisse zu verbessern und die Hochschule kennenzulernen oder
- anstatt eines regulären USA-Studiums.

Viele Studenten planen von vornherein, eine »Summer School« zu besuchen, anstatt sich für ein reguläres Studium zu bewerben, weil der Bewerbungsaufwand für die Zulassung zu einer »Summer School« wesentlich geringer ist als für ein reguläres Studium, oder weil sie nicht ein oder zwei Semester in den USA studieren möchten. In einigen Fällen brauchen Sie noch nicht einmal einen TOEFL-Test, um für eine »Summer School« zugelassen zu werden.

Die »Summer Schools« dauern zwischen fünf bis zehn Wochen. Sind Ihre Sprachkenntnisse noch nicht gut genug, sollten Sie einen Intensivsprachkurs machen. Das Fächerangebot während der »Summer Schools« ist in der Regel sehr groß. Für einige Fächer müssen die Studenten allerdings bereits vorhandene Fachkenntnisse vorweisen. Damit eignen sich »Summer Schools« dazu,

- die Englischkenntnisse zu verbessern,
- in das amerikanische Bildungswesen und verschiedene Fachbereiche zu schnuppern,
- Fachkenntnisse zu erweitern und zu vertiefen,
- ein Aufbaustudium zu absolvieren,
- sich auf ein reguläres Studium vorzubereiten.

Möchten Sie eine »Summer School« besuchen, sollten Sie sich zuerst einige amerikanische Hochschulen, an denen Sie gerne studieren möchten, aussuchen. Beachten Sie dabei, daß unter Umständen andere Lehrkräfte unterrichten als während der regulären Studienzeit. Auch Professoren machen mal Urlaub! Verschicken Sie dafür eine erste Anfrage an die Hochschulen, in der Sie sich nach

- dem Fächerangebot und den Studieninhalten der »Summer Schools«,
- den Zulassungsvoraussetzungen,
- »College/University Catalogs«,
- »Bulletins«,
- »Application Forms«,
- »Financial Aid Forms«
- und anderen für Sie wichtige Dingen erkundigen.

Sie können sich dabei an der ersten Anfrage für reguläre Studiengänge, die im folgenden Kapitel erläutert wird, orientieren. Ihre Visumsituation können Sie auf S. 135 f. bzw. S. 142 nachlesen.

Ebenso wie bei einem regulären USA-Studium sollten Sie sich unbedingt auch während der »Summer School« krankenversichern. Übrigens vermittelt der Council gegen eine Gebühr »Summer School«-Aufenthalte (siehe auch Kapitel »Finanzierung« S. 94). Adressen von Institutionen, über die Sie sich für »Summer Schools« bewerben können, finden Sie ab S. 234.

6. Erste Anfrage nach Informationsmaterial

6.1. Allgemeine Hinweise zur schriftlichen Korrespondenz mit den Hochschulen

Bevor Sie Informationsmaterial anfordern, möchte ich Ihnen vorab einige Hinweise für die schriftliche Kontaktaufnahme mit einer amerikanischen Hochschule geben:

- Am besten adressieren Sie Ihre Anfrage an ein bestimmtes Department oder eine bestimmte Person. Adressat ist meistens der »Director of Undergraduate Admission« bzw. der »Director of Graduate Admission«. Möchten Sie »Graduate Studies« betreiben, können Sie ein Extra-Schreiben an den »Department Chair« oder »Departmental Graduate Admission Committee Chair« richten und Informationen über Studium und Forschung an dem betreffenden »Department« erfragen.
- Alles, was Sie verschicken, sollten Sie vorher für Ihre eigene Dokumentation kopiert haben.
- Damit Ihre Anfrage nicht mehrere Wochen unterwegs ist, sollten Sie die Anfrage mit Luftpost verschicken und das Schreiben ausreichend frankieren. Haben Sie die Faxnummer des Adressaten, können Sie die erste Anfrage faxen und sparen damit Zeit und Porto. Die formelle Bewerbung kann im Normalfall allerdings nicht gefaxt werden.
- Achten Sie vor allem darauf, daß Ihre Adresse sowohl auf dem Umschlag als auch in Ihrer Anfrage vollständig ist.
- Verwenden Sie die internationale Schreibweise bei Ihrer

Adresse sowie Ihren Telefon- und Faxnummern. Schreiben Sie das Datum in amerikanischer Schreibweise (Monat, Tag, Jahr).

- Benutzen Sie in allen Phasen Ihrer Bewerbung dieselbe Schreibweise Ihres Namens (beispielsweise sollten Sie, wenn Sie »Müller« heißen, Ihren Namen nicht in einigen Briefen »Müller« und in anderen »Mueller« schreiben). Am besten schreiben Sie Ihren Namen, so wie er im Reisepaß geschrieben ist. Das verhindert Komplikationen, wenn die Hochschule Ihnen Unterlagen für Ihr Visum zuschickt. Unterstreichen Sie Ihren Familiennamen, oder schreiben Sie ihn in Großbuchstaben (Hans Martin <u>Mueller</u> oder Hans Martin MUELLER). Außerdem sollten Sie Ihren Namen immer in derselben Reihenfolge schreiben (also nicht: mal Hans Martin <u>Mueller</u> und mal Martin Hans <u>Mueller</u>).
- Ein amerikanischer Briefumschlag sieht übrigens folgendermaßen aus:

From:	Martin <u>Muster</u>	Air	Brief-
		Mail	marke
	Musterstr. 3		
	<u>3333 Musterstadt</u>		
	Germany		
	To:	Name des Adressaten	
		Name des Departments	
		Name der Hochschule	
		Straße	
		Stadt, Staat ZIP-Code	
		USA	

- Verschicken Sie keine (Original-)Dokumente bei Ihrer ersten Anfrage. Erst der späteren formellen Bewerbung fügen Sie, falls es verlangt wird, entsprechende Dokumente bei.

6.2. Erste Anfrage
bei amerikanischen Hochschulen

Ihre erste Anfrage muß natürlich in englischer Sprache und sollte nach Möglichkeit mit einem Computer (oder zumindest mit einer Schreibmaschine) geschrieben sein.
Informieren Sie sich über
- Fächerangebot,
- »College/University Catalogs«,
- »Bulletins«,
- »Application Forms«,
- »Financial Aid Forms«
- und andere für Sie wichtige Dinge.

Daneben sollten Ihre ersten Anfragen folgende Informationen beinhalten:

Persönliche Informationen

- Name, Adresse, Telefonnummer und Faxnummer
- Geburtsdatum (Monat/Tag/Jahr), Familienstand, eventuell Kinder, Staatsbürgerschaft (entsprechend den Angaben in Ihrem Personalausweis)

Ihre bisherige Ausbildung

- Schulen (ab Gymnasium), Universitäten, Fachhochschulen, Pädagogische Hochschulen und ähnliche Bildungseinrichtungen.
- Listen Sie für jede Ausbildungsstufe Namen und Ort der jeweiligen Bildungsinstitution, Fachbereiche, erreichte Abschlüsse (Datum und Note) auf.
- Englischkenntnisse: Anzahl der Jahre, in denen Sie Englischkenntnisse erworben haben; Name und Ort der Bildungsinstitution. Erreichte Note bzw. eigene Einschätzung der Kenntnisse (eventuelle TOEFL-Testergebnisse, falls bereits vorhanden).
- Erläutern Sie Ihre Studienpläne für das Studium in den USA (Möchten Sie einen Abschluß erzielen, wann soll das Studium beginnen [Monat und Jahr angeben!], wie möchten Sie eingestuft werden etc.)?
- Finanzierung Ihres Studiums und Ihrer Lebenshaltungskosten (Zahlen Sie selbst, erhalten Sie Unterstützung durch deutsche Stipendien, möchten Sie einen Job ausüben oder amerikanische Stipendien beantragen? Wieviel Geld steht Ihnen zur Verfügung?).
- Datum und Ihre Unterschrift.

Mit Hilfe dieser Informationen kann der »Admission Officer« herausfinden, ob Ihre Bewerbung in dem gewünschten Studiengang sinnvoll ist. Daraufhin schickt er Ihnen alle für die Bewerbung notwendigen Informationen.

7. Finanzierung des USA-Aufenthaltes

Ein wesentlicher Punkt eines jeden Auslandsaufenthaltes ist die Finanzierung. Ein Studienaufenthalt in den USA erfordert einen nicht unbeträchtlichen finanziellen Aufwand. Es gibt zwar eine Reihe von Möglichkeiten, Finanzierungshilfen zu bekommen, aber längst nicht genug, als daß alle deutschen Studenten, die sich um einen USA-Studienaufenthalt bemühen, davon profitieren könnten. Nach Informationen des DAAD finanziert ungefähr die Hälfte der Austauschstudenten ihr USA-Studium aus eigener Tasche. Ist es für viele auch sehr hart, den Auslandsaufenthalt zu einem großen Teil oder ganz selbst zu bezahlen, so sollte man stets bedenken, daß viele amerikanische Familien Jahrzehnte für das Studium ihrer Sprößlinge sparen oder hohe Kredite aufnehmen, damit der Nachwuchs studieren kann. Und immerhin bekommen Sie an den meisten amerikanischen Universitäten eine ganze Menge mehr geboten als an deutschen Hochschulen.

Leider sind in der Regel Studienanfänger, die die ersten Semester in den USA planen, Studenten, die ihr ganzes Studium in den USA machen möchten, und Hochschulabsolventen, die im Rahmen eines »Ph.D.«- Programms ihre Ausbildung in den USA fortsetzen möchten, gezwungen, ihre Vorhaben selbst zu finanzieren, da im Normalfall keine Stipendien für derartige Projekte vergeben werden.

Außerdem werden Stipendien meist nicht nach dem Prinzip der Bedürftigkeit vergeben, sondern nach dem Leistungsprinzip. Lediglich Auslands-BAföG wird nach dem Bedürftigkeitsprinzip gewährt. Insgesamt gesehen, haben Sie um so größere

Chancen, Ihre USA-Pläne zu verwirklichen, je bessere Leistungen Sie vorweisen können.

7.1. Kosten eines USA-Studienaufenthaltes

In diesem Kapitel gebe ich Ihnen einen Überblick, mit welchen Kosten Sie bei einem Studienaufenthalt in den USA rechnen müssen. Die Kosten eines USA-Studienaufenthaltes hängen stark von der Hochschule ab, an der Sie studieren möchten. Daher sollten Sie die Frage der Finanzierung in Ihre Hochschulwahl einfließen lassen. Wie hoch die Kosten in den von Ihnen bevorzugten Hochschulen sind, können Sie anhand der Informationsunterlagen, die Ihnen auf Ihre erste Anfrage von den Hochschulen gesandt werden, in Erfahrung bringen.

Bei der Planung eines USA-Studienaufenthaltes sollten Sie sich zuerst Gedanken über die auf Sie zukommenden Kosten eines solchen Unterfangens machen. Dies ist vor allem für diejenigen wichtig, die sich privat an einer amerikanischen Hochschule bewerben, da sie in diesem Fall in der Regel einen Nachweis erbringen müssen, daß sie über ausreichende finanzielle Mittel oder eine Finanzierungsbürgschaft verfügen.

Um Ihnen einen besseren Überblick zu bieten, führe ich die zu erwartenden Kosten in einer Tabelle auf. Wenn nicht anders angegeben, stammen die Angaben von der USIA, Washington. Bedenken Sie, daß die angegebenen Beträge lediglich Schätzungen sind. Die genaue Höhe der Kosten, die Sie zu tragen haben, hängt nicht nur vom Wechselkurs ab, sondern auch von der besuchten Hochschule, der geographischen Lage, Ihrem Studienfach und dem Komfort, den Sie sich zu leisten gedenken. Grundsätzlich sollten Sie nicht zu knapp kalkulieren. Rechnen Sie besser mit einer Reserve für Notfälle. Bevor Sie sich von den hohen Beträgen abschrecken lassen, sollten

Sie berücksichtigen, daß Sie auch in Deutschland Ihre Lebenshaltung finanzieren müßten.

Kosten-art	Betrag	Erläuterung
Gebühren für Test	U.S. $ 20 – 75 pro Test	Welche Tests bestanden werden müssen, ist von Hochschule zu Hochschule verschieden.
Anreise zu den Test-zentren		Hängt von der Entfernung Ihres Wohnortes zum Testzentrum ab.
Porto-kosten		Für Bewerbungen etc.
Flug-kosten	ab 499,00 DM (Frankfurt–New York)	Mindestens ein Flug Deutschland–USA und zurück
Bewer-bungs-gebühren	U.S. $ 10 – 75 pro Hochschule, an der Sie sich bewerben.	Bewerbungsgebühren der Hochschulen sind unterschiedlich hoch. Die Bewerbungsgebühren werden in der Regel nicht erstattet, wenn die Bewerbung nicht angenommen wird.
Studien-gebühren	U.S. $ 3.000 – 22.000 pro akademischem Jahr	Die Studiengebühren fallen je nach Hochschule unterschiedlich aus.
Ausgaben für Bücher und eventuell Computer	U.S. $ 500 und mehr pro akademischem Jahr	
Gebühren für die Be-nutzung universi-tärer Service-leistungen	U.S. $ 100 – 550 pro akademischem Jahr	Studenten in den Bereichen Kunst, Ingenieurswissenschaften, Architektur müssen mit zusätzlichen Ausgaben für Materialien und Laborgebühren rechnen.

Tägliche Transportkosten		Tägliche Transportkosten fallen an, wenn Sie außerhalb des Campus leben.
Lebenshaltungskosten auf dem Campus	»Room and Board«: U.S. $ 2.200 – 5.500 Verheiratete zusätzlich: U.S. $ 200 – 600 pro akademischem Jahr	»Room and Board« beinhaltet meist eine bestimmte Anzahl an Mahlzeiten. U. U. müssen Sie ca. U.S. $ 100 – 200 für Extra-Mahlzeiten einplanen. An manchen Universitäten bieten einige Familien die Möglichkeit, günstig in »Married Student Housings« zu wohnen.
Lebenshaltungskosten außerhalb des Campus	Hotel: U.S. $ 25 – 100 pro Nacht Ein Zimmer: U.S. $ 150 – 350 pro Monat möbliertes Apartment: U.S. $ 200 – 600 nichtmöbliertes Apartment: U.S. $ 150 – 500 pro Monat	Der jeweilige Preis hängt natürlich sehr stark von der geographischen Lage ab.
Kosten für Möbel und ähnliches	U.S. $ 100 – 150 pro akademischem Jahr	In möblierten Zimmern fehlen meistens Lampen, Handtücher und Bettzeug.
Telefon	U.S. $ 100 und mehr	
Krankenversicherung	U.S. $ 200 – 500	Häufig werden Kosten aus Augenuntersuchungen, Brillen, Kontaktlinsen, zahnmedizinischen Eingriffen und Schwangerschaften nicht von der Versicherung getragen.
Campus Health Service	U.S. $ 100 – 300 pro Jahr	An einigen Hochschulen gibt es einen Health Service, der sich aber nicht um ernste und lang andauernde Krankheiten kümmert. Daher ist eine Extra-Krankenversicherung unbedingt notwendig.

Persön-liche Aus-gaben	U.S. $ 1500 – 2500 pro akademischem Jahr	Hierunter fallen Kosten für Wäsche, Post, Unterhaltung und Freizeitgestaltung (Kino, Theater, Sport, Kneipe).
Nahrungs-mittel	U.S. $ 150 – 250 pro akademischem Jahr	bei Selbstversorgung
Reisen	U.S. $ 1.000 – 1.500 pro akademischem Jahr	An manchen Universitäten müssen sich die Studenten während der vorlesungsfreien Zeit außerhalb der Universität eine Unterkunft besorgen, wenn sie nicht reisen.

Die Studiengebühren schwanken, wie bereits erwähnt, erheblich von Hochschule zu Hochschule. Etwas Generelles über die Höhe der Studiengebühren zu sagen, ist schon deshalb schwer, weil die Hochschulen meist jährlich die »Fees« neu festlegen. Nach Veröffentlichungen des DAAD lagen 1995/96 die durchschnittlichen Studiengebühren, die deutsche Studenten zahlten, bei ungefähr U.S. $ 17.700. Sie können sich anhand aktueller Vorlesungsverzeichnisse oder im Internet über die Studiengebühren der von Ihnen favorisierten Hochschule informieren. Internetadressen der amerikanischen Hochschulen finden Sie im Adressenteil (S. 266). Amerikanische Vorlesungsverzeichnisse können Sie bei den akademischen Auslandsämtern, bei Amerika-Häusern, bei deutsch-amerikanischen Instituten und manchmal bei Berufsinformationszentren einsehen.

In den folgenden Abschnitten erfahren Sie, welche Möglichkeiten es gibt, um einen Studienaufenthalt in den USA zu finanzieren. Entscheiden Sie, welche Finanzierungsformen für Sie in Frage kommen. In einigen Fällen können Sie auch von mehreren Seiten gleichzeitig finanzielle Unterstützung erhalten. Bei der Bewerbung um finanzielle Unterstützung müssen

Sie natürlich äußert sorgfältig vorgehen. Informieren Sie sich erst darüber, ob eine bestimmte Form der Bewerbung verlangt wird, und achten Sie darauf, eventuelle Bewerbungsfristen einzuhalten. Selbst wenn Sie sehr gute Zeugnisse haben, sollten Sie Ihre Bewerbung möglichst optimal gestalten.

> **Wichtig:** Die Entscheidung, wer finanzielle Unterstützung bekommt und wer nicht, hängt nicht nur von Ihren bisherigen Leistungen ab, sondern auch von Ihrer Motivation, Ihrer persönlichen Eignung und Ihrem sozialen Engagement.

7.2. Selbstfinanzierung

Verfügen Sie oder Ihre Eltern über das nötige Kleingeld, so können Sie Ihren Studienaufenthalt selbst finanzieren. Das ist zweifellos die einfachste Variante.

Finanzierung über Kredite

Wie viele amerikanische Studenten können Sie Ihr Studium über einen Kredit finanzieren. Inwieweit Ihnen deutsche Banken Kredite gewähren, hängt von Ihrer individuellen Situation und Ihrer Bank ab. Einige US-Banken bieten »Loans« für internationale Studenten an, wenn der Kredit von einem US-Bürger oder einem Green-Card-Inhaber unterzeichnet wird. Manchmal werden die Kredite auch von Ihrem Visa-Typ abhängig gemacht.
Die »International Education Finance Corporation« bietet zusammen mit der »Bank of Boston« und dem »The Education

Resources Institute« (TERI) das »International Student Loan Program« (ISLP) an. Die Kredite des ISLP liegen in der Größenordnung von 2.000 bis 15.000 U.S.-$ pro Jahr.

Daneben werden über den »TERI Professional Education Plan« (PEP) in Zusammenarbeit mit der »Bank of Boston«, der »Citibank«, der »Baybank« und der »Nellie Mae« Kredite für »Graduate Studies« und »Professional Studies« vergeben. Studenten, die in Massachusetts studieren möchten, können Kredite über die »Massachusetts Educational Financing Authority« (MEFA) aufnehmen. Die »Norwest Bank« bietet für »MBA-Programme« und »Medical Students« Kredite an. »Undergraduate Students« können Kredite über das »GATE Student Loan Program« erhalten.

Sind Sie Green Card-Inhaber, können Sie über den »USA Fund« einen Kredit beantragen. Adressen finden Sie ab S. 245.

7.3. Stipendien und Beihilfen aus öffentlichen Mitteln

Auslands-BAföG

Auch wenn Sie bislang kein Inlands-BAföG erhalten haben, haben Sie unter Umständen einen Anspruch auf Auslands-BAföG. Die Einkommensgrenzen der Eltern, ab denen eine Berechtigung auf Förderung durch Auslands-BAföG besteht, liegen für USA-Aufenthalte etwas höher als die Einkommensgrenzen für Studien in Deutschland.

Förderung durch Auslands-BAföG erhalten Sie nur, wenn
1. das Studium in den USA für Ihr deutsche Studium förderlich ist,

2. ein Teil des Auslandsstudiums auf das Studium angerechnet werden kann,
3. Sie Grundkenntnisse in Ihrer Fachrichtung durch eine mindestens einjährige Ausbildung erworben haben,
4. Sie bisher kein Auslands-BAföG erhalten haben,
5. Ihr Studienaufenthalt mindestens sechs Monate, bei Hochschulkooperationen drei Monate dauert,
6. der Auslandsstudienaufenthalt innerhalb der Förderungshöchstgrenze liegt,
7. Sie an einer amerikanischen Hochschule voll immatrikuliert sind,
8. Sie ausreichende englische Sprachkenntnisse nachweisen können,
9. Ihr ständiger Wohnsitz in Deutschland liegt.

Wichtig: Kümmern Sie sich rechtzeitig um eventuelle Ansprüche auf Auslands-BAföG. Rechtzeitig bedeutet, Sie sollten sich ungefähr ein Jahr vor dem geplanten USA-Aufenthalt informieren und allerspätestens sechs Monate vor Beginn des USA-Aufenthaltes den Antrag auf Auslands-BAföG gestellt haben.

Ein volles Auslandsstudium wird in der Regel nicht durch BAföG gefördert. Ein Vollstudium wird nur gefördert, wenn der Betreffende einen dauerhaften Wohnsitz im Ausland hat und ihm eine Ausbildung in Deutschland nicht zugemutet werden kann (minderjährige Schüler).
Auslands-BAföG wird nur während eines einzigen zusammenhängenden Zeitraums von einem Jahr, in Ausnahmefällen für fünf Semester gewährt. Die Begründung, einen amerikanischen Abschluß zu erwerben, ist nicht ausreichend, um eine

Verlängerung der Förderungsdauer zu erwirken. Entstehen nach Ihrem USA-Studium Leerzeiten von maximal vier Monaten, bis das Semester in Deutschland wieder beginnt, werden maximal zwei Monate durch BAföG gefördert.

Gewöhnlich erhalten Sie bei Erfüllung der Voraussetzungen folgende Förderungen:

• Inlandssatz, den Sie zurückzahlen müssen
• BAföG-Zuschuß, den Sie nicht zurückzahlen müssen

Der Zuschuß kann folgendermaßen aussehen:

monatlicher Auslandszuschlag:	230 DM (New York City: 310 DM)
notwendige **Studiengebühren:**	Maximal 9.000 DM pro Studienjahr, in Ausnahmefällen auch mehr.
monatlicher **Zuschuß für Krankenkasse:**	75 DM

nachweispflichtige notwendige **Kosten für Hin- und Rückreise** zum Studienort.

Außerdem sind Sie verpflichtet, alle Möglichkeiten zu nutzen, um einen Erlaß oder eine Ermäßigung der Studiengebühren zu erwirken.

Übrigens können Sie auch Auslands-BAföG beantragen, wenn Sie an Direkt-Austauschprogrammen, an IAS-Programmen des DAAD oder an Stipendienprogrammen des DAAD bzw. der Fulbright-Kommission teilnehmen.

Auch USA-Praktika im Rahmen eines Studiums werden gefördert, wenn sie mindestens drei Monate dauern, wenn sie »besonders förderlich« sind und wenn sie »für die Durchführung der Ausbildung erforderlich und in Ausbildungsbestimmungen geregelt« sind (BAFöG 1996/97, S. 18).

Wird Ihnen Auslands-BAföG gewährt, werden die Leistungen auf die Förderungshöchstdauer angerechnet.

Carl-Duisberg-Gesellschaft e.V.

Seit der Gründung der Carl-Duisberg-Gesellschaft im Jahre 1949 haben über 250.000 Personen an den international ausgerichteten Programmen teilgenommen. In den USA werden neben rein berufspraktischen Programmen auch Programme, die Praktikum und Studium kombinieren, sowie rein akademische Programme angeboten. Über die aktuellen Programme informieren Sie sich bei der Carl-Duisberg-Gesellschaft, die Ihnen kostenlos ein Programmheft zukommen läßt. Damit Sie eine erste Vorstellung davon bekommen können, ob die Programme Ihnen zusagen, beschreibe ich im folgenden die USA-Programme für 1998.

Ein Programm ist beispielsweise das sogenannte »Career Training« für Berufstätige und Studenten aus dem Bereich Landwirtschaft und Gartenbau. Voraussetzung ist eine abgeschlossene Berufsausbildung bzw. ein abgeschlossenes Grundstudium. Nach einem Einführungsseminar in den USA beginnt ein 18monatiges Praktikum. Während des Praktikums haben die Teilnehmer die Möglichkeit, ein dreimonatiges Teilstudium zu absolvieren. Das Entgelt für das Praktikum deckt in der Regel die Aufenthaltskosten ab. Darüber hinaus können Teilstipendien beantragt werden.

Während des einjährigen »parlamentarischen Partnerschaftsprogramms für junge Berufstätige« aus kaufmännischen, technischen, handwerklichen und landwirtschaftlichen Berufen besuchen die Teilnehmer ein Vorbereitungsseminar in

Deutschland und in New York, danach durchlaufen sie ein zweiwöchiges sogenanntes »Home-Stay-Program«, studieren ein Semester an einem »Community College« und absolvieren abschließend ein sechsmonatiges berufsbezogenes Praktikum. Das Stipendium beträgt ca. 7.000 DM, die übrigen anfallenden Aufwendungen müssen von den Teilnehmern selbst finanziert werden.

Ebenfalls für junge Berufstätige sowie für Hochschulabsolventen und Studenten wird ein »Marketing und Public Relations«-Programm angeboten. Dieses Programm ist eine Kombination aus einem Vorbereitungsseminar in Köln, einem zweimonatigen Studium an der State University of New York und einem zweimonatigen fachbezogenen Praktikum in einem New Yorker Unternehmen. Die Teilnehmer müssen für dieses Programm U.S. $ 7.500 entrichten, von denen Studiengebühren, Unterkunft, Versicherung und Praktikumsvermittlung gedeckt werden. Die Teilnehmer haben aber die Möglichkeit, Stipendien und Darlehen zu beantragen.

Für U.S. $ 11.000 pro Studienjahr können Abiturienten, junge Berufstätige mit Abitur und abgeschlossener Berufsausbildung, Studenten und Hochschulabsolventen nach zwei bis vier Jahren an der »Texas Christian University Fort Worth« in Texas den »Master in Business Administration« (MBA) erlangen.

Council on International Educational Exchange e.V.

Der Council fördert seit 1947 den internationalen Bildungsaustausch. Der Council Deutschland e.V. hat in den ersten zehn Jahren seit seiner Gründung 1985 über 18.000 Programmteilnehmern ermöglicht, Auslandserfahrungen zu sammeln.

Angeboten werden unter anderem Praktika, Sommerjobs, »Work and Study«-Programme und natürlich auch Studienprogramme in den USA. Die Angebotspalette reicht von Sprachstudien (Intensivkurs Englisch, Englisch fürs Studium, Wirtschaftsenglisch und Englisch für Juristen und Mediziner) über Fachstudien im Rahmen von »Summer Schools« und »Professional Certificate Programs« (Programme, in denen ein Fachstudium mit einem Sprachstudium kombiniert wird) bis zu Einschreibungen an amerikanischen Universitäten. Die Teilnehmer können die Dauer des USA-Aufenthaltes je nach individuellen Wünschen von einigen Wochen bis zu einem Jahr gestalten. Die Gebühren reichen von ca. 2.150 DM (Preis von 1997) für einen vierwöchigen Sprachkurs (»Special Track for Engineering Interns«) an der Tulane University in New Orleans bis zu ca. 13.250 DM (Preis von 1998) für 16 Wochen des Studienprogrammes »Professional Certificate in International Trade and Commerce« an der University of California in Berkeley.

Über die aktuellen Programme informieren Sie sich am besten anhand des vom Council herausgegebenen Hefts »Studienprogramme & Arbeitsprogramme USA«. Die Anschrift finden Sie im Adressenteil (S. 238).

Der Deutsche Akademische Austauschdienst (DAAD)

Die Vergabe der meisten deutschen Stipendien läuft über den DAAD und zwar unabhängig davon, ob die Stipendien von öffentlichen Stellen, Firmen oder Institutionen gewährt werden. Die DAAD-Programme sind für Studierende, Graduierte, Wissenschaftler und Hochschullehrer aller Fachrichtungen offen.

Die finanzielle Förderung für USA-Aufenthalte erstreckt sich auf folgende Bereiche:

• Stipendien für Studierende

- Stipendien für Graduierte und Promovierte
- Studien- und Forschungsvorhaben (hier gibt es nur eine geringe Zahl an Stipendien)
- Förderung von Studienreisen und Studienpraktika von Gruppen deutscher Studenten unter Leitung eines Hochschullehrers
- Förderung von projektbezogenem Personenaustausch
- Vermittlung von Lehrtätigkeiten

Der DAAD geht davon aus, daß für 1998/99 je nach Programm die Zahl der Bewerbungen um das Drei- bis Vierfache die Zahl der Stipendien übersteigt. Neben fachlicher Qualifikation und persönlicher Eignung gehört damit auch etwas Glück dazu, ein Stipendium über den DAAD zu erhalten. In der Regel ist ein Nachweis der fachlichen Qualifikation anhand von akademischen Leistungsnachweisen, Gutachten von Hochschulprofessoren und einer Beschreibung des Studien- bzw. Forschungsvorhabens erforderlich.

Jedes Jahr erscheint ein aktualisierter, kostenloser Stipendienführer des DAAD »Studium, Forschung, Lehre im Ausland. Förderungsmöglichkeiten für Deutsche«, in dem Sie sich über die verschiedenen Förderungsmöglichkeiten und die aktuell geltenden Auslands-BAföG-Regelungen informieren können. Den Stipendienführer sowie Informationen und Bewerbungsunterlagen erhalten Sie bei den akademischen Auslandsämtern, den Sekretariaten der Universitäten oder dem Büro des FH-Präsidenten bzw. des Rektors oder direkt beim DAAD in Bonn.

Fulbright-Kommission

Die Fulbright-Kommission fördert den akademischen Austausch von deutschen und amerikanischen Staatsbürgern. Das Ziel der Förderung ist die Aus- und Fortbildung, Lehre und Forschung und das gegenseitige Kennenlernen sowie ein Kulturaustausch zwischen den USA und Deutschland. Damit sind an die Vergabe von Stipendien gute fachliche Leistungen und eine offene Persönlichkeit des Bewerbers geknüpft.

Die Förderung besteht aus

- Voll-, Teil- und Reisestipendien für Studenten und Graduierte von staatlich anerkannten Universitäten und Fachhochschulen,
- Reisestipendien für Professoren, Dozenten und andere Wissenschaftler,
- Stipendien für Lehrer an Sekundarschulen.

Darüber hinaus werden Sonderprogramme organisiert und durchgeführt für

- Sekundarschullehrer,
- Hochschullehrer in den Bereichen Anglistik, Amerikanistik, Politik-, Sozial- und Kommunikationswissenschaften,
- Mitarbeiter der akademischen Auslandsämter, Studienberater an deutschen Universitäten und Fachhochschulen und Vertreter von Studentenwerken und
- Habilitanden im Bereich Amerikastudien.

Außerdem wird von Zeit zu Zeit der »J.-William-Fulbright Dissertations-Preis« in Höhe von 6.000 DM für Dissertationen mit herausragender Leistungsbewertung über Themen im Zusammenhang mit den USA im Bereich Geschichts- und Sozialwissenschaften verliehen.

Die Fulbright-Kommission fördert nicht:

- Studienanfänger,
- Studenten mit dem zweiten Staatsexamen in Jura und Medizin,
- Studenten, die nicht die deutsche oder amerikanische Staatsbürgerschaft haben,
- Praktikanten,
- Diplom-, Doktorarbeiten (mit einer Ausnahme, siehe oben) oder »Ph.D.«-Programme,
- Anschlußstipendien an bereits begonnene USA-Studienaufenthalte und
- integrierte Auslandsstudien.

Bewerbungsvoraussetzung für die oben angesprochenen Voll- und Teilstipendien für Studierende sind neben sehr guten Studienleistungen hervorragende Englischkenntnisse, die durch den TOEFL-Test nachgewiesen werden müssen.

Die detaillierten aktuellen Unterlagen über Bewerbungsvoraussetzungen, Bewerbungsverfahren, Höhe der jeweiligen Stipendien und Ablauf der einzelnen Programme können Sie bei der Fulbright-Kommission bekommen. Die Anschrift finden Sie im Adressenteil (S. 240).

German Marshall Fund

Der »German Marshall Fund« hat den Gründungsauftrag, »das Verständnis zwischen den Menschen auf beiden Seiten des Atlantiks zu verbessern«. Eine Million U.S.-Dollar werden jährlich für Stipendien vergeben, daneben erhalten verschiedene Programmbereiche finanzielle Zuwendungen. Gefördert werden außerdem Konferenzen, Studienreisen, Projekte und Institutionen. Programmbereiche sind:

- Politische Entscheidungsträger und Meinungsführer (insbesondere Politiker, Regierungsbeamte, Journalisten und Wissenschaftler, die sich für eine transatlantische Partnerschaft einsetzen)
- Wirtschaft
- Umwelt
- Immigration und Integration.

Detaillierte Informationen erhalten Sie beim »German Marshall Fund« in Berlin (Adresse S. 241).

Hans-Böckler-Stiftung

Auslandsaufenthalte werden von der Hans-Böckler-Stiftung nur gefördert, wenn der Betreffende bereits Stipendiat der Hans-Böckler-Stiftung ist (Adresse S. 241).

Pädagogischer Austauschdienst

Hochschulabsolventen, die ihre erste Staatsprüfung für das Lehramt der Sekundarstufe I und II abgeschlossen haben und Englisch studiert haben, können sich über den Pädagogischen Austauschdienst um eine Stelle als Fremdsprachenassistent an amerikanischen »Colleges« und Universitäten bewerben. Voraussetzungen für die Bewerbung sind, daß der Bewerber die deutsche Staatsangehörigkeit hat, ledig ist und bei der Abgabe der Bewerbung nicht über 29 Jahre alt ist. Die Entscheidung, welche Bewerber angenommen werden, ist abhängig von den mitgebrachten Voraussetzungen der Bewerber und den Empfehlungen, die der Bewerbung beizulegen sind. Außerdem müssen die Bewerber in einem Auswahlgespräch eine gute

Ausdrucksfähigkeit in ihrer Muttersprache besitzen, sich in Englisch gut verständigen können, Kenntnisse über das politische Tagesgeschehen, über Literatur und Kultur der USA und Deutschlands haben sowie Grundkenntnisse über Methodik und Didaktik des Fremdsprachenunterrichts besitzen.

Die Bewerbung muß am 15. Oktober, also ca. ein Jahr vor dem gewünschten Austauschjahr (das von August bis Mai dauert), eingereicht werden. Die Höhe der finanziellen Zuwendung ist abhängig von der Hochschule, an der das »Assistanceship« durchgeführt wird.

Detaillierte Informationen und Bewerbungsunterlagen erhalten Sie bei den Kultusministerien, Akademischen Auslandsämtern und den Fachbereichen für englische und romanische Philologie. Die Bewerbung muß bei den zuständigen Kultusministerien bzw. der zuständigen Senatsverwaltung eingereicht werden.

Robert-Bosch-Stiftung

Die Robert-Bosch-Stiftung unterstützt und fördert die öffentliche Gesundheitspflege, die Völkerverständigung, die Wohlfahrtspflege, Bildung und Erziehung, Kunst und Kultur sowie Geistes-, Sozial- und Naturwissenschaften.

Im Bereich der Völkerverständigung werden unter anderem die deutsch-amerikanischen Beziehungen gefördert (Adresse S. 242).

Rotary Foundation

Die Rotary Foundation vergibt Stipendien für Auslandsstudien an Studenten, die mindestens zwei Jahre an einer Universität studiert haben oder ähnlich qualifizierende berufliche Erfahrungen vorweisen können.

- Im Rahmen des »Academic-Year Ambassadorial Scholarship« wird eine finanzielle Unterstützung für ein reguläres Auslandsstudium für die Dauer von einem akademischen Jahr gewährt.
- Das »Multi Year Ambassadorial Scholarship« fördert zwei bis drei Jahre dauernde Studien von Studenten, die einen akademischen Abschluß im Ausland erwerben möchten.
- Das »Cultural Ambassadorial Scholarship« fördert drei bis sechs Monate Intensivsprachkurs von Studenten, die mindestens ein Jahr lang Sprachkurse auf Universitäts-Niveau absolviert haben.
- Außerdem gibt es noch ein »Group Study Exchange (GSE) Program«, das den internationalen Austausch von »Nichtrotarianern«, die am Anfang ihres Berufslebens stehen, fördert.

Für die Stipendien bewerben Sie sich bei einem lokalen Rotary Club in der Nähe Ihres Wohnortes oder Studienplatzes. Hier erhalten Sie ebenfalls nähere Informationen zu den Stipendien. Die Adressen der lokalen Rotary Clubs finden Sie im Telefonbuch. Die internationale Adresse der »Rotary Foundation« samt Internetpage finden Sie im Kapitel »Adressen« auf S. 242.

Studienstiftung des deutschen Volkes

Beachten Sie bitte: Die Studienstiftung des deutschen Volkes fördert ausschließlich USA-Aufenthalte der eigenen Stipendiaten.

Verband der Deutsch-Amerikanischen Clubs

Über den Verband der Deutsch-Amerikanischen Clubs können jährlich ca. 30 Studenten, die ledig und unter 25 Jahre alt sind und die mindestens zwei Semester in Deutschland studiert haben, an Partnerhochschulen in den USA studieren – ausgenommen sind Medizin- und Jurastudenten. Um in dieses Programm aufgenommen zu werden, benötigen Sie gute Studienleistungen, die anhand von zwei Gutachten Ihrer Professoren nachgewiesen werden müssen. Außerdem sind sehr gute Englischkenntnisse Voraussetzung, die Sie im TOEFL-Test unter Beweis stellen müssen (mindestens 600 Punkte) (Adresse S. 244).

Förderung von Wissenschaftlern/ Forschungsstipendien

Deutsche promovierte Wissenschaftler aller Fachgebiete werden für langfristige Forschungsaufenthalte von der Alexander-von-Humboldt-Stiftung gefördert. Voraussetzungen sind, daß der ausländische Gastgeber ein ehemalig von der Alexander-von-Humboldt-Stiftung geförderter Wissenschaftler ist, daß der Bewerber eine sehr gute Promotion und Veröffentlichungen vorweisen kann und über gute englische Sprachkenntnisse verfügt (Adresse S. 244).

Die **Deutsche Forschungsgemeinschaft** vergibt Stipendien an hervorragende Hochschulabsolventen und junge Wissenschaftler, deren ständiger Wohnsitz in Deutschland ist und die vorübergehend im Ausland arbeiten und forschen möchten (Adresse S. 244).

Die **Gottlieb-Daimler- und Carl-Benz-Stiftung** fördern Forschungsvorhaben junger Wissenschaftler im Ausland. Die Anfertigung von Diplom- oder Magisterarbeiten im Ausland wird nur in außergewöhnlichen Fällen gefördert (Adresse S. 244).

Förderung von Promotionsstudiengängen (»Ph.D.«-Programmen)

»Ph.D.«-Programme in den USA sind sehr teuer und werden in der Regel nicht von deutschen Institutionen gefördert. Meistens vergeben amerikanische Hochschulen Stipendien in Form von »Research oder Teaching Assistanceships«.

7.4. Direktaustausch

Häufig gibt es zwischen deutschen und amerikanischen Hochschulen Abkommen zum Austausch von Studenten. Der auf diese Weise zustande gekommene Studentenaustausch wird Austausch über »Direktaustausch-Stipendien«, »Austausch über Gegenstipendien« oder »Institutsaustausch« genannt. Eingeschriebene Studenten können über ihre deutsche Hochschule an einem Austausch mit der amerikanischen Partneruniversität teilnehmen. Meist wird im Rahmen solcher Abkommen vereinbart, daß dem deutschen Austauschstudenten die Studiengebühren an der amerikanischen Universität ganz oder zum Teil erlassen werden. Für die Deckung der Lebensunterhaltskosten in den USA können die Studenten sich für Stipendien oder Unterstützung über Auslands-BAföG bewerben.

Informationen über solche Austauschmöglichkeiten gibt es bei den Auslandsämtern der jeweiligen Hochschulen. Manchmal wird auf solche Austauschprogramme durch Aushänge (an

Schwarzen Brettern) bei den einzelnen Fachbereichen aufmerksam gemacht.

In Deutschland bestehen mehr als 650 Hochschulkooperationen. Eine Liste der bestehenden Hochschulkooperationen veröffentlicht die Hochschulrektorenkonferenz im Internet: www.
hochschulkompass.hrk.de/skripts/hs/nls_cgi.exe/F12.1.1.4.

7.5. Amerikanische Stipendien

Auch amerikanische Universitäten vergeben zum Teil Stipendien, entweder in Form von
- Gebührenerlaß (»Scholarship«),
- als Kombination von Gebührenerlaß und einem Geldbetrag
  (»Fellowship«)
- oder in Form einer Anstellung an der Hochschule und dem
  damit einhergehenden Studiengebührenerlaß oder Geldbetrag (»Assistanceship«).

Nur sehr wenige Studenten im Bereich »Undergraduate Studies« werden gefördert. Der Großteil der Fördergelder (der
Universitäten und fördernden Institutionen) kommt Studenten
im Bereich »Graduate Studies« und Hochschulabsolventen
zugute.

Nicht empfehlenswert ist es, gebührenpflichtige »Scholarship
Search Services« zu beanspruchen, da die meisten »Scholarships«, die in amerikanischen Datenbanken zu finden sind,
für amerikanische Studenten vorgesehen sind. Sie finden eine
Liste der Hochschulen, die »Scholarships« für ausländische
Studenten (hauptsächlich im Bereich »Undergraduate Studies«)
vergeben und die mindestens ein Fünftel der gesamten Stu-
dienkosten abdecken, in dem Buch von Thompson (siehe
Literaturverzeichnis S. 277).

Am besten fragen Sie in Ihrem ersten Schreiben die amerikanische Hochschule nach finanzieller Hilfe. Dabei sollten Sie aber wissen, daß Stellen an der Hochschule meist erst vergeben werden, wenn der Betreffende bereits an der Hochschule studiert hat, bekannt ist und sich persönlich für die Stelle beworben hat. Bewerben Sie sich vom Ausland für eine Stelle, wird diese in der Regel nicht auf Anhieb gewährt.

AAUW Education Foundation

Frauen mit einem akademischen Abschluß, der äquivalent zu einem »Bachelor Degree« ist, können über die »AAUW Education Foundation« ein »Graduate Fellowship« erhalten. Schreiben Sie an die AAUW oder die »American Association of University Women« (Adresse S. 234).

7.6. Arbeit neben dem Studium

Aufgrund der strengen Visabestimmungen ist es ausländischen Studenten mit einem befristeten Visum in der Regel nicht erlaubt, außerhalb des Campus zu arbeiten (es sei denn, sie haben von der amerikanischen Einwanderungsbehörde eine Sondererlaubnis). Eine Ausnahme bilden lediglich Green-Card-Inhaber. Aber selbst die haben neben dem Studium nur wenig Zeit, um zu arbeiten, da die Studienanforderungen sehr hoch sind. Als Green-Card-Inhaber können Sie allerdings die vorlesungsfreien Zeiten zum Arbeiten nutzen.
Es gibt zwar sogenannte »Work and Study«- oder »Cooperative Education«-Programme, die zum Teil aus pädagogischen Gründen, zum Teil, um finanzschwache Studenten zu unterstützen, studienbegleitende oder studienfremde Arbeit neben

dem Studium vorsehen. In der Regel sind diese Programme aber ausschließlich für amerikanische Studenten offen.

Alles in allem ist es schwierig, sein Studium durch Arbeiten zu finanzieren. Jobs während des Studiums können höchstens dazu dienen, Ihre Finanzen ein wenig aufzufüllen.

On Campus Jobs

Deutsche Studenten können ihre Finanzen mit einem »Graduate oder Teaching Assistanceship« aufbessern. Neben der Bezahlung werden sie von den Studiengebühren befreit oder erhalten zumindest einen Gebührennachlaß. Als »Assistant« erledigen Sie in sechs bis zwölf Stunden pro Woche Hilfsarbeiten für einen Professor oder einen Fachbereich. Zu den Tätigkeiten können Korrekturen von Klausuren, Beschaffung von Unterlagen, Aufsicht von Arbeitsgemeinschaften oder die Mitarbeit an Forschungsprojekten gehören. Bevorzugt als »Assistants« eingestellt werden »Graduate Students« ab dem zweiten Jahr.

Manchmal können Sie als Ausländer eine Anstellung als »Foreign Language Informant« erhalten, um anderen Studenten beim Erlernen der deutschen Sprache zu helfen. Die Entlohnung fällt zwar etwas geringer aus als die eines »Assistant«, dafür haben jüngere Semester eher die Chance, einen dieser Jobs zu ergattern. Es gibt allerdings nur eine begrenzte Anzahl von Stellen in diesem Bereich.

Heiß begehrt von vielen Studenten sind Jobs als Kellner in Studentencafés, als Küchenhilfe in den Mensen oder als Aushilfe für die Gärtner auf dem Campus. Ihre Studiengebühren können Sie aber nicht allein von einem dieser Jobs bestreiten.

Jobs außerhalb des Campus

Mit einer Arbeitserlaubnis des INS können Sie auch mit einem befristeten Visum einen Job außerhalb des Campus annehmen. Bei der Beantragung der Arbeitserlaubnis ist Ihnen Ihr »Student Adviser« behilflich. Ohne Probleme können Sie als Green-Card-Inhaber in den USA arbeiten.

Häufig gibt es an amerikanischen Hochschulen Jobvermittlungsstellen (»Career Development Center«, »Student Employment Office«). Wie Sie eine amerikanische Bewerbung schreiben, können Sie in meinem Buch »Wunschheimat USA« (erschienen 1998 im mvg-Verlag) nachlesen.

Denken Sie daran, daß Sie, sobald Sie in den USA ein Einkommen erzielen – unabhängig von der Höhe dieses Einkommens und unabhängig davon, ob Sie von der amerikanischen Einkommenssteuer befreit sind oder nicht –, eine Steuererklärung abgeben müssen. Bei der Steuererklärung wird Ihnen Ihr »Student Adviser« behilflich sein.

8. Sprach- und Zulassungstests

Für Ihre Bewerbung müssen Sie bestimmte Sprach- und Zulassungstests ablegen. Die Testergebnisse sind eine wichtige Grundlage für die Entscheidung, ob Sie an einer amerikanischen Hochschule zugelassen werden. Außer den Testergebnissen gibt es natürlich noch andere Entscheidungskriterien, so daß ein mittelmäßiger Test unter Umständen durch andere Leistungen (z.B. hervorragende Studienleistungen oder außerordentliches außerstudentisches Engagement) wettgemacht werden kann.

Die für die Bewerbung nötigen Sprach- und Zulassungstests müssen Sie einige Zeit vor Ihrer Bewerbung durchlaufen, da Sie die Testergebnisse erst ein paar Wochen nach dem Test bekommen. Welche Tests Zulassungsvoraussetzung für Ihre Wunschhochschulen sind, können Sie den Unterlagen der amerikanischen Hochschulen entnehmen. Fragen Sie bei den entsprechenden Testzentren an, wann Sie sich wo den jeweiligen Tests unterziehen können. Jeder standardisierte Test hat ein sogenanntes »Bulletin«, in dem alles, was Sie über den Test wissen müssen (Anmeldebedingungen und -formulare, Testgebühren, Testzentren, Testtermine etc.) aufgeführt ist. Das jeweilige »Bulletin« können Sie bei den Testzentren erhalten (Adressen ab S. 259). Am besten bewahren Sie das »Bulletin« auf, auch nachdem Sie den Test geschrieben haben. Melden Sie sich so früh wie möglich mit Hilfe der Anmeldeformulare, die Sie im »Bulletin« finden, an, da die Testtermine sehr schnell ausgebucht sein können. Außerdem besteht natürlich immer die Möglichkeit, daß Sie trotz guter Vorbereitung aufgrund von Krankheit, Blackout oder sonstigen Unpäßlichkeiten den Test nicht oder nur sehr schlecht bestehen. In diesem Fall können Sie den Test wiederholen – vorausgesetzt, Sie haben genügend Zeit.

Bereiten Sie sich gut auf die Testfragen vor. Es gibt eine Reihe von amerikanischen Büchern, mit denen Sie sich mit den speziellen Tests vertraut machen können. Im Literaturverzeichnis (S. 279) sind verschiedene Übungsbücher aufgeführt. Sie können die Bücher in deutsch-amerikanischen Instituten oder öffentlichen bzw. universitären Bibliotheken finden. Falls Sie die Übungsbücher lieber kaufen möchten, können Sie diese bei den Testzentren oder bei amerikanischen Verlagen über das Internet (ABC Buchhandel) bestellen.

Falls Sie sich nicht rechtzeitig um die Anmeldung zu einem der Tests gekümmert haben, haben Sie bei den meisten Tests die Möglichkeit, als »Stand by« den Test zu schreiben. »Stand by« bedeutet, daß Sie an dem Test teilnehmen können, wenn Plätze nicht besetzt wurden oder wieder frei werden. Sie sollten sich aber auf keinen Fall darauf verlassen, daß Sie als »Stand by« den Test schreiben können.

Für die Tests müssen Sie eine Testgebühr entrichten. Die Testergebnisse werden direkt den drei oder vier Hochschulen zugesandt, die Sie auf dem »Test Application Form« angegeben haben. Möchten Sie, daß die Testergebnisse darüber hinaus weiteren Hochschulen zugesandt werden, müssen Sie dafür meist extra bezahlen.

Sobald Ihre Anmeldung für den entsprechenden Test beim »Testing Service« eingegangen ist, wird Ihnen ein »Admission Ticket« zugeschickt, dem Sie den Namen des Tests, das Testdatum, die genaue Zeit und Ihren Testort entnehmen können. Kontrollieren Sie, ob die Angaben korrekt sind. Bewahren Sie das »Admission Ticket« gut auf, da Sie dieses bei Testbeginn vorzeigen müssen.

Sprachtests

TOEFL-Test of English as a Foreign Language

Zum Nachweis Ihrer Englischkenntnisse müssen Sie meistens den TOEFL-Test (»Test of English as a Foreign Language«) ablegen. Sie haben beim »TOEFL-Test« die Wahl, den Test handschriftlich (»Paper based Test«) oder per Computer (»Computer based Test«) zu schreiben. Die Testzentren sind über ganz Deutschland verteilt. Der TOEFL-Test findet einmal monatlich statt, jedoch nicht in allen Testzentren. Für den Test müssen Sie eine Gebühr in Höhe von ca. U.S. $ 63 entrichten.

Die Anmeldung erfolgt auf einem Anmeldeformular, dem »Registration Bulletin« (Adresse S. 259). Eine Anmeldung per Fax, Brief, E-Mail oder Telefon ist nicht möglich. Dem »Registration Bulletin« können Sie die Testgebühren, die für Ihr Land gelten, entnehmen. Haben Sie sich für einen Test angemeldet, so erhalten Sie ein sogenanntes »Photo File« zusammen mit der Zulassungsbescheinigung (»Admission Ticket«). Das »Photo File« unterschreiben Sie und senden es zusammen mit einem aktuellen Foto von Ihnen zurück. Vor dem Test müssen Sie sich mit einem gültigen Paß (Kopien von Pässen werden nicht akzeptiert) ausweisen. Das »Photo File« und Ihr Reisepaß sollten Sie an dem Testtermin identifizieren, damit keine andere Person für Sie den Test schreiben kann.

Der TOEFL-Test ist ein Multiple Choice Test. Er besteht aus drei Teilen, der »Listening Comprehension«, »Structure and Written Expression« und der »Reading Comprehension«. Für die Bearbeitung der einzelnen Teile steht jeweils eine bestimmte Zeit zur Verfügung. Insgesamt müssen Sie mindestens 140 Fragen innerhalb von drei Stunden beantworten. Es können insgesamt 677 Punkte erreicht werden. In der Regel akzeptieren amerikanische Hochschulen nur Bewerber, die mindestens 500 bis 600 Punkte erreicht haben.

TWE

An manchen amerikanischen Bildungseinrichtungen wird der TWE-Test, der »Test of Written English«, als weiterer Nachweis Ihrer Englischkenntnisse verlangt. Der TWE-Test (45 Minuten) kann an bestimmten Terminen zusammen mit dem TOEFL-Test gemacht werden. Da nicht an allen TOEFL-Test-Terminen ein TWE-Test möglich ist, sollten Sie sich zu diesem Test frühzeitig anmelden. Wobei eine gemeinsame Anmeldung für den TWE und den TOEFL möglich ist. Für den TWE-Test müssen Sie keine zusätzliche Gebühr (also nur die Gebühr für den TOEFL-Test) entrichten. In dem TWE-Test sollen Sie Ihre Fähigkeit, Ihre Meinung geordnet und strukturiert im Rahmen eines kleinen Aufsatzes zu Papier zu bringen und diese mit Beispielen zu belegen, unter Beweis stellen.

TSE

Der TSE-Test, »Test of Spoken English« (20 Minuten), kann ebenfalls zusammen mit dem TOEFL-Test abgelegt werden. Auch hier müssen Sie sich vorher gesondert angemeldet haben. Geprüft werden, wie der Name schon sagt, Ihre Kenntnisse im gesprochenen Englisch. Die Anmeldung erfolgt zusammen mit dem TOEFL-Test. Die Gebühren des TSE-Tests betragen ca. U.S. $ 100.

MELAB

Manche der amerikanischen Hochschulen erkennen (statt des TOEFL) den MELAB (»Michigan English Language Assessment Battery«) als Englischtest an. In dem Test wird sowohl geschriebenes als auch gesprochenes Englisch bewertet. Als erstes verfassen Sie in einer halben Stunde einen Aufsatz über ein vorher unbekanntes Thema. Im zweiten, 25minütigen Teil wird ein Tonband abgespielt, danach beantworten Sie »Multiple Choice«-Fragen. Der dritte Teil dauert 75 Minuten. Hier müssen Sie ebenfalls »Multiple Choice«-Fragen, die sich auf Grammatik, Vokabular und ähnliches beziehen, beantworten, und es folgt ein kurzes mündliches Interview.

Zulassungstests

ACT

Meistens wird von amerikanischen »Colleges« der SAT als Test verlangt. Einige »Colleges« und Universitäten verlangen anstatt des SAT den ACT (»American College Test«). Der Test dauert dreieinhalb Stunden (inklusive Pausen von insgesamt 35 Minuten) und prüft Kenntnisse und Fähigkeiten in Englisch, Mathematik, Lesen und logischem Denken mit »Multiple Choice«-Aufgaben.

Zu dem Test bringen Sie zu Ihrer Identifikation das »Test Center Admission Ticket« und Ihren Personalausweis mit. Eine Anmeldung kann nur per Post stattfinden, die Anmeldeformulare erhalten Sie beim ACT (Adresse S. 259).

GRE

Der GRE-Test ist häufig eine Zugangsvoraussetzung für »Graduate Schools«. Zu unterscheiden sind der »General Test« und der »Subject Test«.

Der »General Test« fragt nicht das Fachwissen einer bestimmten Studienrichtung ab. Es werden verbale, quantitative, analytische und logische Fähigkeiten der Testpersonen geprüft und bewertet. Sie haben beim »General Test« die Wahl, den Test handschriftlich (»Paper based Test«) oder per Computer (»Computer based Test«) zu schreiben.

Der »Paper based Test« dauert dreieinhalb Stunden. Er ist in sieben Sektionen unterteilt, für deren Beantwortung Sie je dreißig Minuten Zeit haben. In dem Teil, der verbale Fähigkeiten prüft, müssen Sie zu bestimmten Worten Analogien oder Worte mit entgegengesetzter Bedeutungen bilden. Außerdem müssen Sie Sätze, in denen ein oder mehrere Worte fehlen, vervollständigen und Fragen zu einem kurzen Textteil beantworten. Im quantitativen Teil des Tests wird das Vorhandensein von Basiskenntnissen der Mathematik in Arithmetik, Algebra, Geometrie und Datenanalyse (»High School«-Niveau) geprüft. Beispielsweise müssen Sie mit Wurzeln und Brüchen rechnen, Häufigkeiten schätzen, mit prozentualen Werten umgehen können und ähnliches. Im dritten Testteil werden Ihre logischen Fähigkeiten überprüft. Für diesen Teil benötigen Sie Grundkenntisse in formaler Logik.

Der »Subject Test« fragt das Grundwissen aus Ihrer Fachrichtung ab. Den »Subject Test« gibt es für 16 verschiedene Fachrichtungen – von Biochemie über »Computer Science«, »Economics« bis zu »Sociology«. Sie können nur handschriftlich (»Paper based Test«) an dem »Subject Test« teilnehmen.

Die Anmeldung für beide Tests erfolgt über ein »GRE Bulletin«, das Sie beim CITO/GRE (Adresse S. 260.) anfordern können. Die aktuellen Gebühren für den Test können Sie ebenfalls dem »Bulletin« entnehmen. 1998 wurden für den »General Test« U.S. $ 120 und für den »Subject Test« U.S. $ 96 berechnet. Sie können auf Wunsch beide Tests am selben Tag absolvieren. Ähnlich wie beim TOEFL-Test müssen Sie sich unmittelbar vor dem Test in dem Testzentrum über zwei Dokumente ausweisen, beispielsweise mit einem Personalausweis, Ihrem Studentenausweis (mit Foto) oder Ihrem Führerschein. Nähere Informationen zu dem Test können Sie sich vom CITO zusenden lassen oder im Internet anschauen. Im Internet finden Sie außerdem Beispiele zu den Testfragen. Auf beide Tests können Sie sich mit Hilfe von Büchern vorbereiten (siehe S. 279).

GMAT

Der GMAT (»Graduate Management Admission Test«) wird oft von »Graduate Schools of Management« als Zugangsvoraussetzung verlangt. Möchten Sie also einen Master-Studiengang oder ein »Ph.D.«-Programm absolvieren, benötigen Sie den GMAT. Mit dem Test soll die Leistung der Testperson im ersten Jahr auf einer »Graduate Management School« eingeschätzt werden. Getestet werden sprachliche, quantitative, mathematische, analytische und logische Fähigkeiten. Spezielles Fachwissen ist für den Test nicht notwendig. Der Test erfolgt in Form eines sogenannten »Computer Adaptive Test«. Das bedeutet, daß Sie die Testfragen per Computer und nicht auf Papier beantworten.

Für den Test melden Sie sich mit dem »International Test Scheduling Form« an, welches Sie im »GMAT Information Bulletin« finden oder aus dem Internet herunterladen können. Das »GMAT Information Bulletin« können Sie beim Educational Testing Service anfordern (Adresse S. 260) oder ebenfalls aus dem Internet herunterladen. Übrigens kostet der Test U.S. $ 160, wenn Sie sich außerhalb der USA testen lassen. Sobald die Gebühr von Ihnen bezahlt wurde und Ihre Anmeldung beim »Registration Center« angekommen ist, werden Sie benachrichtigt, wann und wo der Test stattfinden wird. Vor dem

Test wird von Ihnen ein Nachweis Ihrer Identität (Personalausweis, Reisepaß etc.) verlangt.

DAT

Amerikanische Studenten müssen nach vier Jahren »Undergraduate Studies« den »Dental Admission Test« ablegen, um eine »Dental School« besuchen zu dürfen. Als Nichtamerikaner können Sie nur zweimal im Jahr (April und Oktober) den sogenannten »Written DAT« ablegen (der »Computerized DAT« ist Amerikanern vorbehalten). Der Test besteht aus vier Teilen. Im ersten Teil (»Survey of the Natural Sciences«) werden Kenntnisse der Biologie, Chemie und der organischen Chemie geprüft. Der zweite Teil testet die Auffassungsgabe der Testpersonen. Im dritten Teil müssen die Testpersonen Lesefähigkeit, Organisationstalent, Fähigkeit zur Analyse, Erinnerungsvermögen bezüglich neuer Informationen aus dem (zahn-)medizinischen Bereich unter Beweis stellen. Als letztes prüft der vierte Teil mathematische Kenntnisse.
Die Testgebühr liegt bei ca. U.S. $ 125. Detaillierte Informationen über Test und Anmeldung erhalten Sie auf der Internetseite der »American Dental Association« (Adresse S. 259).

LSAT

Viermal im Jahr können Sie am »Law School Admission Test« teilnehmen, der die Voraussetzung für die Bewerbung an den meisten »Law Schools« ist. Wenn Sie sich im Herbst an einer »Law School« bewerben möchten, müssen Sie bereits im vorhergehenden Dezember (also fast ein Jahr vor der Bewerbung) an dem Test teilnehmen. Der Test ist unterteilt in sechs Sektionen, von denen fünf Sektionen »Multiple Choice«-Fragen beinhalten, für die Sie 35 Minuten Zeit haben. Den letzten Teil beantworten Sie schriftlich – hierfür haben Sie 30 Minuten Zeit.

Für den Test wird eine Gebühr in Höhe von ca. U.S. $ 86 verlangt. Die Anmeldung erfolgt direkt bei den »Law School Admission Services« (Adresse S. 261). Sie können sich beispielsweise telefonisch anmelden (vorausgesetzt, Sie zahlen mit VISA, MasterCard, DISCOVER oder American Express Credit Card).

MAT

Der MAT oder »Miller Analogies Test« wird manchmal alternativ zum GRE als Zulassungsvoraussetzung für »Graduate Studies« anerkannt. In dem Test müssen Sie in einer bestimmten Zeit Analogien bilden. Das hört sich zwar einfach an, doch da es sich um eine Zugangsvoraussetzung für höhere Semester handelt, sind die zu bildenden Analogien recht anspruchsvoll. Der Test wird an amerikanischen »Colleges« und Universitäten in sogenannten »Controlled Test Centers« (CTCs) durchgeführt. Hier erhalten Sie auch detaillierte Informationen zu dem Test.

MCAT

Der MCAT (»Medical College Admission Test«), ein »Multiple Choice Test«, ist Eingangsvoraussetzung vieler »Medical Schools«. Unterlagen für die Anmeldung zu dem Test (»Registration Packet«) erhalten Sie bei dem »MCAT Program Office« (Adresse S. 261).

NMSQT und PSAT

An amerikanischen Hochschulen in Deutschland können Sie an dem »National Merit Scholarship Qualifiying Test« (NMSQT) und dem vorläufigen SAT-Test, dem »Preliminary Scholastic Aptitude Test« (PSAT), teilnehmen. Der NMSQT ist ein Test für Stipendienprogramme der »National Merit Scholarship Corporation«. Geprüft werden kritisches Lesen, Mathematik und Schreibfähigkeiten. Die Gebühren für die Tests liegen bei ca.

U.S. $ 8,50, wobei von den »High Schools«, die den Test durchführen, zusätzliche Gebühren erhoben werden können. Mehr Informationen über den PSAT und den NMSQT finden Sie im Internet unter folgender Adresse: http://www.college-board.org/features/home/html/admpsat.html

SAT

Möchten Sie sich an einem »College« bewerben, müssen Sie oft den SAT-Test (»Scholastic Assessment Test«) vorweisen. Der SAT-I-Test ist ein »Reasoning Test«, in dem die Testpersonen während drei Stunden verbale und mathematische »Multiple Choice«-Aufgaben lösen müssen. Der SAT-II-Test ist ein »Subject Test«, der eine Stunde dauert und das Wissen der Testpersonen eines bestimmten Fachbereiches hauptsächlich in Form von »Multiple Choice«-Aufgaben testet. Das »SAT Program Registration Bulletin«, erhältlich beim »Educational Testing Service« (Adresse S. 260), informiert Sie über den Test, Gebühren und enthält Anmeldeformulare. Sie können den SAT-I- und den SAT-II-Test nicht zusammen an einem Tag schreiben.

USMLE

Ärzte, die in den USA praktizieren möchten, müssen, um eine Lizenz zu erhalten das USMLE (»United States Medical Licensing Examination«) bestehen. Um sich über die Prozedur, eine Lizenz zu erhalten, zu informieren, fordern Sie am besten das »USMLE Bulletin of Information«/»ECFMG Information Booklet« (Form 100-S) an. Sie erhalten dieses »Bulletin of Information« bei den amerikanischen Botschaften und Konsulaten oder können es im Internet einsehen (Adresse S. 261).

Sonstiges

Amerikanische »High School«-Abgänger haben die Möglichkeit, mit Hilfe eines Abschlusses am AP »Advanced Placement

Program« oder am CLE »College-Level Examination Program«
in eine höhere »College«-Stufe eingestuft zu werden, indem
Ihnen »College Credits« anerkannt werden. Auf diese Weise
verringern sich die Kosten des Collegeaufenthaltes. An »High
Schools« werden häufig Kurse zu diesen Programmen angeboten, alternativ kann der Schüler den Stoff der Kurse zu
Hause lernen. Informationen über diese Programme finden Sie
im Internet auf den Seiten des »Collegeboard«: **http://www.
collegeboard.org/features/home/html/collcred.html**

9. Bewerbung

Endlich haben Sie alle Informationsunterlagen zusammen, Antworten auf Ihre ersten Anfragen erhalten und sich für einige amerikanische Hochschulen entschieden. Den Informationsunterlagen, die Ihnen auf Ihre erste Anfrage zugesandt wurden, können Sie entnehmen, welche Unterlagen Ihre Bewerbung um einen Studienplatz enthalten muß. Die Zulassungstests haben Sie bereits abgelegt und die nötigen Vorkehrungen getroffen, um Ihr Studium zu finanzieren. Nun können Sie mit der eigentlichen Bewerbung beginnen. Beachten Sie bei Ihrer Bewerbung unbedingt die auf S. 80 erwähnten Hinweise für den Schriftverkehr.

Achten Sie auf die Einhaltung der Bewerbungstermine. Bewerber, die die Termine verpassen, werden in der Regel nicht mehr berücksichtigt.

Wie bereits erwähnt, liegen die Termine für die Bewerbung ausländischer Studenten häufig vor den Terminen amerikanischer Studenten. Wollen Sie ein »Scholarship« oder »Fellowship« beantragen, müssen Sie auch hier auf bestimmte Bewerbungsfristen achten. Sehr oft liegen diese Bewerbungsfristen vor den Bewerbungsterminen für ein Studium. Wofür Sie sich auch bewerben, es ist in jedem Fall empfehlenswert, die Unterlagen so früh wie möglich (ruhig zwei, drei Monate vor der jeweiligen »Deadline«) in die USA zu schicken.

9.1. Bewerbungsunterlagen

Bevor ich mit der Erläuterung der einzelnen Bewerbungsunterlagen beginne, möchte ich Sie noch auf einige Punkte hinweisen, die Sie unbedingt beim Zusammenstellen und Ausfüllen der Bewerbungsunterlagen beachten sollten.

Bearbeitungshinweise

- Kopieren Sie bitte die Bewerbungsformulare (»Application Forms«), die Ihnen von den amerikanischen Hochschulen zugesandt wurden, bevor Sie mit dem Ausfüllen beginnen. Dann können Sie auf die Kopien zurückgreifen, wenn Sie etwas falsch ausgefüllt haben.
- Behalten Sie von allen Schreiben und Dokumenten Kopien für sich selbst, damit Sie sehen, wann Sie wem was zugesandt haben.
- Schreiben Sie Ihren Namen immer gleich (also nicht mal »Mueller« und mal »Müller«).
- Wenn Sie die Unterlagen nicht per Computer oder Schreibmaschine ausfüllen können, so benutzen Sie zumindest eine möglichst deutliche Druckschrift (keine Schreibschrift).
- Die Gebühr für die Bewerbung sollten Sie mit einem U.S.-$-Scheck und nicht mit Reise- oder Euroschecks bezahlen. Manchmal haben Sie auch die Möglichkeit, mit Ihrer Kreditkarte die Gebühr zu begleichen, was in der Regel günstiger ist als die Bezahlung mit einem Scheck.
- Versuchen Sie, alle Fragen zu beantworten, sonst wird Ihre Bewerbung unter Umständen nicht als vollständig akzeptiert.
- Nach Möglichkeit sollten Sie nur die Formulare der Hochschule benutzen. Benötigen Sie weitere Blätter, um die Fragen zu beantworten, schreiben Sie auf jedes Extrablatt Ihren Namen und heften Sie die Blätter an das Bewerbungsformular, damit keine Teile Ihrer Bewerbung verlorengehen.

Da in der Regel für die Bearbeitung der Bewerbung eine nicht erstattbare Gebühr in Höhe von U.S. $ 45 bis 150 verlangt wird, sollten Sie sich nur an den Hochschulen bewerben, die in Ihre engere Wahl gekommen sind.

Welche Bewerbungsunterlagen für eine Zulassung von den einzelnen Hochschulen verlangt werden, entnehmen Sie der Antwort der amerikanischen Hochschulen auf Ihre Anfrage nach Informationen. In der Regel schicken Sie die im folgenden aufgelisteten Unterlagen an die Hochschulen.

Bewerbungsunterlagen für »Undergraduate Studies«

- Beglaubigte Kopien Ihres Fach- oder allgemeinen Abiturs bzw. Abschlußzeugnisses von Fachhochschulen mit englischer Übersetzung
- Beglaubigte Kopien Ihrer Zeugnisse der neunten bis zwölften bzw. dreizehnten Klasse mit englischer Übersetzung
- Auflistung: Leistungskurse und Prüfungsfächer mit Inhalt, Note und Zuordnung zu Fachbereichen mit englischer Übersetzung
- Beschreibung Ihres Studiengangs
- Gutachten oder Empfehlungsschreiben in englischer Sprache
- Zulassungstests und Sprachtests
- Ausgefüllte Bewerbungsformulare (»Application Forms«)
- Bewerbungsessays in englischer Sprache
- Finanzierungsnachweis in englischer Sprache
- Gebühr für die Bewerbung

Bewerbungsunterlagen für »Graduate Studies«

- Beglaubigte Kopien Ihres Fach- oder allgemeinen Abiturs bzw. Abschlußzeugnisses von Fachhochschulen mit englischer Übersetzung
- Beglaubigte Kopien Ihrer Studiennachweise: Abschlußzeugnisse (Vordiplom, Zwischenprüfung, Diplom, Magister, Staatsexamen etc.) mit englischer Übersetzung
- Kopien Ihrer Scheine von Lehrveranstaltungen (Übungen, Vorlesungen, Seminare etc.) samt Lehrinhalt, Benotung mit englischer Übersetzung
- Auflistung der Vertiefungsfächer in englischer Sprache
- Beschreibung Ihres Studiengangs
- Gutachten bzw. Empfehlungsschreiben akademischer Hochschulprofessoren in englischer Sprache
- Zulassungstests und Sprachtests
- Ausgefüllte Bewerbungsformulare
- Bewerbungsessays in englischer Sprache
- Finanzierungsnachweis in englischer Sprache
- Gebühr für die Bewerbung

Ihre Bewerbung wird erst berücksichtigt, wenn alle Bewerbungsunterlagen vollständig sind. Testergebnisse und ähnliche Dokumente, die Sie erst nach Ihrer schriftlichen Bewerbung erhalten haben, können Sie nachreichen. Falls auf den Testergebnissen und ähnlichen Dokumenten Ihr Name anders geschrieben wurde als auf Ihrer Bewerbung, weisen Sie am besten ausdrücklich darauf hin, damit der »Admission Officer« die nachgereichten Unterlagen richtig zuordnen kann.

Zusätzliche Bewerbungsunterlagen
in besonderen Fällen

Kunst- und Musikstudenten ohne deutsches Abitur

Studenten, die in Deutschland ohne Abitur Kunst oder Musik studieren, sollten ihrer Bewerbung eine Bestätigung ihrer deutschen Hochschule beifügen, daß die Zulassung zu der deutschen Hochschule auf Leistungsnachweisen (Aufnahmeprüfungen) beruht.

Erläuterung der einzelnen Bewerbungsunterlagen

Nachdem Sie nun stichpunktartig erfahren haben, welche Bewerbungsunterlagen normalerweise für eine Bewerbung bei amerikanischen Hochschulen eingereicht werden müssen, erläutere ich Ihnen jetzt die obengenannten Bewerbungsunterlagen der Reihe nach.

Beglaubigte Zeugniskopien und
beglaubigte englische Übersetzungen der Zeugnisse

Sämtliche Zeugnisse und Studiennachweise (Scheine, Studienbucheintragungen, Prüfungsergebnisse) werden in Form von beglaubigten Kopien an die amerikanische Hochschule gesandt. Diese Unterlagen können Sie in Ihrem Gymnasium, an Ihrer Universität (akademisches Auslandsamt oder in Ihrem Fachbereich) oder beim Bürgermeister beglaubigen lassen. Außerdem müssen Sie neben Kopien Ihrer Zeugnisse englische Übersetzungen der Unterlagen einreichen, die ebenfalls beglaubigt sein müssen. Die Übersetzungen können Sie in der Regel selber machen, es sei denn, die amerikanische Hochschule verlangt ausdrücklich eine vereidigte Übersetzung. Bei den Übersetzungen sollten Sie die deutschen Begriffe und die deutschen Noten stehenlassen und eine Erklärung des deutschen Notensystems beilegen. Leider gibt es zwischen den USA und Deutschland keine offiziellen Richtlinien, wie die Notensysteme zu übersetzen sind. Anleitungen zur Übersetzung können Sie bei Porter (siehe Literaturhinweise S. 280) nachschlagen.

Die meisten amerikanischen Hochschulen möchten die Nachweise Ihrer bisherigen Ausbildung direkt von Ihren Schulen zugesandt bekommen. Manchmal werden den Schulen dafür spezielle Formblätter zur Verfügung gestellt, auf denen Ihre Noten und die Relation Ihrer Leistungen zu Ihren Mitstudenten einzutragen sind.

Auflisten der bisher besuchten Lehrveranstaltungen

Neben den Zeugnissen sollen Bewerber den Bewerbungsunterlagen meistens Kopien Ihrer Studiennachweise (Scheine), sogenannte »Transcripts of Academic Record«, beifügen. Gemeint sind damit offizielle, von Ihrer Heimatuniversität ausgegebene Computerausdrucke, die eine Aufstellung der von Ihnen besuchten Lehrveranstaltungen (Titel, Art und Wochenstunden der Lehrveranstaltung sowie erzielte Noten und unterrichtende Professoren) enthalten. In der Regel müssen Sie selbst einen »Summary of Academic Record« (als Ersatz für ein »Transcript of Academic Record«) aufstellen, da die meisten deutschen Universitäten keine »Transcripts of Academic Record« erstellen. Lassen Sie den »Summary of Academic Record« an Ihrer deutschen Fakultät beglaubigen. Wie ein solcher »Summary of Academic Record« aussieht, können Sie im Anhang (S. 283) sehen.

Bei der Auflistung der bisher besuchten Lehrveranstaltungen – seien es Leistungskurse oder Prüfungsfächer auf dem Gymnasium oder Lehrveranstaltungen, die während des Studiums besucht wurden – sollten Sie mit äußerster Sorgfalt vorgehen. Je besser Sie Ihre bisherige Ausbildung darstellen, desto bessere Chancen haben Sie, in die gewünschte Jahrgangsklasse eingestuft zu werden. Listen Sie also sowohl die Themen der Lehrveranstaltungen als auch die Typen (Vorlesung, Übung etc.), Wochenstunden, erreichte Note, Lehrinhalte und Fachbereich und nach Möglichkeit auch die in der jeweiligen Lehrveranstaltung erzielte Durchschnittsnote auf.

Auflistung der Vertiefungsfächer

Die Auflistung Ihrer Vertiefungsfächer bzw. Leistungskurse dient der Einschätzung, ob und in welchen Fachbereich Sie passen bzw. in welchen Jahrgang Sie eingestuft werden. Wenn Sie einen »Summary of Academic Record« erstellt haben, stehen Ihre Vertiefungsfächer auf dem Deckblatt.

Beschreibung Ihres Studienganges

Neben der Auflistung der einzelnen Lehrveranstaltungen in Form eines »Summary of Academic Record« sollten insbesondere Studenten, die eine Einstufung in »Graduate Studies« anstreben, die Organisation ihres Studienganges mit Studienabschnitten, Pflicht- und Wahl-Lehrveranstaltungen und Prüfungsvoraussetzungen beschreiben (»Course of Study Plan«). Stellen Sie dar, welche Abschnitte Sie bereits bewältigt haben.

Gutachten oder Empfehlungsschreiben (»Letters of Recommendation«)

Die meisten amerikanischen Hochschulen verlangen von den studierenden Bewerbern zwei oder mehrere Gutachten von Professoren und sofern die Bewerber Abiturienten sind, Gutachten von Lehrern. Haben Sie bereits eine Lehre absolviert, so können Sie an den meisten Hochschulen Gutachten von

Ihrem Arbeitgeber vorlegen. Bitten Sie Ihre Gutachter rechtzeitig darum, damit sie, auch wenn ihnen etwas dazwischenkommt, immer noch ausreichend Zeit haben und Sie pünktlich Ihr Gutachten in Empfang nehmen können.

Gutachten und Empfehlungsschreiben sollten in englischer Sprache geschrieben sein oder zumindest mit einer Übersetzung eingereicht sein. Einige Hochschulen versenden Vordrucke für Gutachten, die von dem Gutachter nur noch ausgefüllt zu werden brauchen, akzeptieren aber meist auch formlose Gutachten. Möchten Sie sich an mehreren Hochschulen mit verschiedenen Formularen für Gutachten bewerben, so ist es ratsam, dem Gutachter alle Formulare gleichzeitig in die Hand zu drücken und so dessen Arbeitsaufwand möglichst geringzuhalten.

Das Gutachten muß in einem verschlossenen Umschlag (den Sie nicht öffnen dürfen) in die USA geschickt werden. In diesem Fall sollten Sie Ihren Gutachter über die genaue Adresse der Hochschule informieren, ihn auf die genaue Schreibweise Ihres Namens hinweisen und ihm ausreichend Porto zur Verfügung stellen. Am besten geben Sie ihm einen bereits frankierten und adressierten Luftpostbriefumschlag. Auf dem Umschlag sollten Sie links unten »Re: Application of (Ihr Name)« schreiben.

In der Praxis kommt es häufig vor, daß deutsche Professoren in einem Gespräch mit Ihnen den Inhalt des Gutachtens besprechen, wenn Sie nicht sogar aufgefordert werden, Ihr Gutachten selbst zu formulieren. In diesem Fall können Sie sich natürlich ein genau auf den gewünschten Studienplatz zugeschnittenes Gutachten schreiben, was Sie aber nicht zu unwahren Übertreibungen ermutigen sollte.

Gutachten und Empfehlungsschreiben können unter Umständen bei der Frage Ihrer Zulassung eine Schlüsselrolle spielen. Tragen Sie daher dafür Sorge, daß die Gutachten ein möglichst

Wichtig: Der Inhalt des Gutachtens sollte verdeutlichen, seit wann und wie lange der Gutachter Sie kennt. Persönliche Eigenschaften, wie Charakter, Teamgeist, Motivation, Ernsthaftigkeit oder Kreativität, sollten ebenso dargestellt werden wie Ihre fachlichen Leistungen – eventuell Ihre Erfahrungen in der Forschung und Ihre Stärken. Ihre fachliche Qualifikation sollte in ein möglichst gutes Licht gerückt und im Vergleich zu Ihren Studiengenossen beurteilt sein. Am wichtigsten sind Ausführungen darüber, ob der Gutachter Sie für geeignet für einen Studienaufenthalt in den USA hält und inwieweit ein solcher Aufenthalt Ihrem weiteren Werdegang nutzen kann.

vorteilhaftes Bild von Ihrer Person vermitteln, »Understatement« und Übertreibungen sind nicht angebracht.

Besonders schön ist es, wenn die Bemerkungen im Gutachten sich durch Ihre Studienleistungen belegen lassen. Je besser Sie Ihren Gutachter über Ihre Person informieren, desto besser wird er Sie beurteilen können. Als letztes sollten Sie Ihre Gutachter noch bitten, Kopien der Gutachten aufzubewahren, falls Sie ihn unerwarteterweise um ein weiteres Gutachten bitten müssen.

Sprachtests

An den meisten amerikanischen Hochschulen werden ausländische Studenten nur dann zu einem Studium zugelassen, wenn sie ausreichende Englischkenntnisse nachweisen können. Als Nachweis ist der TOEFL-Test weitverbreitet. Welche Testergebnisse mindestens erreicht werden müssen, hängt unter anderem häufig von dem Angebot der Hochschule an Englischkursen für Ausländer ab. Im allgemeinen müssen Sie mindestens 500 bis 600 Punkte vorweisen, damit Ihre Bewerbung angenommen wird. An einigen Hochschulen werden Ihre Englischkenntnisse zusätzlich zum TOEFL-Test bei Ihrer Ankunft nochmals geprüft.

Zulassungstests

Neben Tests, die Ihre englischen Kenntnisse belegen, werden häufig auch Tests verlangt, die Ihre akademischen Kenntnisse und Fähigkeiten prüfen. Welche Tests Sie durchlaufen müssen, können Sie den Informationen der jeweiligen Hochschulen entnehmen.

Bewerbungsformulare

Amerikanische Hochschulen verschicken häufig sogenannte »Application Forms«, die Sie zusammen mit einigen Dokumenten ausgefüllt an die Hochschule zurücksenden sollen. Bevor Sie mit dem Ausfüllen der Bewerbungsformulare beginnen, sollten Sie diese unbedingt fotokopieren. Ansonsten haben Sie ein Problem, wenn Sie etwas falsch ausgefüllt haben. Bei einigen Universitäten ist übrigens schon eine Bewerbung über das Internet möglich, bei anderen wird geplant, Bewerbungen, die auf Diskette eingereicht werden, zu akzeptieren. Wie auch immer die äußere Form der Bewerbungsunterlagen ist, der Inhalt ähnelt sich meistens. Die Bewerbungsformulare enthalten in der Regel Fragen nach persönlichen Daten, Daten der Familie, Daten zur schulischen Ausbildung, Studienplänen in den USA, Englischkenntnissen, Ergebnissen der Zulassungstests, Referenzen (Gutachten, Empfehlungsschreiben), Preisen, Ehrungen, außerstudentischen Aktivitäten (wie politisches, soziales, sportliches, musisches Engagement), Berufserfahrungen und nach der voraussichtlichen Finanzierung des USA-Studiums.

Füllen Sie alle Bereiche sorgfältig aus. Verweisen Sie nicht auf einen ebenfalls eingereichten Lebenslauf. Benutzen Sie den für die Fragen vorgesehenen Raum. Wenn trotzdem die Beantwortung auf einem Extrablatt notwendig ist, heften Sie dieses am besten an die Bewerbungsbogen, damit das Blatt nicht verlorengehen kann. Falls Sie eine Frage nicht beantworten können oder der gefragte Sachverhalt nicht auf Sie zutrifft, schreiben Sie »Not Applicable« (N/A) und erklären, warum Sie diese Frage nicht beantworten können. Nicht zu beantworten sind beispielsweise Fragen nach der »Social Security Number«, nach dem »Class Rank« (Rangliste innerhalb einer Klasse) oder nach dem »Grade Point Average«. Ihre akademischen Abschlüsse sollten Sie mit dem deutschen Begriff und einer englischen Übersetzung beschreiben. Weisen Sie am besten darauf hin, daß Sie im Fall, daß Unterlagen fehlen sollten, diese gerne nachreichen werden.

Bewerbungsessays

An vielen Hochschulen ist ein Bewerbungsessay als Teil der Bewerbung üblich. Ihr Bewerbungsessay dokumentiert Ihre Englischkenntnisse und Ausdrucksfähigkeit, Ihre bisherige und geplante schulische Laufbahn, Ihre praktischen Erfahrungen, Ihre Forschungserfahrungen, Ihre Motivation und Ihre Erwartung von einem Studium in den USA. Sie erläutern dabei nicht nur die Gründe, ein bestimmtes Studium gewählt zu haben, sondern zusätzlich Ihre Zukunftspläne bezüglich akademischer Ausbildung und Beruf. Versuchen Sie, die einzelnen Punkte mit Beispielen aus Ihrem Lebenslauf zu belegen. Außerdem können Sie außerordentliches Engagement oder besondere Interessen, Erfahrungen oder Hobbys darlegen, die eventuell nicht deutlich aus Ihren sonstigen Unterlagen hervorgehen.

Das Bewerbungsessay soll im Bereich »Undergraduate Studies« eher dazu dienen, ein Gesamtbild des Bewerbers zu vermitteln. Im Bereich »Graduate Studies« dagegen sind akademische und fachliche Aspekte in den Vordergrund zu stellen. Einige Hochschulen verlangen von den Bewerbern für »Graduate Studies« eine ausführliche Darstellung der bisherigen und der geplanten Studien- und Forschungsprojekte und ihrer langfristigen Ziele. Hierfür müssen Sie genau wissen, aus welchen Gründen Sie an der jeweiligen Hochschule studieren möchten. Der Wunsch, Ihre Sprachkenntnisse zu erweitern oder das amerikanische Studiensystem kennenzulernen, genügt in der Regel nicht als Begründung. Gibt es dagegen eine Koryphäe, die an der von Ihnen präferierten Hochschule auf Ihrem Spezialgebiet forscht, so ist das schon eher ein akzeptabler Grund für Ihren Studienwunsch.

Da das Essay ein wichtiger Bestandteil der Bewerbung ist, sollten Sie Ihre Ausführungen sehr sorgfältig strukturieren und formulieren. Schreiben Sie Ihr Bewerbungsessay also nicht an einem Nachmittag, sondern sammeln Sie zumindest einige Tage Ideen, bevor Sie mit dem Schreiben beginnen. Haben Sie Ihr Essay fertiggestellt, empfiehlt es sich, es einige Zeit liegenzulassen und dann mit Distanz erneut zu betrachten und gegebenenfalls zu überarbeiten.

Viele Hochschulen wünschen sich eine möglichst vielschichtige Studentenschaft. Sie sollten daher in Ihrem Essay herausarbeiten, was Sie zu einer Persönlichkeit macht, die sich von anderen unterscheidet.

Vermeiden Sie leeres Geschwafel und Wiederholungen, das verschwendet nur die Zeit des Lesers und verstimmt ihn unter Umständen. Versuchen Sie, die einzelnen Aspekte nicht einfach aufzulisten, sondern lockern Sie Ihr Schreiben mit anschaulichen Beispielen auf. Lassen Sie Ihr Essay unbedingt von anderen Personen korrekturlesen. Übrigens gibt es umfangreiche Literatur, anhand derer Sie Ihr Essay sicherlich bewältigen können (siehe Literaturverzeichnis S. 273).

Finanzierungsnachweise

In Ihrer Bewerbung müssen Sie häufig die Quellen, aus denen Sie Ihr Studium und Ihren Lebensunterhalt während des USA-Aufenthaltes decken wollen, nachweisen. Manchmal genügt es, die Quellen und die Beträge aufzulisten, andere Hochschulen hingegen haben spezielle Formulare, sogenannte »Foreign Student's Certification of Fiances«, die Sie ausgefüllt an die Hochschule senden. Normalerweise müssen Sie die Auflistung Ihrer Finanzquellen von einem Bankangestellten (wenn es sich um einen Bankkredit handelt), von Ihren Eltern (wenn diese Ihr Studium finanzieren) oder von der Institution, die Ihnen ein Stipendium gewährt, attestieren lassen. Wiederum andere Hochschulen möchten ein ausgefülltes »Affidation of Support« – dieses Formblatt erhalten Sie bei den amerikanischen Konsulaten.

Bewahren Sie auf jeden Fall Kopien Ihrer finanziellen Nachweise auf, da Sie diese für die Beantragung Ihres befristeten Visums wieder benötigen.

Bewerbungsgebühr

Damit Ihre Bewerbung um eine Zulassung berücksichtigt wird, müssen Sie in der Regel eine Bewerbungsgebühr bezahlen. Euroschecks oder Reiseschecks werden meist nicht akzeptiert. Besser begleichen Sie die Gebühr mit einem U.S.-$-Scheck. Günstiger als ein U.S.-$-Scheck ist die Bezahlung über Ihre Kreditkarte oder mit einer »Money Order«. »Money Orders« erhalten Sie beispielsweise in American-Express-Reisebüros, U.S.-$-Schecks bei Ihrer Bank.

Anträge für »Wohnen auf dem Campus«

Gibt es die Möglichkeit, auf dem Campus zu wohnen, so erhalten Sie in der Regel neben den »Application Forms« Informationen und Formblätter für »Wohnen auf dem Campus«

von der amerikanischen Hochschule. Letztere schicken Sie zusammen mit den Bewerbungsunterlagen zurück an die amerikanische Hochschule, wenn Sie auf dem Campus leben möchten.

9.2. Nach der Bewerbung

Es wird unter Umständen einige Monate dauern, bis die amerikanischen Hochschulen Sie benachrichtigen, ob Sie zum Studium zugelassen wurden. Viele Hochschulen entscheiden zwischen März und Mai über die eingegangenen Bewerbungen. Haben Sie bei einer Bewerbung zum Herbstsemester bis Ende April keine Nachricht von den Hochschulen, an denen Sie sich beworben haben, sollten Sie Ihr Bewerbungsergebnis telefonisch oder per Fax erfragen.

In manchen Fällen kann es vorkommen, daß Sie eine Zusage unter bestimmten Bedingungen erhalten. Beispielsweise können Sie auf einer Warteliste sein und erst angenommen werden, wenn einige Bewerber abspringen, oder Sie werden angenommen unter der Voraussetzung, daß Sie die bislang noch nicht eingereichten TOEFL-Testergebnisse nachreichen und mindestens 600 Punkte im Test erzielen.

Die Hochschulen, die Ihnen eine Zusage geben, schicken Ihnen zusammen mit der Benachrichtigung ein Formblatt (Form 1-20 A-B (»Certificate of Eligibility«) oder Form IAP-66 (»Certificate of Eligibility for J-1 Exchange Visitor Status«), das Sie für die Beantragung Ihres Visums benötigen. Außerdem werden Sie normalerweise gebeten, innerhalb eines bestimmten Zeitraumes der Hochschule mitzuteilen, ob Sie sich immatrikulieren möchten oder sich inzwischen für eine andere Hochschule entschieden haben. Möchten Sie sich immatrikulieren, haben Sie eine Gebühr, die meist zwischen U.S. $ 50 bis 100 liegt (per Scheck oder »Money Order«), zu entrichten. Benachrichtigen Sie den »Admission Officer« schriftlich (per Luftpost) über Ihre Entscheidung. In manchen Fällen müssen Sie zusätzliche Fragebögen ausfüllen und ebenfalls zurücksenden. Den Benachrichtigungen der Hochschulen liegen unter Umständen Formblätter bei, die Sie ausgefüllt zurücksenden müssen, wenn Sie auf dem Campus leben möchten. Lassen Sie sich besser nicht zuviel Zeit mit Ihrer Reaktion. Entscheidungshilfen, wie Sie während Ihres USA-Studiums wohnen möchten, erhalten Sie am Anfang des Kapitels »Vorbereitung und Umzug in die USA« (S. 156).

Außerdem werden Sie gebeten, falls Sie sich erfolgreich für ein »Assistanceship« beworben hatten, Bescheid zu geben, ob Sie es wahrnehmen möchten. Informieren Sie auch die Hochschulen, an denen Sie sich beworben haben, die aber nicht mehr für Sie in Frage kommen.

9.3. Checkliste für das Bewerbungsverfahren

☐ Haben Sie alle Bewerbungstermine eingehalten?
☐ Haben Sie alle zu verschickenden Schriftstücke fotokopiert?
☐ Sind Ihre Bewerbungsunterlagen vollständig?

Folgendes muß organisiert sein:
☐ Organisation, daß Gutachten oder Empfehlungsschreiben in englischer Sprache an die amerikanischen Hochschulen geschickt werden.
☐ Organisation, daß Zulassungstests und Sprachtests an die amerikanischen Hochschulen geschickt werden.

Folgende Unterlagen gehören in die Bewerbung:

- [ ] Beglaubigte Kopien von Fach- oder allgemeinem Abitur bzw. Abschlußzeugnis von Fachhochschulen mit englischer Übersetzung
- [ ] Vollständig ausgefüllte Bewerbungsformulare (»Application Forms«)
- [ ] Bewerbungsessays in englischer Sprache
- [ ] Finanzierungsnachweis in englischer Sprache
- [ ] Gebühr für die Bewerbung

Zusätzlich bei »Undergraduate Studies«:

- [ ] Beglaubigte Kopien Ihrer Zeugnisse der neunten bis zwölften bzw. dreizehnten Klassen mit englischer Übersetzung
- [ ] Auflistung: Leistungskurse und Prüfungsfächer mit Inhalt, Note und Zuordnung zu Fachbereichen mit englischer Übersetzung

Zusätzlich bei »Graduate Studies«:

- [ ] Beglaubigte Kopien Ihrer Studiennachweise: Abschlußzeugnisse (Vordiplom, Zwischenprüfung, Diplom, Magister, Staatsexamen etc.) mit englischer Übersetzung
- [ ] Kopien Ihrer Scheine von Lehrveranstaltungen (Übungen, Vorlesungen, Seminare etc.) samt Lehrinhalt, Benotung mit englischer Übersetzung
- [ ] Auflistung der Vertiefungsfächer in englischer Sprache

- [ ] Ist die Benachrichtigung, ob die Bewerbung erfolgreich war, rechtzeitig angekommen?
- [ ] Haben Sie die Zu- und Absagen an Universitäten verschickt?
- [ ] Haben Sie Ihr Visum beantragt?

10. Visa für Studenten

Amerikanische Visa sind danach zu klassifizieren, ob sie nur für einen bestimmten Zeitraum gelten oder auf unbegrenzte Zeit ausgestellt werden.

Visa, die für einen bestimmten Zeitraum ausgestellt werden, sind befristete Visa, auch »Nonimmigrant Visa« genannt. Mit einem solchen Visum darf man für eine bestimmte Zeit in die USA einreisen und muß nach Ablauf dieser Zeit die USA wieder verlassen oder eine Verlängerung des Visums beantragen. Es gibt verschiedene Typen von befristeten Visa, beispielsweise Visa für Studenten, für Schüler, für Arbeitnehmer, für Investoren, für Sportler usw. Welches der verschiedenen Studentenvisa Sie beantragen können, hängt davon ab, wie Sie Ihr Studium finanzieren.

Ein Visum, das auf unbegrenzte Zeit ausgestellt wird, ist das unbefristete Visum, auch »Immigrant Visum«, »Green Card«

Wenn Sie in den USA ein Studium aufnehmen, eine »Summer School« oder einen Intensiv-Sprachkurs besuchen möchten, benötigen Sie ein Visum. Sie dürfen nur dann als normaler Tourist (ohne Studentenvisum) in die USA einreisen und ein Studium aufnehmen, wenn der Studienaufenthalt 90 Tage nicht überschreitet und Sie nicht mehr als 18 Wochenstunden belegen. Nehmen Sie dagegen ein reguläres Studium auf, das die genannten Bedingungen nicht erfüllt, dann halten Sie sich illegal in den USA auf. Werden Sie dabei erwischt, müssen Sie sofort die USA verlassen und erhalten höchstwahrscheinlich ein generelles Einreiseverbot.

oder »Alien Registration Receipt Card« genannt. Es gibt nur einen Typ der »Green Card«, allerdings kann dieses Visum aus unterschiedlichen Gründen gewährt werden. Grundlage für den Antrag einer Green Card kann beispielsweise die Verwandtschaft zu einem amerikanischen Staatsbürger, eine Arbeitsplatzzusage eines amerikanischen Arbeitgebers, eine Investition mit bestimmten Auflagen oder ein Gewinn bei der Green-Card-Lotterie sein.

Im Normalfall beantragen Sie nach Erhalt einer Zusage von seiten einer amerikanischen Hochschule ein befristetes Visum. Natürlich können Sie auch mit einem unbefristeten Visum (Green Card) in den USA studieren.

In diesem Kapitel erläutere ich Ihnen zuerst die verschiedenen befristeten Visa-Typen, die für Studenten in Frage kommen. Sie erfahren, wo und wie Sie ein befristetes Visum beantragen können. Außerdem informiere ich Sie über die Vorteile, die Sie als Green-Card-Inhaber haben, und wie Sie versuchen können, eine Green Card zu erhalten.

Wichtig: Ein Visum garantiert Ihnen nicht die Einreise in die USA. Normalerweise erhalten Sie Ihr Visum in Form eines Stempels in Ihrem Reisepaß von einem Konsularbeamten. Dieser Stempel enthält unter anderem den letzten Termin, an dem Sie in die USA einreisen dürfen. Bei Ihrer Ankunft in den USA (in der Regel der Flughafen) erhalten Sie einen zweiten Stempel in Ihren Reisepaß, diesmal von einem Beamten der Einwanderungsbehörde. Erst dieser Stempel garantiert Ihnen auch wirklich die Einreise. Außerdem können Sie dem Stempel die Dauer Ihrer Aufenthaltsgenehmigung entnehmen.

Sobald Sie mit einem Visum in den USA studieren, wenden Sie sich mit allen Problemen in bezug auf Ihren Visa-Status (Beantragung von Aufenthaltsverlängerungen, Arbeitsgenehmigungen etc.) an den »Foreign Student Adviser«.

Wichtig: Während Ihres Aufenthalts müssen Sie dafür sorgen, daß Ihr befristetes Visum gültig bleibt. Läuft die genehmigte Aufenthaltsdauer vor Beendigung Ihres Studiums ab, müssen Sie rechtzeitig eine Verlängerung Ihres Visums beantragen.

Die Informationen zu den Visa beruhen zum Teil auf Veröffentlichungen der amerikanischen Botschaft.

10.1. Befristete Visa

F-1-Visum

Das F-1-Visum ist für Studenten vorgesehen, die an einer amerikanischen Hochschule für ein sprachliches oder akademisches Vollstudium angenommen wurden. Das F-1-Visum erlaubt Ihnen, während der Regelstudienzeit in den USA zu bleiben.

Um ein F-1-Visum zu beantragen, müssen Sie unter anderem ein von der amerikanischen Hochschule ausgefülltes und von Ihnen unterschriebenes Formblatt I-20 A-B im Konsulat vorlegen.

Das I-20 A-B- (oder einfach I-20 genannte) Formblatt wird Ihnen von der amerikanischen Hochschule zusammen mit der Benachrichtigung, daß Ihre Bewerbung angenommen wurde, zugeschickt. Es handelt sich dabei um ein offizielles Formblatt der amerikanischen Einwanderungsbehörde (INS), auf dem die amerikanische Hochschule bestätigt hat, daß Sie als Student angenommen sind. Auf dem Formblatt steht außerdem die Hochschule, die Sie angenommen hat, Ihr Studienfach und die voraussichtliche Zeit, die Sie bis zur Beendigung des Studiums benötigen; außerdem der Geldbetrag, den Sie für die Deckung Ihres Lebensunterhaltes und Ihrer Studiengebühren aufbringen müssen, und in welcher Form Sie die Kosten zu finanzieren gedenken.

> **Wichtig:** Das I-20 ist ein bedeutendes Dokument. Sie benötigen es, wenn Sie ein Visum beantragen, wenn Sie während Ihres USA-Studiums Ihren Visa-Status, Ihre Hochschule oder Ihr Studienfach wechseln möchten, wenn Sie während des Studiums vorübergehend die USA verlassen und mit demselben Visum wieder in die USA einreisen möchten, wenn Sie Ihr Visum verlängern oder wenn Sie eine Arbeitsgenehmigung für Arbeit außerhalb des Campus beantragen möchten. Bewahren Sie Ihr I-20 daher sehr sorgfältig auf.

Wird Ihrem Visumantrag stattgegeben, finden Sie in Ihrem F-1-Visum das sogenannte »Reporting Date«. Mit dem F-1-Visum dürfen Sie in einem Zeitraum, der 90 Tagen vor dem »Reporting Date« beginnt und am »Reporting Date« endet, in die USA einreisen. Das heißt, wenn Ihr »Reporting Date« der 29. Juli ist, dürfen Sie zwischen dem 1. Mai und dem 29. Juli in die USA reisen.

Bei Ihrer Einreise in die USA werden Sie aufgefordert, ein Formblatt I-94 (»Arrival-Departure Record«) auszufüllen. Dieses legen Sie bei der Einreise zusammen mit Ihrem F-1-Visum dem Beamten der Einwanderungsbehörde vor. Das I-20 besteht aus vier Blättern, von denen Ihnen die Seiten drei und vier, die I-20 B oder I-20 ID heißen (auch »Student Copy« genannt), zurückgegeben werden. Diese Papiere sollten Sie unbedingt sorgfältig aufbewahren. Die ersten beiden Seiten des I-20 A-B, die dann I-20 A heißen, bleiben bei der Einwanderungsbehörde.

Auf dem Formblatt I-20 ID stehen alle relevanten Informationen in bezug auf Ihr Visum. Außerdem enthält es eine Ihnen individuell zugeordnete Kennummer (»Admission Number«). Bei jeder Korrespondenz mit dem INS (amerikanische Einwanderungsbehörde) müssen Sie diese Nummer angeben. Die »Admission Number« finden Sie übrigens ebenfalls auf dem Form I-94 (»Arrival-Departure Record«), welches in Ihren Reisepaß geheftet wird.

Arbeit

Mit einem F-1-Visum dürfen Sie »On Campus«-Jobs (Aushilfe in der Mensa, des Hausmeisters etc.), die keinen amerikanischen Arbeitnehmer ersetzen und keinen negativen Einfluß auf Ihr Studium haben, aufnehmen (in der Regel maximal 20 Stunden pro Woche während des Semesters). Ebenso dürfen Sie »Assistanceships« und Positionen als »Research Assistant« oder »Teaching Assistant« einnehmen. Erlaubt sind auch »Cooperative Education Programs« und »Practical Training« als Teil Ihres Studiums. Die Teilnahme an einem solchen Programm bedeutet allerdings, daß Sie nach Abschluß Ihres Studiums kein weiteres »Practical Training« machen dürfen. Allerdings können Sie beim INS die Erlaubnis beantragen, nach Beendigung Ihres Studiums für zwölf Monate ein sogenanntes »Practical Training« zu machen.

Für »Off Campus«-Jobs müssen Sie eine Arbeitsgenehmigung beim INS beantragen. Diese Arbeitsgenehmigung dürfen Sie frühestens nach Ihrem ersten akademischen Jahr an einer amerikanischen Hochschule beantragen, wenn Sie nachweisen können, daß der Job Ihren Status als Vollzeitstudent nicht beeinträchtigt. Wie bei allen Visaangelegenheiten sollten Sie sich, bevor Sie irgend etwas unternehmen, mit Ihrem »Foreign Student Adviser« abgestimmt haben.

J-1-Visum

Ein J-1-Visum beantragen diejenigen, die einen Sponsor haben, der von der USIA (»United States Information Agency«) als Sponsor anerkannt ist. Damit beantragen Teilnehmer an einem Austauschprogramm im Bereich Bildung und Kultur, die durch die USIA bestimmt werden, ein J-1-Visum. Unter diese Kategorie fallen:

- Studenten aller akademischen Grade, deren Studium von der amerikanischen Regierung, der heimatlichen Regierung, einer akademischen oder anderen Institution finanziell unterstützt wird;
- Praktikanten in medizinischen Bereichen oder Teilnehmer an einem »Research Fellowship«, gesponsert durch die »Educational Commission for Foreign Medical Graduates« (ECFMG);
- Teilnehmer an organisierten Austauschprogrammen mit direktem Personenaustausch;
- Auszubildende, die am Arbeitsplatz in Firmen, Institutionen oder Behörden ausgebildet werden;
- Lehrkräfte an Grundschulen, weiterführenden Schulen und Sonderschulen, Professoren, die zur Lehre oder Forschung in die USA kommen wollen;
- Forschungsgelehrte.

Um ein J-1-Visum zu beantragen, müssen Sie unter anderem ein von Ihrem Sponsor ausgefülltes und von Ihnen unterschriebenes Form IAP-66 im Konsulat vorlegen.

Wird Ihrem Visumantrag stattgegeben, können Sie der Box 3 auf dem IAP-66-Formblatt die erlaubte Aufenthaltsdauer (zuzüglich 30 Tage für die Abreise nach Beenden des Schulbesuchs) entnehmen.

Bei Ihrer Einreise in die USA werden Sie aufgefordert, ein Formblatt I-94 (»Arrival-Departure Record«) auszufüllen. Dieses legen Sie bei der Einreise zusammen mit Ihrem J-1-Visum dem Beamten der Einwanderungsbehörde vor.

Wichtig: Bewahren Sie Ihre Visumunterlagen sehr sorgfältig auf. Sie benötigen beispielsweise das IAP-66-Formblatt, wenn Sie nach einem vorübergehenden Aufenthalt außerhalb der USA wieder in die USA einreisen möchten.

Rückkehrpflicht in bestimmten Fällen

Bestimmte J-Visum-Inhaber müssen nach Beendigung des Programms in ihrem Heimatland mindestens zwei Jahre wohnen, bevor sie erneut ein befristetes Visum, das ihnen die Arbeitsaufnahme in den USA erlaubt, oder eine Green Card beantragen dürfen. Zu diesen Personen gehören Teilnehmer an Programmen, die durch die amerikanische Regierung oder durch die Regierung ihres Heimatlandes finanziert werden, und solche Personen, die Fähigkeiten besitzen, die (nach Feststellung der U.S. Information Agency) in ihrem Heimatland nachgefragt werden.

Sonderauflagen für Mediziner

Möchten Sie mit einem J-Visum eine Ausbildung im medizinischen Bereich machen, müssen Sie das »Foreign Medical Graduate Examination on Medical Studies« bestehen.

Arbeit

Nur Teilnehmer an Programmen, die eine Arbeitsaufnahme vorsehen (also Auszubildende am Arbeitsplatz, Lehrkräfte und Forschende), dürfen eine entsprechende Arbeit aufnehmen. In besonderen Fällen, nämlich mit Genehmigung des Sponsors, dürfen Inhaber eines J-1-Visums auch Arbeit, die nicht mit dem Austauschprogramm zusammenhängt, außerhalb des Campus aufnehmen.

Versicherung

Grundsätzlich sind alle Inhaber eines J-1 und J-2-Visums verpflichtet, sich während der gesamten Zeit in den USA gegen Unfall und Krankheit zu versichern – wobei die Versicherung bestimmte Anforderungen erfüllen muß. Beispielsweise muß ein Versicherungsschutz für Transporte aus medizinischen Gründen gegeben sein. Die genauen Bedingungen können Sie aus dem Internet erfahren: **http://www.usia.gov/abtusia/legal/gc/cfrs/514/14.514.**

Summer Schools

Haben Sie sich privat für die Teilnahme an einer »Summer School« beworben, dann wird Ihnen meistens ein I-20-Formblatt von der amerikanischen Hochschule zugeschickt, mit dem Sie dann ein F-1-Visum beantragen können. An einigen Hochschulen können Sie auch ohne Visum für maximal 90 Tage an »Summer Schools« teilnehmen.

Besuchen Sie eine »Summer School«, die Ihnen beispielsweise über den Council vermittelt wurde, dann beantragen Sie ein J-1-Visum.

M-1-Visum

Wer eine nichtakademische Ausbildung in den USA plant, beantragt ein M-1 Visum. Hierzu gehören Studenten, die einen vollen Studiengang an einer »Vocational Institution« oder an einer anerkannten nichtakademischen Institution absolvieren möchten.

Wichtig: Bewahren Sie Ihre Visumunterlagen sehr sorgfältig auf. Sie benötigen beispielsweise das I-20 M-N und das I-20 ID Copy, wenn Sie nach einem vorübergehenden Aufenthalt außerhalb der USA wieder in die USA einreisen möchten.

Um ein M-1-Visum zu beantragen, müssen Sie unter anderem ein von Ihrer amerikanischen Institution ausgefülltes und von Ihnen vervollständigtes und unterschriebenes Formular, das I-20 M-N, im Konsulat vorlegen. Wird Ihr Visumantrag genehmigt, erhalten Sie bei der Einreise in die USA von dem Beamten der Einwanderungsbehörde das Formblatt I-20 ID Copy. Dieses Formblatt müssen Sie sorgfältig aufbewahren, da es alle Ihr Visum betreffenden Informationen enthält, darunter auch Ihre »Admission Number«. Die »Admission Number« ist eine vom INS vergebene Nummer zu Ihrer Identifikation, unter der beim INS alle Daten bezüglich Ihres Visastatus gespeichert sind. Bei jedem Kontakt mit dem INS werden Sie aufgefordert, Ihre »Admission Number« anzugeben.

Arbeit

In der Regel ist es Personen mit einem M-1-Visum nicht gestattet, eine Arbeit aufzunehmen. Ausgenommen sind zeitlich befristete Praktika, die in Zusammenhang mit Ihrer Ausbildung stehen und die Sie nicht in Ihrem Heimatland absolvieren können (beispielsweise »erdbebensicheres Bauen«).
Diese Praktika müssen Sie beantragen, wobei nicht alle Anträge genehmigt werden. Haben Sie mit Ihrem »Foreign Student Adviser« das Praktikum besprochen und seine Zustimmung erhalten, so müssen Sie innerhalb von 90 Tagen den Antrag auf eine Arbeitsgenehmigung stellen. Dieser Antrag darf frühestens 60 Tage vor und muß spätestens 30 Tage vor Beendigung Ihrer Ausbildung gestellt sein. Genehmigt der INS Ihren Antrag, erhalten Sie vom INS die I-20 ID Copy mit entsprechendem Vermerk.
Familienangehörige des M-1 Visum-Inhabers dürfen in keinem Fall arbeiten.

F-2-Visum, J-2-Visum, M-2-Visum

F-2, J-2, M-2-Visa sind Visa, die für abhängige Familienangehörige (minderjährige Kinder) und Ehepartner von Personen vorgesehen sind, die ein F-1-, J-1- oder M-1-Visum haben. Visa für Familienangehörige werden nur ausgestellt, wenn nachgewiesen werden kann, daß ausreichende finanzielle Mittel vorhanden sind, um den Lebensunterhalt der Familienmitglieder zu decken.

Arbeit

Inhaber eines F-2- und M-2-Visums dürfen keine Arbeit in den USA aufnehmen. Dagegen können Inhaber eines J-2-Visums, die mindestens 18 Jahre alt sind, beim INS eine Arbeitsgenehmigung beantragen. Besprechen Sie das Vorhaben aber auf jeden Fall mit dem »Foreign Student Adviser«, bevor Sie den Antrag beim INS stellen. Der Antrag enthält das Formblatt I-94 (»Arrival-Departure Record«) und eine Darlegung, daß das Arbeitsentgelt zur Unterstützung des eigenen Lebensunterhalts und nicht dem des J-1-Visum-Inhabers dient.

B-Visum

Ein B-1- oder B-2-Visum können Sie beantragen, wenn Sie im Rahmen Ihres Medizinstudiums eine Famulatur an einer amerikanischen Universitätskrankenhaus machen möchten oder im Rahmen Ihres rechtswissenschaftlichen Studiums eine Wahlstation in den USA durchlaufen möchten. Für ein Studium oder ein bezahltes Praktikum ist das B-Visum nicht vorgesehen.

10.2. Beantragung eines befristeten Visums

Bevor Sie hier erfahren, wo und wie Sie Ihr Visum beantragen, möchte ich Ihnen noch einen wichtigen Hinweis mit auf den Weg geben:

Unabhängig davon, welches Visum Sie beantragen, sollten Sie auf jeden Fall nur wahrheitsgemäße Angaben machen. Andernfalls riskieren Sie ein dauerhaftes Einreiseverbot für die USA bzw. die sofortige Ausweisung, wenn Sie sich bereits in den USA befinden.

Nach den vorangegangenen Erläuterungen wissen Sie nun, welches Visum Sie beantragen müssen. Bei der Beantragung eines befristeten Visums wenden Sie sich an die für Ihren Erstwohnsitz zuständige Konsularabteilung in Berlin, Bonn oder Frankfurt a. M. Welche Konsularabteilung für Ihren Wohnsitz zuständig ist, können Sie dem Kapitel »Adressen« (S. 228 f) entnehmen.

Grundsätzlich muß für jeden, der in die USA einreist (gleich welchen Alters), ein gesonderter Antrag auf ein Nichteinwanderungsvisum gestellt werden. Das bedeutet: Falls Ihre Familie Sie in die USA begleiten möchte, muß jede Person einen eigenen Antrag stellen. Den Antrag auf ein Visum können und sollten Sie per Post stellen, wenn Sie

- deutscher Staatsbürger sind,
- seit mindestens sechs Jahren in der Bundesrepublik Deutschland wohnhaft sind oder
- eine unbefristete Aufenthaltserlaubnis für Deutschland besitzen.

Ansonsten müssen Sie Ihr Visum persönlich im für Sie zuständigen amerikanischen Konsulat beantragen, was unter Umständen einen ganzen Tag in Anspruch nehmen kann.

Um ein befristetes Visum zu beantragen, benötigen Sie folgende Unterlagen:

- **Ein aktuelles Paßbild,** das das ganze Gesicht ohne Kopfbedeckung zeigt und vor einem hellen Hintergrund aufgenommen wurde (mit Ihrer Unterschrift auf der Rückseite).
- Ihren **Reisepaß.** Sind Sie Deutscher, muß Ihr Reisepaß mindestens für die Dauer des Aufenthaltes gültig sein. Bei einigen Ländern muß der Reisepaß bei Beendigung des gewünschten Aufenthaltes noch sechs Monate gültig sein.
- Einen **Überweisungsbeleg** in Höhe der Bearbeitungsgebühr für jeden Antrag. Die Bearbeitungsgebühr für Nichteinwan-

derungsvisa beträgt seit dem 1. Februar 1998 U.S. $ 45. Unbedingt erforderlich ist der Originalstempel der Bank auf dem Beleg. Der Betrag wird vom amerikanischen Konsulat als Bearbeitungsgebühr verlangt. Die Überweisungsformulare erhalten Sie bei allen Konsularabteilungen der USA und in Reisebüros. Sie können aber auch Ihre eigenen Formulare zur Überweisung der Gebühren auf das Konto der Botschaft benutzen: Dresdner Bank AG Bonn, BLZ 370 800 40, Kontonummer: 212 170 001. In den Konsularabteilungen in Frankfurt a. M. und Berlin können Sie den Betrag auch mit ec-Schecks begleichen.

- Einen **Rückumschlag,** der an Sie **selbst adressiert und ausreichend frankiert** ist (aber es darf kein Einschreiben sein!). In den Umschlag müssen Ihr Paß und die anderen Unterlagen hineinpassen.

- **Finanzierungsnachweise:** Der Student muß belegen, daß er tatsächlich über finanzielle Mittel verfügt, mit denen er das erste Studienjahr (Studiengebühren und Lebenshaltungskosten) finanzieren kann. Als Beleg werden Bankguthaben, Sparkonten und ähnliche Geldanlagen akzeptiert. Finanzieren Sie Ihr Studium privat (d.h. Ihre Eltern, Sie selber oder ein Sponsor), so können Belege, die die Höhe des Einkommens des Finanzierenden dokumentieren (Steuererklärung der Eltern usw.), dem Konsulat vorgelegt werden. Lediglich Studenten, die ihr Studium durch »Scholar-, Assistant- oder Fellowships« voll finanzieren und darüber Unterlagen von der amerikanischen Hochschule haben, benötigen keine weiteren Finanznachweise.

- **F-1-Visum:** ein von der amerikanischen Hochschule ausgefülltes und von Ihnen vervollständigtes und unterschriebenes **Formblatt I-20 A-B** (»Cerificate of Eligibility for Nonimmigrant F-1 Student Status for Academic and Language Students«).

- **J-1-Visum:** ein von der amerikanischen Hochschule ausgefülltes und von Ihnen vervollständigtes und unterschriebenes **Formblatt IAP-66** (»Cerificate of Eligibility for J-1
  Exchange Visitor Status«).
- **M-1 Visum:** ein von der amerikanischen Ausbildungsinsti-
  tution ausgefülltes und von Ihnen unterschriebenes **Formblatt I-20 M-N** (»Cerificate of Eligibility for Nonimmigrant
  M-1 Student Status for Vocational Students«).
- Ein von Ihnen **ausgefülltes und unterschriebenes Formblatt OF-156.**

Beantworten Sie alle Fragen auf den Formularen (I-20 bzw.
IAP-66). Trifft etwas nicht auf Sie zu, schreiben Sie »Not
Applicable« oder »None«. Außerdem müssen Sie bei der Bean-
tragung eines befristeten Visums nachweisen,

- daß Sie nur eine begrenzte Zeit in den USA bleiben werden
  und
- daß Sie einen Wohnsitz außerhalb der USA haben und
  bindende Gründe für Ihre Rückkehr nach Ablauf des Visums
  vorliegen.

Hintergrund dieser Bestimmung: Das amerikanische Ein-
wanderungsgesetz geht grundsätzlich davon aus, daß jeder,
der in die USA einreisen möchte, die Absicht hat, nach Ablauf
der 90-Tage-Frist (wenn er ohne Visum eingereist ist) bzw.
nach Ablauf des befristeten Visums unerlaubt als illegaler
Einwanderer in den USA zu bleiben. Daher muß jeder Einrei-
sende glaubhaft machen, daß er nach Ablauf des Visums nicht
illegal in den USA bleiben, sondern die USA wieder verlassen
will.
Wird Ihr Visumantrag genehmigt, erhalten Sie vom Konsulat
einen verschlossenen Briefumschlag, der Ihre Papiere beinhaltet. Diesen Umschlag dürfen Sie nicht selber öffnen! Erst bei

Ihrer Ankunft in den USA öffnet der Beamte der Einwanderungsbehörde den Briefumschlag.

Einreise in die USA

Bei der Einreise in die USA werden Sie (im Flugzeug) aufgefordert, das Formular I-94 (»Arrival-Departure Record«) auszufüllen, welches Sie zusammen mit Ihrem Visum, das sich in einem verschlossenen Briefumschlag befindet, dem Beamten der Einwanderungsbehörde zeigen. Der Beamte wird das Formblatt I-94 abstempeln. Dem Stempel können Sie die Dauer Ihrer Aufenthaltserlaubnis (D/S oder »Duration of Status«) entnehmen. Bewahren Sie das Formular I-94 zusammen mit Ihrem Reisepaß und den Visum-Unterlagen gut auf.

Das müssen Sie beachten, um Ihren Visa-Status zu behalten

- Sorgen Sie dafür, daß Ihr Reisepaß während Ihres USA-Aufenthaltes immer sechs Monate in die Zukunft gültig ist.
- Achten Sie darauf, daß Ihr Visum nicht abläuft.
- Ziehen Sie um, so müssen Sie den INS innerhalb von zehn Tagen über die neue Adresse informieren.
- Klären Sie zusammen mit Ihrem »Foreign Student Adviser« Ihre Visumsituation, bevor Sie irgendeine (bezahlte) Tätigkeit außerhalb des Campus annehmen.
- Es ist ratsam, jedesmal, bevor Sie die USA verlassen, mit dem »Foreign Student Adviser« zu prüfen, ob Ihre Reisedokumente in Ordnung sind.
- Ebenso sollten Sie Ihren »Foreign Student Adviser« in alle Pläne, die mit Ihrer akademischen Ausbildung in den USA

zusammenhängen (Wechsel der Hochschule, Praktika usw.), einweihen und um Rat bitten.

- Achten Sie darauf, genügend Kurse zu belegen, um Ihren Studentenstatus zu wahren.

Haben Sie noch Fragen zu Studentenvisa, dann können Sie sich an den Visainformationsdienst wenden:
Informationstonband:
Tel.: (0190) 27 07 89 [1,21 DM pro Minute]
Live-Auskünfte:
Tel.: (0190) 91 50 00 [2,42 DM pro Minute].

10.3. Die Green Card

Wie bereits erwähnt, können Sie anstatt mit einem befristeten Visum mit einer Green Card in den USA studieren. Mit einer Green Card (auch »Alien Registration Receipt Card« genannt) haben Sie eine Menge von Vorteilen gegenüber einem befristeten Visum:

- An einigen amerikanischen Universitäten müssen Sie als Green-Card-Inhaber nur ein Drittel der Studiengebühren bezahlen.
- Mit der Green Card können Sie sich als Student außerhalb des Campus (ohne zusätzliche Erlaubnis von der Einwanderungsbehörde) Arbeit suchen und auf diese Weise Ihr Studium finanzieren.
- Als Green-Card-Inhaber können Sie bezahlte Praktika in den USA absolvieren.
- Eine Verlängerung Ihres Studiums in den USA ist weniger problematisch.
- Sie können sich nach dem Studium in den USA eine Arbeit suchen.

- Sie können, wenn Sie fünf Jahre in den USA gelebt haben, die amerikanische Staatsbürgerschaft beantragen.

Allerdings müssen Sie bei der Beantragung eines Einwanderungsvisums eine Bearbeitungsgebühr in Höhe von U.S. $ 325 entrichten, bei der Beantragung eines Nichteinwanderungsvisums dagegen nur U.S. $ 45. Zusätzlich müssen Sie sich bei der Beantragung einer Green Card einem Gesundheitstest unterziehen, der noch einmal ca. 180 DM kostet.

Unbefristete Arbeits- und Aufenthaltserlaubnis

Was ist die Green Card, und wie unterscheidet sie sich von den anderen Visa?
Die oben besprochenen Visa sind lediglich befristete Visa. Sie erlauben Ihnen nur einen zeitlich begrenzten Aufenthalt zu bestimmten Zwecken (hier: studieren) in den USA. Die Green Card dagegen ist eine unbefristete Arbeits- und Aufenthaltserlaubnis. Sie haben als Green-Card-Inhaber fast alle Rechte und Pflichten wie ein amerikanischer Staatsbürger (mit Ausnahme des Wahlrechts), d.h. Sie dürfen in den USA studieren und arbeiten. Während es bei den befristeten Aufenthalts- und Arbeitsgenehmigungen verschiedene Typen gibt, gibt es keine verschiedenen Green-Card-Typen. Entweder hat man sie, oder man hat sie nicht. Allerdings kann man aus verschiedenen Gründen einen Antrag auf eine Green Card stellen.

Wie bekommen Sie eine Green Card?

Als erstes sollten Sie sich überlegen, ob Sie einen Anspruch auf die amerikanische Staatsbürgerschaft haben. Einen solchen Anspruch hat in der Regel jeder, der in den USA geboren ist. Sind Sie nicht in den USA geboren, so haben Sie unter Umständen einen Anspruch auf die amerikanische Staatsbürgerschaft, wenn

- »ein Elternteil in den USA geboren wurde oder durch Einbürgerung die amerikanische Staatsbürgerschaft erworben hat [oder wenn]
- ein Elternteil zum Zeitpunkt Ihrer Geburt die amerikanische Staatsbürgerschaft besaß«.

(Optional Form 168 [German], Rev. 11-91, Dept of State, S. 4).

In diesen Fällen wenden Sie sich an das amerikanische Konsulat, um einen eventuellen Anspruch zu klären.

Haben Sie keinen Anspruch auf die amerikanische Staatsbürgerschaft, erfahren Sie jetzt, ob und wie Sie eine Green Card beantragen können. Die potentiellen Green-Card-Anwärter werden in verschiedene Gruppen unterteilt, wobei einigen Gruppen nur ein bestimmtes Kontingent an Green Cards pro Jahr zugeteilt wird.

Voraussetzungen
Eine Green Card können Personen beantragen, die

1. unmittelbare Verwandte mit amerikanischer Staatsbürgerschaft haben: Hierzu gehören Ehepartner und unverheiratete minderjährige Kinder sowie Eltern eines amerikanischen Staatsbürgers, der das 21. Lebensjahr vollendet hat.
2. Rückkehrer sind: Rückkehrer sind Personen, die bereits eine Green Card hatten.
3. mittelbare Verwandte mit amerikanischer Staatsbürgerschaft haben:
   unverheiratete Söhne und Töchter amerikanischer Staatsbürger sowie deren minderjährige Kinder

Ehepartner und unverheiratete Söhne oder Töchter von Ausländern, denen das Dauerwohnrecht (eine Green Card) in den USA gewährt wurde

verheiratete Söhne oder Töchter von amerikanischen Staatsbürgern sowie deren Ehepartner oder minderjährige Kinder

Geschwister amerikanischer Staatsbürger über 21 Jahre sowie deren Ehepartner oder minderjährige unverheiratete Kinder

4. aus Beschäftigungsgründen einwandern möchten. Da dieser Punkt in der Regel nicht für Studenten in Frage kommt, wird nicht genauer auf die Gruppen, die unter diese Kategorie fallen, eingegangen.

5. zu der Diversifizierungskategorie gehören. Zu dieser Kategorie gehören alle Personen, die mit Erfolg an der Green-Card-Lotterie teilgenommen haben.

Die meisten von Ihnen werden in erster Linie eine Chance haben, aufgrund der 5. Kategorie eine Green Card zu beantragen. Daher möchte ich Ihnen im folgenden Abschnitt die »Green-Card-Lotterie« etwas näher erläutern.

Die Green-Card-Lotterie

Seit dem 1. Oktober 1994 werden jährlich 55.000 Einwanderungsvisa im Rahmen des »Diversity Visa Programs« (DV-Programm oder umgangssprachlich »Green-Card-Lotterie«) vergeben. An dem Programm darf jeder teilnehmen, der bestimmte Voraussetzungen erfüllt. Das DV-Programm der USA besteht aus zwei Schritten: Zunächst werden unter allen Teilnehmern ca. 100.000 Personen per Zufallsverfahren ermittelt. Im zweiten Schritt können diese »Ausgewählten« eine Green Card beantragen. Vorgesehen ist, daß von den ca. 100.000 Personen 55.000 eine Green Card erhalten.

Zeitlicher Ablauf der Green-Card-Lotterie:

- Bekanntgabe des Bewerbungszeitraums durch den INS (Einwanderungsbehörde). Die Bekanntgabe erfolgt ungefähr ein bis zwei Monate vor Beginn der Registrierungsperiode.
- Sie bewerben sich.
- Auslosung der Gewinner. Anschließend erhalten die Gewinner eine Benachrichtigung und Formulare. Wurden Sie ausgelost, senden Sie die ausgefüllten Formulare an das »National Visa Center« (NVC) zurück. Gehören Sie nicht zu den glücklichen Gewinnern, verzweifeln Sie nicht, sondern bewerben Sie sich einfach im nächsten DV- Programm noch einmal.
- Einladung ins Konsulat. Hier müssen Sie einen Gesundheitstest machen, Gespräche führen und Nachweise über die Ausbildung etc. erbringen.
- Verläuft während Ihres Konsulatsbesuchs alles gut, müssen Sie innerhalb der folgenden vier Monate in die USA einreisen, damit Ihr Visum nicht ungültig wird.
- Bei der Einreise geben Sie am Flughafen nochmals Unterlagen ab und erhalten einen Stempel in den Reisepaß. Dann haben Sie es geschafft: Der Stempel garantiert Ihnen die Green Card.
- Die »Original Green Card« wird Ihnen etwas später an eine von Ihnen genannte Adresse in den USA geschickt.

Da sich die Teilnahmevoraussetzungen und der zeitliche Ablauf jährlich ändern können, sollten Sie sich beim Konsulat über die neuesten Bestimmungen informieren. Über die Details der Einwanderungsbestimmungen können Sie sich bei der amerikanischen Botschaft in Bonn erkundigen. Hier werden Informationsblätter auf Anfrage (mit frankiertem Rückumschlag) verschickt und über das Internet veröffentlicht (Adresse S. 228 f.). Daneben gibt es einige Bücher, die über Einwanderungsbestimmungen informieren. Beispielsweise können Sie detaillierte Informationen zur Green-Card-Lotterie samt den Teilnahmebedingungen und Informationen zu anderen Visa-Typen in meinem Buch »Wunschheimat USA« nachlesen.

11. Vorbereitung und Umzug in die USA

11.1. Wohnen während des Studiums

Abhängig von Ihrer finanziellen Situation und Ihren Vorlieben können Sie meist zwischen mehreren Wohnmöglichkeiten auf und außerhalb des Campus wählen. An manchen Hochschulen wird allerdings von den Studenten im ersten Jahr verlangt, daß sie auf dem Campus wohnen.

Wohnen auf dem Campus
- Studentenwohnheime (»Residence Halls«, »Dormitories« oder »Dorms«)
- oder wenn Sie Familie haben, Apartments für Familien.

Wohnen außerhalb des Campus
- Zimmer
- Apartment
- WG-Zimmer
- private »Residence Halls«
- »Cooperative Residence Halls«
- »Rooming Houses« oder
- Gastfamilie

Wohnen auf dem Campus

Viele Studenten wohnen auf oder in der Nähe des Campus in Studentenwohnheimen. Wohnen Sie in einem Studenten-

156

wohnheim auf dem Campus, profitieren Sie davon, automatisch in das Hochschulleben integriert zu werden, und Sie finden meist leichter Anschluß bei Ihren Mitstudenten. Für Studenten, die auf dem Campus wohnen, sind in der Regel sogenannte »Residence Halls« oder »Dormitories« (»Dorms«) vorgesehen, die manchmal nach Geschlechtern getrennt sind. Normalerweise teilen sich zwei (gleichgeschlechtliche) Studenten, »Roommates« genannt, ein Zimmer, das mit Bett, Tisch und Stuhl möbliert ist. Badezimmer, Wohnräume und Küche werden von mehreren Studenten geteilt. Manchmal gibt es auch Einzelzimmer, die aber in der Regel »Resident Advisers« oder »Upper Classmen« vorbehalten sind. Gibt es an den Hochschulen Apartments auf dem Campus, so werden diese an »Upper Class Undergraduates«, »Graduates« oder Familien vergeben. Außerdem finden Sie in vielen Hochschulen Häuser von Studentengemeinschaften (»Fraternities« oder »Sororities«). Sie müssen allerdings erst Mitglied sein, um in diesen Häusern wohnen zu dürfen.

Meistens ist im Mietpreis des Wohnens auf dem Campus eine bestimmte Anzahl an Mahlzeiten pro Tag eingeschlossen. Die Mahlzeiten werden in Cafeterien eingenommen. Übrigens können auch Studenten, die außerhalb des Campus leben, einen solchen »Meal Plan« erwerben. Häufig werden die »Residence Halls« und Cafeterien in Ferienzeiten geschlossen. Haben Sie nicht die Möglichkeit, zu reisen oder einen Besuch zu Hause zu machen, können Sie Ihren »Student Adviser« um alternative Wohnmöglichkeiten bitten.

Möchten Sie auf dem Campus wohnen, dann müssen Sie die entsprechenden Unterlagen (»Housing Application«), die Ihnen von der Hochschule zusammen mit dem Ergebnis Ihrer Bewerbung geschickt wurden, ausfüllen und an die Hochschule zurückschicken. Da sich unter Umständen mehr Studenten um einen Wohnplatz auf dem Campus bemühen, als es Wohnplätze gibt, sollten Sie die Unterlagen in die USA schicken, sobald Sie sich für eine bestimmte Hochschule entschlossen haben. Auf diese Weise haben Sie die besten Chancen, eine Wohnung zu bekommen – vorausgesetzt, der Wohnraum wird nach dem Prinzip verteilt: Wer zuerst kommt, bekommt einen Schlafplatz! Falls für die Reservierung eines Wohnplatzes ein Geldbetrag verlangt wird, sollten Sie diesen unbedingt entrichten, sonst kann es passieren, daß Ihr Antrag nicht berücksichtigt wird. Wie Sie den Betrag begleichen, wird Ihnen in den Unterlagen gesagt. Meistens haben Sie die Möglichkeit, einen Scheck beizulegen oder eine »Money Order« zu tätigen. Erhalten Sie eine Zusage für eine Unterkunft auf dem Campus, dann unterschreiben Sie in der Regel nach Ihrer Ankunft in den USA eine Vertrag. Einen Teil der Miete müssen Sie meist im voraus bezahlen.

Wohnen außerhalb des Campus

Entschließen Sie sich, nicht auf dem Campus zu leben, werden Sie sicherlich mehr von dem »normalen Leben« der Amerikaner kennenlernen. Sie können sich außerhalb des Campus ein Zimmer, ein WG-Zimmer, ein Apartment, einen Schlafplatz in einem privat geführten »Dormitory«, in einer »Cooperative Residence Hall« oder einem »Rooming House« möbliert oder unmöbliert mieten. Privat geführte »Dormitories« sind ähnlich teuer wie die universitären »Dormitories«. »Cooperative Residence Halls« sind Wohngemeinschaften von mehreren Studenten, die sich Kosten und Pflichten (Kochen, Putzen etc.) teilen. In »Rooming Houses« werden Zimmer an Studenten vermietet. Manchmal teilen sich auch zwei Studenten ein Zimmer.

Wohnungssuche

Haben Sie einen Internetzugang, können Sie versuchen, von Deutschland aus eine Wohnung an Ihrem Studienort zu finden. In den Anzeigenteilen der meisten größeren amerikanischen Zeitungen gibt es einen Wohnungsmarkt, der unter Umständen ebenfalls über das Internet abzufragen ist. Welche lokalen Zeitungen es in den USA gibt, können Sie über die Internetadresse **http://www.ecola.com/news/press/na/us/** herausfinden. Haben Sie vielleicht Bekannte, könnten Sie diese bitten, für Sie nach einer Wohnung Ausschau zu halten oder zumindest »Wohnungssuch-Aushänge« für Sie ans Schwarze Brett in der Hochschule zu hängen. Vielleicht machen Sie ja auch einen Kurzurlaub an Ihrem zukünftigen Studienort und nutzen die Zeit, sich um eine Wohnung zu bemühen. Planen Sie Ihre Wohnungssuche unmittelbar vor dem Studienbeginn, so kommen Sie besser einige Zeit vor Studienbeginn in die USA und beginnen Ihre Suche. Wenden Sie sich an das »Housing Office« und an Ihren »Foreign Student Adviser« an Ihrer Hochschule mit der Bitte um Informationen. Vielleicht vermittelt man Ihnen hier auch gleich das passende Zimmer. Auf jeden Fall erfahren Sie hier, in welchen Zeitungen Wohnungsangebote bekanntgegeben werden. Informieren Sie sich ebenfalls an Schwarzen Brettern (»Campus Bulletin Boards«) über eventelle Wohnangebote.

Hier noch einmal eine Übersicht, auf welchen Wegen Sie eine Wohnung finden können:

- Wohnungsmärkte im Internet
- Wohnungsmarkt in Zeitungen (teilweise ebenfalls im Internet)
- Aushänge an Schwarzen Brettern beachten
- Eigene Aushänge an Schwarze Bretter hängen
- »Housing Office« Ihrer Hochschule kontaktieren

- »Foreign Student Adviser« befragen
- Mitstudenten fragen (beispielsweise in der Orientierungs-
  einheit).

Mietkonditionen

Beachten Sie, daß nicht nur der Mietpreis Ihr Budget bean-
sprucht, Sie müssen unter Umständen zusätzlich Transportko-
sten zum Campus und ähnliches berücksichtigen. Der Betrag,
den Sie für Wohnen ausgeben, sollte ca. ein Drittel oder ein
Viertel Ihres für den Lebensunterhalt eingeplanten Budgets
einnehmen – nicht mehr.

> **Wichtig:** Beachten Sie, was in der Miete inbegriffen ist.
> Mieten Sie eine Wohnung, müssen Sie Heizkosten, Telefon,
> Elektrizität (»Utilities«) meistens monatlich extra bezahlen.
> Dagegen sind Müllabfuhr und Wasserverbrauch häufig in der
> Mietzahlung enthalten.

Die meisten Apartments müssen nach dem amerikanischen
Gesetz mit einem Kühlschrank und einem Herd ausgestattet
sein. Sie können Apartments möbliert mieten, bezahlen dann
aber entsprechend mehr. Günstiger sind »Efficiency« oder
»Studio Apartments«, die in der Regel aus einem großem Raum
bestehen und mit Küchenecke und einem Bad ausgestattet
sind. Unerfreulicherweise ist es üblich, eine »Advance Rent«
(die Miete für den ersten und letzten Monat) im voraus zu
zahlen. Manchmal werden zudem noch Kautionen (»Security
Deposits«) in Höhe einer Monatsmiete im voraus verlangt, die
Sie bei ordnungsgemäßem Verlassen der gemieteten Räume

zurückerhalten. Gehen Sie vor Ihrem Einzug zusammen mit dem Vermieter durch die Wohnung und halten Sie Schäden schriftlich fest, damit Sie diese nicht beim Auszug reparieren müssen. Und natürlich sollten Sie alle Punkte Ihres Mietvertrages verstanden haben, bevor Sie unterschreiben. Zur Not können Sie den Vertrag mit Ihrem »Foreign Student Adviser« besprechen.

Wohnen bei Gastfamilien

Wenn Sie in das amerikanische Familienleben integriert werden und hautnah den Alltag in den USA erleben möchten, dann haben Sie in den meisten Regionen die Möglichkeit, in einer Gastfamilie untergebracht zu werden. Ihr »Foreign Student Adviser« hat unter Umständen Listen mit Familien, die gerne bereit sind, einen Studenten aufzunehmen. Die meisten Gastfamilien nehmen ausländische Studenten sehr nett in ihren Familienkreis auf. Seien Sie nicht überrascht, wenn Sie Babysitten oder Rasen mähen müssen. Falls derartige Tätigkeiten von Ihnen erwartet werden, sollten Sie sich vorher mit Ihrem »Foreign Student Adviser« absprechen, ob es für die Ausübung einer solchen Tätigkeit einer Arbeitserlaubnis vom INS bedarf.

11.2. Vorbereitung in Deutschland

Exmatrikulation oder Urlaubssemester?

Bevor Sie in die USA umziehen, gibt es noch einige Dinge in Deutschland zu erledigen. Unter anderem müssen Sie sich überlegen, ob Sie sich während Ihres USA-Studienaufenthaltes beurlauben oder exmatrikulieren möchten. Im allgemeinen wird empfohlen, sich lediglich beurlauben zu lassen. Auf diese Weise verlieren Sie Ihren Studienplatz in Deutschland nicht und bekommen keine Probleme mit der Krankenversicherung. Allerdings verlängern Sie durch eine Beurlaubung Ihre offizielle Studiendauer und zahlen eventuell zusätzliche Krankenversicherungsbeiträge. Hiermit sind wir beim nächsten wichtigen Punkt angelangt, den Sie vor Ihrer Abreise klären sollten: Ihr Versicherungsschutz.

Versicherungsschutz

Zwar gibt es an den meisten amerikanischen Hochschulen Anlaufstellen für Krankheitsfälle (»Health Center«); hier können und werden aber nur Notfälle oder kleinere Wehwehchen behandelt. Werden Sie ernsthaft krank, müssen Sie einen Arzt aufsuchen. Die Kosten für ärztliche Behandlung sind sehr hoch, beispielsweise kostet die Unterbringung in einem Krankenhaus (ohne Arzt- und Medizinkosten) zwischen U.S. $ 200 und 1.000 pro Tag. Daher ist es unbedingt notwendig, daß Sie für einen durchgehenden Krankenversicherungsschutz während Ihres USA-Aufenthaltes sorgen. An einigen amerikanischen Hochschulen ist eine Krankenversicherung sowieso Pflicht. Ebenso sind Inhaber eines J-1-Visums verpflichtet, sich in einem bestimmten Ausmaß gegen Krankheit zu versichern. Teilnehmer an Austauschprogrammen oder Studenten, die von einem Sponsor gefördert werden, sind häufig über ihren Sponsor versichert. Erkundigen Sie sich, wie weit der Versicherungsschutz reicht und ob eventuell Zusatzversicherungen für bestimmte medizinische Leistungen oder für Sie begleitende Familienmitglieder nötig sind.

Als erstes sollten Sie prüfen, ob Sie eventuell über Ihre

Kreditkarte krankenversichert sind und ob diese Versicherung ausreicht. Ihre deutsche Krankenversicherung gilt meist nicht in den USA. Erkundigen Sie sich, ob Ihre deutsche Privatversicherung Zusatzversicherungen anbietet, die dann auch für Ihr USA-Studium gelten. Alternativ können Sie sich entweder über eine Reiseversicherung (beispielsweise bietet der ADAC Reiseversicherungen an) oder über eine amerikanische Versicherung absichern. Versichern Sie sich in Deutschland, dann wählen Sie eine Versicherung, die die Kosten ärztlicher Behandlung gleich übernimmt, so daß Sie die Kosten nicht erst vorstrecken müssen. Viele amerikanische Hochschulen bieten »Insurance Plans« oder »Health Care Plans« für Studenten an. Achten Sie darauf, welche Leistungen abgedeckt sind. Häufig genügen die Leistungen für ausländische Studenten nicht, da die »Insurance Plans« als Zusatzversicherung für amerikanische Studenten gedacht sind, die bereits eine grundlegende Krankenversicherung haben. Zahnbehandlungen, Brillen oder die ärztliche Versorgung bei einer Geburt müssen beispielsweise häufig extra versichert werden. »Basic Health Insurance Plans« decken in der Regel Arztrechnungen in ernsthaften Krankheitsfällen, Krankenhauskosten und Operationskosten ab. Arztbesuche bei weniger ernsthaften Krankheitsfällen und kleineren Verletzungen sind meist nicht in der Krankenversicherung enthalten. Über Krankenversicherungsschutz durch die amerikanische Hochschule kann Ihr »Student Adviser« Sie informieren.

Die »Association of International Educators« hat zusammen mit vier Versicherungsgesellschaften Versicherungen für die Belange ausländischer Studenten ausgearbeitet. Informationen erhalten Sie auf Anfrage bei der »Hinchcliff International«, »International Group Services«, »Seabury and Smith«, »John Hancock: International Student Medical Insurance Program« (Adressen S. 246).

Werden Sie von Ihren Familienmitgliedern begleitet, fragen Sie auch nach »Family Plans«. Außerdem finden Sie bei den Internetadressen (ab S. 267) verschiedene Links zu »Student Health Insurance Programs«, die auch internationalen Studenten offenstehen.

Wann und wo ankommen?

Am besten informieren Sie Ihren »Student Adviser« über Ihre Ankunft und bitten ihn, Ihnen mitzuteilen, wann und wo Sie am besten ankommen sollten und wie Sie vom Flughafen zur Hochschule finden.

Ziehen Sie nach Möglichkeit nicht am letzten Tag in die USA und versuchen Sie, an einem Werktag anzukommen. Planen Sie etwas Zeit ein, um sich zu akklimatisieren und notwendige Dinge zu erledigen, bevor der reguläre Studienbetrieb beginnt. Falls Sie bei Ihrer Ankunft noch nicht in das von Ihnen gemietete Zimmer können, sollten Sie von Ihrem Heimatland aus ein Hotelzimmer in der Nähe der Universität mieten. »Residence Halls« werden beispielsweise häufig erst einige Tage vor dem offiziellen »Registration Date« geöffnet. Unter Umständen kommen viele Studenten kurz vor dem Studium an dem Ort der Hochschule an, so daß Hotels schnell ausgebucht sein können. Fragen Sie bei Ihrer amerikanischen Hochschule, ob es Listen von Hotels in Universitätsnähe gibt. Ansonsten finden Sie im Kapitel »Adressen« (S. 264) die Anschrift des »Hostelling International«. Günstige Hotels finden Sie auch in den meisten Reiseführern Ihres Zielortes oder Sie erkundigen sich nach der Möglichkeit, bei der »YMCA« (»Young Men's/Women's Christian Association«) zu wohnen. Internetlinks zu Hotelreservierungen finden Sie ab S. 272.

11.3. Der Umzug in die USA

Mit welchen Dingen umziehen?

Nun zu der Frage, was Sie alles aus Deutschland mit in die USA nehmen. Natürlich hängt dies mit Ihren persönlichen Präferenzen und Ihren finanziellen Möglichkeiten zusammen. Für die meisten Studenten ist es aber am sinnvollsten, nur so viel mitzunehmen, wie Sie tragen können (zwei oder drei Koffer). Einen Umzugscontainer zu mieten, um Ihr ganzes Hab und Gut in die USA verfrachten zu lassen, ist sehr teuer. Günstiger ist es, einige Dinge in den USA zu kaufen, anstatt sie über den Atlantik zu transportieren. Besser, Sie mieten sich ein möbliertes Zimmer und lassen Möbelstücke zu Hause. Möblierte Zimmer sind meistens mit einem Bett, Tisch, Stuhl und Schrank ausgestattet. Lampen, Bilder und Dekorationen beschaffen Sie sich in den USA. Nehmen Sie nur wenige Gegenstände, die Ihnen ein bißchen das Gefühl geben, zu Hause zu sein und auf die Sie in keinem Fall verzichten möchten, mit. Hierzu können ein Musikinstrument, Fotos, Bücher und so weiter gehören. Sie können notfalls Ihren »Student Adviser« um Rat fragen. Er kann Ihnen beispielsweise mitteilen, wie und ob Zimmer auf dem Campus möbliert sind, oder ob Sie bestimmte Kleidung (z.B. dicke Wintermäntel) benötigen. Übrigens: Wenn Sie auf die Idee kommen, Dinge per Schiff in die USA bringen zu lassen, denken Sie daran, daß der Transport einige Monate dauern kann.

Elektrische Geräte

Möchten Sie elektrische Gegenstände mitnehmen, sollten Sie beachten, daß es in den USA eine andere elektrische Stromversorgung gibt als in Europa. In den USA wird 110 Volt

Wechselstrom in die Leitungen eingespeist. Die europäische Norm liegt dagegen bei 220 Volt Wechselstrom. Die Frequenz liegt bei 60 Hertz (in Deutschland 50 Hertz). Geräte aus Deutschland müssen daher auf 110 Volt umschaltbar sein oder Sie benötigen zusätzlich einen Adapter. Versichern Sie sich bei allen elektrischen Geräten, die Sie mitnehmen möchten, daß diese an das amerikanische Stromnetz angeschlossen werden können. In der Regel sind Kaffeemaschine, Bügeleisen, Staubsauger, Mikrowellenherde und viele andere elektrische Geräte nicht auf 110 Volt umschaltbar. Batteriebetriebene Geräte sind dagegen häufig zwischen 110 und 220 Volt umschaltbar. Hierzu gehören tragbare Kassettenrecorder, Rasierer, Fön etc. Solche Geräte können Sie problemlos in den USA benutzen.

Möchten Sie Ihren Fernseher, Videokamera oder Videoapparat mit in die USA nehmen, dann achten Sie darauf, daß die Geräte auf die amerikanische Fernsehnorm umschaltbar sind. Während in Deutschland, Österreich und der Schweiz das PAL-System mit 625 Zeilen und 50 Halbbildern in Gebrauch ist, benutzen die USA das NTSC-System mit 525 Zeilen und 60 Halbbildern. Ihren Fernseher, Ihre Videokamera und Ihren Videorecorder können Sie in den USA nur normal benutzen, wenn das jeweilige Gerät auf 110 Volt umschaltbar ist und sowohl für PAL als auch für die NTSC-Norm geeignet ist. Ist Ihr Videorecorder beispielsweise nicht für beide Normen ausgestattet, dann gilt: Wenn Sie Ihre in Deutschland aufgenommenen Videokassetten in den USA anschauen möchten, müssen Sie Ihren Videorecorder aus Deutschland mitnehmen. Sie können dann problemlos Leerkassetten in den USA kaufen und dort aufnehmen. Allerdings können Sie keine bespielten Kassetten in einem Videorecorder europäischer Norm abspielen. Ebensowenig können Sie Videokassetten, die mit einem amerikanischen Gerät aufgenommen wurden, auf einem Videorecorder deutscher Norm abspielen.

Kleidung

Im normalen Alltagsleben kleiden sich Amerikaner bequem. Allerdings gibt es (meist eher im Bereich »Graduate Studies« und darüber hinaus) amerikanische Hochschulen, an denen eine etwas formellere Kleidung üblich ist (Jackett, Schlips, schickere Kleidung für Frauen). Entweder fragen Sie Ihren »Student Adviser« nach der üblichen Kleidung, oder Sie orientieren sich an der Kleidung, die Ihre Kommilitonen tragen und statten sich, wenn nötig, mit der adäquaten Kleidung aus. Nehmen Sie sich auf jeden Fall aber elegantere Kleidung für besondere Anlässe mit. Zum »Dinner« in guten Restaurants, bei formellen oder gesellschaftlichen Anlässen kleiden sich Amerikaner gerne gut.

Als letztes sollten Sie beim Zusammenstellen Ihrer Kleidung das in Ihrer amerikanischen Region vorherrschende Klima beachten. Über die Temperaturen, Niederschlagshäufigkeit und ähnliches können Sie sich beispielsweise in Reiseführern informieren.

Dürfen Sie Tiere mit in die USA nehmen?

Ein Hund oder eine Katze dürfen nur in die USA eingeführt werden, wenn Sie mit einer Gesundheitsbescheinigung nachweisen können, daß das Tier keine auf den Menschen übertragbare Krankheiten hat. Ist Ihr Haustier älter als drei Monate und stammt nicht aus einer Region, die seit mindestens einem halben Jahr von einem öffentlichen Gesundheitsdienst zu einer tollwutfreien Region erklärt ist, dann müssen Sie Ihr Haustier mindestens 30 Tage vor Ihrer Einreise in die USA gegen Tollwut impfen. Lassen Sie sich die Tollwutimpfung durch einen niedergelassenen Tierarzt schriftlich bestätigen, wobei die Bestätigung eine Beschreibung Ihres Haustieres, das Datum und die Gültigkeitsdauer der Impfung enthalten muß. Wurde Ihr Haustier innerhalb von 12 Monaten vor Ihrer

Einreise in die USA gegen Tollwut geimpft und haben Sie darüber eine Bestätigung, auf der das Datum der Impfung, aber nicht die Gültigkeitsdauer der Impfung vermerkt ist, dann können Sie auch mit dieser Bescheinigung mit Ihrem Haustier einreisen. Einige Bundesstaaten, beispielsweise Hawaii und die Territorien Guam und Amerikanisch-Samoa, haben eigene Bestimmungen. Hier werden Haustiere erst nach einer 120tägigen Quarantäne in die Bundesstaaten eingelassen. Unabhängig davon, ob Sie Ihren Hund oder Ihre Katze mitnehmen möchten, sollten Sie beim Kauf Ihres Flugtickets den Transport des Tieres klären.

Lebensmittel

Wer sich längere Zeit im Ausland aufgehalten hat, weiß, daß einem das Lieblingsessen manchmal doch fehlen kann. Trotzdem dürfen Sie nicht alle möglichen Nahrungsmittel, die Ihnen am Herzen liegen, in die USA einführen. Beispielsweise ist es verboten, frisches, getrocknetes oder in Dosen eingemachtes Fleisch oder Fleischprodukte und Produkte, die mit Fleisch zubereitet wurden, in die USA mitzunehmen. Bäckereiprodukte und haltbar gemachter Käse dürfen hingegen eingeführt werden. Ist die Lebensmittelbehörde der Ansicht, Ihre Lebensmittel würden ein Gesundheitsrisiko darstellen, darf die Behörde die betreffenden Lebensmittel beschlagnahmen.

Medikamente

Betäubungsmittel und gefährliche Medikamente dürfen nicht in die USA eingeführt werden. Um Medikamente, die abhängig machende Stoffe oder Betäubungsmittel enthalten (beispielsweise Hustenmedizin, harntreibende Mittel, Herzmittel, Beruhigungsmittel, Schlafmittel, Antidepressiva, Aufputschmittel usw.), in die USA einzuführen, müssen Sie anhand eines Schriftstücks, auf dem alle Medikamente aufgeführt sind, nachweisen, daß Sie das Medikament auf ärztliche Anweisung einnehmen müssen. Am besten nehmen Sie nur einen Vorrat der für Sie notwendigen Medikamente mit, der für ungefähr vier Monate ausreicht. Innerhalb der vier Monate können Sie sich einen amerikanischen Arzt suchen, der Ihnen die Medikamente verschreibt.

Alkohol

Sie dürfen zoll- und steuerfrei einen Liter Alkohol für Ihren persönlichen Gebrauch in die USA einführen – vorausgesetzt, Sie sind mindestens 21 Jahre alt. Alle Alkoholmengen, die diese Mindestgrenze überschreiten, müssen angegeben und verzollt werden. Hat der Bundesstaat, in den Sie einreisen, strengere Gesetze bezüglich der Einführung von Alkohol, so gelten die Gesetze des Bundesstaates. Diese Vorschriften können Sie auch nicht auf dem postalischen Weg umgehen, da alkoholische Getränke generell nicht mit der Post verschickt werden dürfen.

Wichtig: Die Einfuhrbestimmungen gelten nicht nur für Ihr Hand- und Reisegepäck, sondern auch für Umzugscontainer.

Was Sie auf jeden Fall mitnehmen sollten

Nehmen Sie einige Dinge mit, die Sie an zu Hause erinnern. Kommt dann wider Erwarten doch mal Heimweh auf, kann Ihre Lieblingsmusikkassette oder ein Blick auf die Fotos Ihrer Lieben Sie vielleicht etwas trösten. Außerdem möchten Sie wahrscheinlich Ihren zukünftigen amerikanischen Freunden etwas von Ihrem Leben in Deutschland nahebringen. Da Sie häufig gebeten werden, etwas über Ihr Heimatland zu berichten, werden Ihnen Bücher über Deutschland und landestypische Mitbringsel gute Dienste leisten. Neben persönlichen Dingen ist ein deutsch-englisches Wörterbuch unverzichtbar.

Geld

Sie sollten sich ausreichend Bargeld (U.S. $) für den Anfang mitnehmen. Wieviel Bargeld Sie benötigen, hängt von Ihrem Studienort (Stadt oder Land) und Ihrer speziellen Situation ab. Ratschläge, wieviel Geld Sie mitnehmen sollten, erhalten Sie in der Regel beim »Student Adviser« oder bei Ihrer Austauschorganisation. Am einfachsten ist es, wenn Sie über eine in den USA geläufige Kreditkarte verfügen oder ein Konto in den USA eröffnet haben (vielleicht auf einer Urlaubsreise vor Ihrem Studienaufenthalt), auf das Sie bereits Geld transferiert haben.

Auf der Reise werden Sie Bargeld für Telefongespräche, Mahlzeiten, Verkehrsmittel (Taxi, Bus) brauchen. Unter Umständen müssen Sie Kautionen für Ihre Unterkunft bzw. »Room and Board«-Gebühren, d.h. die Studiengebühr für das erste Jahr, bezahlen. Nehmen Sie aber nicht zuviel Bargeld mit und denken Sie daran, daß kleine Geschäfte oder Taxi- bzw. Busfahrer größere Scheine (ab U.S. $ 20) häufig nicht wechseln können. Einige Ein-Dollar-Scheine sind daher sinnvoll. Geldbeträge für Unterkunft, Studiengebühr und ähnliches bezahlen Sie besser in Form von Travellerschecks.

Computer

Besitzen Sie ein Notebook, sollten Sie dieses mitnehmen – vorausgesetzt, es ist auf das amerikanische Elektrizitätsnetz umschaltbar. Computer sind in den USA meist günstiger als in Deutschland. Kaufen Sie sich in den USA einen Computer, so sollten Sie auf eine internationale Garantie achten. Außerdem erhalten Sie natürlich die Programme in Englisch, und die Tastatur unterscheidet sich ebenfalls in kleinen Details von den in Deutschland verkauften Tastaturen.

11.4. Checkliste für den Umzug

☐ Beurlauben oder exmatrikulieren Sie sich bei der deutschen Hochschule.

☐ Sorgen Sie für durchgehenden Krankenversicherungsschutz.

☐ Konsultieren Sie vor dem Umzug noch einmal deutsche Ärzte.

☐ Benötigen Sie regelmäßig Medikamente, sollten Sie einen Vorrat für die erste Zeit in den USA und eine ärztliche Bescheinigung mitnehmen, die besagt, daß Sie diese Medikamente in einer bestimmten Menge brauchen.

☐ Sind Sie Brillenträger, nehmen Sie sich am besten eine Ersatzbrille mit.

☐ Beantragen Sie Ihren Internationalen Führerschein.

☐ An-/Ab-/Ummelden beim Einwohnermeldeamt nicht vergessen!

☐ Beantragen Sie eventuell Briefwahl.

☐ Machen Sie Kopien von allen wichtigen Dokumenten, insbesondere Ihrem Reisepaß (mit der Seite, auf der das Visum ist) und dem I-20-Formblatt.

☐ Informieren Sie alle Verwandten, Freunde und Bekannten über Ihre neue Adresse.

☐ Sorgen Sie dafür, daß Ihnen wichtige Post in die USA nachgesandt wird.

☐ Nehmen Sie eventuell eine Hotelreservierung für die ersten Tage vor.

Mieten Sie ein möbliertes Zimmer, sollten Sie folgende Dinge mit in die USA nehmen:

☐ Kleidung
☐ Toilettenaccessoirs
☐ Handtücher
☐ Bettzeug
☐ Persönliche Dinge: (Familien-)Fotos, Compact-Discs oder Kassetten, Musikinstrumente, Bücher (z.B. englisch-deutsches Wörterbuch) und ähnliches.

Folgende Unterlagen müssen Sie bei der Einreise im Handgepäck haben:

☐ Reisepaß
☐ I-20-Formular
☐ Flugticket
☐ Kreditkarte, Reiseschecks, etwas Bargeld
☐ Bestätigung Ihres Studienplatzes von der amerikanischen Hochschule
☐ Finanzielle Nachweise, daß Sie die Kosten Ihres USA-Aufenthalts tragen können
☐ Wichtige Telefonnummern und Adressen

11.5. Ankunft am Flughafen

Bei Ihrer Ankunft an einem amerikanischen Flughafen passieren Sie nicht die Sicherheitskontrollen zusammen mit den Touristen, sondern wenden sich an den »Immigration Officer«. Hier zeigen Sie Ihren Reisepaß, das I-20 A-B- bzw. IAP-66-Formblatt, das sich in dem verschlossenen Briefumschlag befindet, Ihre finanziellen Nachweise und das I-94 »Arrival/Departure Form« (welches Sie im Flugzeug erhalten und ausgefüllt haben) vor. Unter Umständen werden Sie kurz interviewt und müssen Fragen nach dem Zweck Ihres Besuches, Ihrem Studienort und -fach und ähnliches beantworten. Ziehen Sie nicht den Unwillen der Beamten auf sich, indem Sie gegen Einfuhrbestimmungen verstoßen.

Sind alle Unterlagen in Ordnung, erhalten Sie normalerweise von dem Beamten einen Stempel in den Reisepaß. Ihre finanziellen Nachweise, einen Teil des I-94-Formblattes und die Seiten drei und vier des I-20 A-B-Formblattes (welches dann nur noch I-20 B oder I-20 ID heißt) bzw. Seiten des IAP-66-Formblatts bekommen Sie zurück. Keine Panik, wenn Sie noch einmal rausgewunken werden, nachdem Sie Ihre Gepäck in Empfang genommen haben: Manchmal werden zufällige Stichproben des Gepäcks gemacht. Wenn Sie gegen keine Einfuhrbestimmung verstoßen haben, haben Sie nichts zu befürchten.

Was tun, wenn Gepäckstücke fehlen?

Fehlen Ihnen Gepäckstücke, dann begeben Sie sich umgehend an den Schalter Ihrer Airline und zeigen Sie dort den Verlust an. Notieren Sie sich Namen, Adresse und Telefonnummer der Person, die Ihnen behilflich ist. Danach können Sie nur hoffen, daß die Airline Ihr Gepäck wiederfindet (unter Umständen an einem falschen Zielort). Andernfalls müssen Sie Schadenersatz beantragen und versuchen, den Inhalt der Gepäckstücke in den USA zu ersetzen.

12. Vor Ort in den USA

12.1. Alltag an einer amerikanischen Universität

Bankkonto

Sobald Sie an Ihrem Studienort angelangt sind, sollten Sie ein Bankkonto eröffnen. Wenden Sie sich an eine Zweigstelle (»Branch«) in der Nähe Ihrer Wohnung oder der Hochschule. Banken in der Nähe der Hochschule kennen meist die Situation von ausländischen Studenten. Unter Umständen kann es sich lohnen, den Service verschiedener Banken zu vergleichen. Haben Sie sich eine Bank ausgesucht, eröffnen Sie bei dieser am besten ein »Checking« und ein »Savings Account«. Hierfür müssen Sie sich in der Regel anhand von zwei offiziellen Dokumenten, also beispielsweise Ihrem Reisepaß und Ihrem Führerschein, legitimieren.

> **Wichtig:** Denken Sie daran, gleich bei der Kontoeröffnung nach der »Swift Number« der Bank zu fragen. Überweisungen aus Deutschland kommen wesentlich schneller an, wenn auf dem Überweisungsformular Ihre »Swift Number« angegeben ist.

Wohnungssuche

Haben Sie nicht bereits von Deutschland aus ein Zimmer oder eine Wohnung in den USA gemietet, dann müssen Sie sich jetzt mit der Suche nach einer Unterkunft beschäftigen. Wie Sie eine Wohnung finden können, habe ich bereits auf S. 159 erläutert.

Identifikation

In den USA müssen Sie sich in allen möglichen Situationen anhand von zwei offiziellen Dokumenten, die Ihren Namen, Ihre aktuelle Adresse und Ihr Foto auf einem der beiden Dokumente enthalten, legitimieren können. Beispielsweise müssen Sie sich beim Bezahlen mit Scheck, beim Betreten von Bars oder Restaurants, in denen Alkohol ausgeschenkt wird usw., ausweisen können. Zu Ihrer Identifizierung können beispielsweise ein amerikanischer Führerschein, »Social Security Card« oder ein Studentenausweis dienen. Ihr Reisepaß wird unter Umständen nicht als Identifizierung akzeptiert, da auf ihm keine aktuelle Adresse vermerkt ist. Sie sollten sich daher so schnell wie möglich darum kümmern, daß Sie zwei US-Dokumente beantragen. Hierfür eignet sich beispielsweise der amerikanische Führerschein und die »Social Security Card«.

Der amerikanische Führerschein

Sind Sie lediglich im Besitz eines deutschen Führerscheins, dann dürfen Sie nur eine bestimmte, von Bundesstaat zu Bundesstaat individuell festgelegte Zeit in den USA fahren. Um über diesen Zeitraum hinaus in den USA fahren zu dürfen, müssen Sie einen amerikanischen Führerschein haben. Zwar dürfen Sie mit einem internationalen Führerschein in den meisten Bundesstaaten fahren, aber eben nicht in allen. Aber selbst wenn Sie nicht vorhaben, in den USA Auto zu fahren, sollten Sie einen amerikanischen Führerschein zu Identifikationszwecken (ID) erwerben. In der amerikanischen Führerscheinprüfung werden Ihre theoretischen Kenntnisse anhand eines Multiple Choice Tests überprüft. Sie können sich mit Hilfe von Büchern auf die Prüfung vorbereiten. Die Prüfung steht in dem Ruf, sehr leicht zu sein – vorausgesetzt, Sie haben die amerikanischen Verkehrszeichen gelernt. Die amerikanischen Verkehrsregeln sollten Sie ohnehin kennen, wenn Sie in den USA Auto fahren, denn Unwissenheit schützt vor Strafe nicht! In einigen Bundesstaaten können Sie sich eine »Non Driving Photo ID« ausstellen lassen. Ihr »Student Adviser« wird Sie darüber informieren, ob es in dem Bundesstaat Ihrer Hochschule diese Möglichkeit gibt. Über die amerikanische Führerscheinprüfung können Sie sich im lokalen Büro des »State Motor Vehicle Department« erkundigen.

»Social Security Card«

In den USA werden nicht, wie in Deutschland, Personalausweise zur Registrierung benutzt, sondern der Ausweis der Sozialversicherung, die »Social Security Card«. Der Inhaber einer »Social Security Card« erhält eine »Social Security Number«, die ihn eindeutig identifiziert. Sie haben als ausländischer Student die Möglichkeit, eine »Social Security Card« zu beantragen. Da Sie während Ihres USA-Studiums sehr häufig nach der »Social Security Number« gefragt werden, wird es Ihr Leben vereinfachen, wenn Sie eine haben.

Rufen Sie ein »Office of the Social Security Administration« an, um zu erfragen, wohin Sie sich für die Antragstellung einer »Social Security Card« wenden müssen. Die Telefonnummer finden Sie im regionalen Telefonbuch unter der Rubrik »United

States Government«. Sie können sich aber auch an Ihren »Foreign Student Adviser« wenden und ihn darum bitten, bei der Beantragung behilflich zu sein. Sie erhalten die »Social Security Card« innerhalb der nächsten Wochen auf dem postalischen Weg.

Die wichtigsten Ansprechpartner

International Student Office

Ihr erster Gang sollte Sie zum »International Student Office« (auch »Foreign Student Office«, »Office of International Educational Services« oder »International Center« genannt) führen, wo Sie sich mit dem »Foreign Student Adviser« treffen können. Der »Foreign Student Adviser« ist Ihr erster Ansprechpartner für alle Fragen und Probleme.

Die einzelnen Zuständigkeitsbereiche des »Foreign Student Advisers« unterscheiden sich von Hochschule zu Hochschule. In der Regel ist es sein Job, ausländischen Studenten bei der Ankunft in den USA, während des Studiums und bei der Rückkehr in ihr Heimatland zu helfen. Er vermittelt dabei zwischen dem Studenten und der Hochschule, dem Staat, der Einwanderungsbehörde, der Steuerbehörde und der Gemeinde. Sollte der »Foreign Student Adviser« einmal doch nicht zuständig sein, wird er Ihnen gerne mitteilen, an wen Sie sich wenden können. Unter anderem hilft der »Foreign Student Adviser« Ihnen

- beim Transport vom Flughafen zur Hochschule,
- bei der Beschaffung einer Hotelunterkunft,
- bei der amerikanischen Krankenversicherung.

Darüber hinaus
- erläutert er Ihnen das Nahverkehrssystem, örtliche Biblio-

theken, Geschäfte, Banken und gibt Ihnen Hinweise, was bei der Anschaffung eines Autos zu bedenken ist,

- gibt er Ratschläge bei der Wohnungssuche (Wie finden Sie eine Wohnung? Was sollte ein Mietvertrag beinhalten?),
- hilft er bei der Beantragung einer »Social Security Card«,
- informiert er Sie über Einführungsveranstaltungen (»Predeparture Orientation Sessions«),
- erklärt er Ihnen die Organisation Ihres Studiums,
- hilft er Ihnen bei der Aufstellung Ihre Stundenplans,
- klärt er Sie über die »Registration« auf,
- informiert er Sie über Aktivitäten auf dem Campus (Clubs, Vereine, außerstudentische Aktivitäten),
- vermittelt er Ihnen »Home Stay«-Programme,
- gibt er Tips über Angebote für Ihre Familienangehörigen,
- hilft er Ihnen bei der Einreichung Ihrer Steuererklärung und
- steht er Ihnen mit Rat in finanziellen Notsituationen bei.

Außerdem ist er zuständig für alle Visumbelange (prüft mit Ihnen, ob Ihre Visumunterlagen korrekt sind, hilft bei der Beantragung einer Arbeitserlaubnis oder Verlängerung des Visums etc.). Am besten bringen Sie gleich bei Ihrem ersten Besuch Ihre Visumunterlagen mit, damit Sie zusammen mit Ihrem »Foreign Student Adviser« überprüfen können, ob Ihre Unterlagen in Ordnung sind.

Guter Service

An amerikanischen Hochschulen werden Sie den sehr guten Service bald zu schätzen wissen. Sie werden erfahren, daß Ihnen die an der Hochschule beschäftigen Personen gerne mit Rat und Tat zur Seite stehen und nicht, wie so oft in Deutschland, auf Ihre Fragen und Probleme nur widerwillig Antworten geben. Beispielsweise gibt es »Admission Counselors«, die Ihnen die »Admission«-Bedingungen erklären, oder »Financial

Aid Officers«, die bei der Suche nach »Scholarships«, »Grants«, »Loans« und anderen Formen der Finanzierung Ihres Studiums behilflich sind. Sind Sie sich nicht im klaren über die Voraussetzungen, die an einen akademischen Abschluß geknüpft sind, können Sie sich vertrauensvoll an den »Faculty Advisor« wenden. Kommen Sie in Lehrveranstaltungen nicht mit oder brauchen Sie Ratschläge, wie Sie Ihr Lernpensum bewältigen können, dann hilft man Ihnen im »Academic Support Service« (auch »Academic Skills Development Center« oder »Study Skills Center«, »Writing Center«) weiter. Psychologen und »Health Care Counselors« sind für das geistige und körperliche Wohlbefinden der Studenten zuständig. Allerdings können die »Health Care«-Einrichtungen, wie bereits gesagt, Ihnen in ernsthaften Krankheitsfällen nicht helfen, daher müssen Sie eine Krankenversicherung abschließen. In der Regel finden Sie für jedes Problem und für jede Frage jemanden, der Ihnen bei der Lösung hilft. Hierzu gehören unter anderem »Peer Counselors«, »Student Service Advisors« und viele andere Beschäftigte. Grundsätzlich erfahren Sie eine individuellere akademische Betreuung, als es die meisten Studenten aus Deutschland gewöhnt sind.

»Predeparture Orientation Sessions«

Meistens werden für neue Studenten Einführungsveranstaltungen angeboten, über die Sie Ihr »Foreign Student Adviser« informiert. Nehmen Sie an derartigen Angeboten unbedingt teil, um eine erste Orientierung zu erhalten. Außerdem ist das eine gute Gelegenheit, Kontakte zu knüpfen. An den Orientierungsprogrammen nehmen nicht nur ausländische Studenten, sondern auch Amerikaner teil. Allerdings werden an einigen Hochschulen Orientierungskurse speziell für ausländische Studenten durchgeführt. Auch wenn Sie sich vorgenommen haben, nur Kontakt zu Amerikanern aufzunehmen, kann es nicht schaden, andere internationale Studenten zu kennen, die Ihnen vielleicht aufgrund ihrer Erfahrungen Tips geben können.

Sprachprüfungen

An manchen Hochschulen müssen Sie direkt nach Ihrer Ankunft zusätzliche Sprachprüfungen machen. Diese beeinträchtigen natürlich nicht mehr Ihre Zulassung, unter Umständen aber Ihre Einstufung. Außerdem wird auf diese Weise überprüft, ob Sie verpflichtet werden, neben Ihren akademischen Studien zusätzliche Sprachkurse zu belegen.

Einstufung

Sollten Sie nicht als »Graduate Student« eingestuft worden sein, möchten aber Kurse der »Graduate Studies« belegen (beispielsweise, um diese in Deutschland anerkennen zu lassen), können Sie versuchen, den Status eines »Special Student« oder »Non Degree Student« zu erlangen. Da Sie als »Special Student« oder »Non Degree Student« nicht auf einen akademischen Abschluß hin studieren, werden an diesen Status weniger Zulassungsvoraussetzungen geknüpft.

Stundenplan erstellen

Bevor Sie zu Ihrem »Student Adviser« gehen, um Ihren Stundenplan abzusprechen und genehmigen zu lassen, sollten Sie sich selbst einen von Ihnen gewünschten Stundenplan erstellen. Bei Ihrem Treffen mit Ihrem »Student Adviser« diskutieren Sie Ihre kurzfristigen und langfristigen Studien- und Berufspläne unter Berücksichtigung Ihres bisherigen akademischen Grundlagenwissens und Ihrer Englischkenntnisse. Informieren Sie sich, ob und wo Sie praktische Erfahrungen während des Studiums sammeln können (auch unter Berücksichtigung Ihrer Visumsituation). Sie sollten offen über Ihre Ziele und Vorstellungen mit Ihrem »Student Adviser« reden, damit dieser Ihnen aus dem Reservoir seiner Erfahrungen bei Ihrer Entscheidungsfindung und der Gestaltung Ihrer Ausbildung helfen kann. Unter anderem wird Ihr »Student Adviser« Ihnen helfen, Ihren Stundenplan für das Semester im Hinblick auf Ihre langfristigen Ziele zu gestalten.

Registrierung

Die Belegung der Kurse wird an amerikanischen Hochschulen zentral verwaltet – und nicht, wie an deutschen Hochschulen, von jedem Professor einzeln. Ihnen wird damit erspart, von Zimmer zu Zimmer zu irren und sich in irgendwelche Listen einzutragen. Vor dem Semesterbeginn gehen Sie zu der »Registration«, wo Sie sich für die Kurse einschreiben, die Sie belegen möchten. An den meisten Hochschulen gibt es bestimmte »Registration Days«. Wie Sie sich wo registrieren können, wird meist im Orientierungsprogramm erklärt. Am besten bringen Sie gleich mehrere mögliche Studienpläne mit zur Registrierung, damit Sie Ausweichmöglichkeiten haben, falls einige von Ihnen gewünschte Kurse belegt sind. Zusätzlich müssen Sie noch andere Dokumente vorlegen können. Für die Registrierung brauchen Sie folgende Dinge:
• Reisepaß
• »Letter of Admission to the University«

- Geld für »Tuition« und andere Gebühren
- »University Course Schedule«, »Schedule of Classes and Times« und Ihre mit dem »Student Adviser« ausgearbeiteten Studienpläne
- »Student Identification Number«.

Um Verwechslungen vorzubeugen, erhält jeder Student eine »Student Identification Number«, die in Verbindung mit der »Social Security Number« zugewiesen wird. Eine »Social Security Number« erhalten Sie, wenn Sie einen Sozialversicherungsausweis (»Social Security Card«) beantragen. Sie haben auch als ausländischer Student die Möglichkeit, eine »Social Security Card« zu beantragen. Einige Hochschulen geben Studenten ohne Sozialversicherungsnummer eine vorläufige ID-Nummer (»Temporary Number«).
Stellt sich in den ersten zwei bis drei Wochen (»Add-Drop Period«) heraus, daß Ihr Stundenplan nicht geeignet für Sie ist, haben Sie meist die Möglichkeit, einige Kurse aufzugeben und andere Kurse zu besuchen. Informieren Sie aber Ihren »Student Adviser«, wenn Sie Kurse aufgeben möchten. Wenn Sie Kurse nicht mehr besuchen möchten, müssen Sie sich abmelden. Einfach nicht mehr in den Kursen zu erscheinen (wie es an deutschen Hochschulen meist üblich ist), führt in den USA dazu, daß Sie für den betreffenden Kurs ein »Fail« bekommen.

Vor- und Nachbereitung ist das A und O

Studieren an amerikanischen Hochschulen kann unter Umständen eine für ausländische Studenten ungewohnte Form des Vor- und Nachbereitens beinhalten. Außerdem wird den Professoren sehr viel Freiraum in bezug auf ihre Unterrichtsgestaltung gelassen.

Am wichtigsten ist, daß Sie lernen, sich Ihre Zeit sinnvoll einzuteilen, um den Studienstoff zu bewältigen. Nehmen Sie an »Lectures« teil, sollten Sie versuchen, immer auf dem aktuellen Stand zu bleiben. Häufig werden »Lectures« von »Discussion Classes« begleitet, in denen Sie die Möglichkeit erhalten, dem Professor Fragen zu stellen und über den Unterrichtsstoff zu diskutieren. Manchmal ist die Teilnahme an Diskussionen sogar Teil der Bewertung.

Eine andere Form der Lehrveranstaltungen sind Seminare. Diskussionen sind auch hier das tragende Unterrichtsmoment, und die aktive Teilnahme am Unterricht bildet ebenfalls einen Teil der Leistungsbewertung. Falls die Anfertigung eines »Term Papers« zum Unterricht gehört, sollten Sie sich frühzeitig über mögliche Themen Gedanken machen und diese mit dem Professor oder seinem Assistenten durchsprechen. Es gibt übrigens eine Reihe von Büchern, die Ihnen Anleitungen zum Verfassen von »Term Papers« geben.

Merken Sie, daß Sie beim Unterricht nicht mitkommen und zurückfallen, dann sollten Sie sich ohne Hemmungen an Ihren Professor, den »Teaching Assistant«, an den »Foreign Student Adviser« oder an den »Academic Support Service« (auch »Academic Skills Development Center« oder »Study Skills Center«, »Writing Center« oder ähnlich) wenden. Es ist kein Zeichen von Schwäche, um Unterstützung zu bitten. Im Gegenteil: Es wird von den Studenten sogar erwartet, daß sie sich mit Problemen an die entsprechenden Ansprechpartner wenden. Insbesondere ist das Ziel des »Academic Support Service«, Studenten bei der Gestaltung ihres Lernpensums, ihren Studien und der Vorbereitung auf Prüfungen zu helfen. Ihr »Foreign Student Adviser« wird Ihnen Auskunft darüber geben, welche Institutionen es für die Unterstützung des Studiums an Ihrer Hochschule gibt. Am besten gehen Sie gleich zu Beginn Ihres Studiums (auch wenn Sie noch keine Probleme haben) zu dem »Academic

Support Service«, um herauszufinden, welche Hilfen Sie dort bekommen können.

Bücher und Bibliotheken

Bibliotheken amerikanischer Hochschulen sind meist sehr gut ausgestattet. Hier werden Sie nicht nur die meisten Bücher, die Sie für Ihr Studium brauchen, finden, hier haben Sie ebenfalls die Möglichkeit, in Ruhe zu lernen. Letzteres ist insbesondere für Studenten, die sich in einem Wohnheim ein Zimmer mit einem anderen Studenten teilen, ein Vorteil. Zu Semesteranfang findet in der Regel eine Einführung in das System der Bibliotheken statt, in der Sie erfahren, wie Sie die Bibliothek nutzen können. Den Hochschulen sind meistens Buchhandlungen angeschlossen. Brauchen Sie Lehrbücher, können Sie diese unter Umständen gebraucht erwerben. Eine gute Möglichkeit, Geld zu sparen, besteht darin, gebrauchte Bücher zu kaufen und sie in gepflegtem Zustand am Ende Ihrer Studienzeit wieder zu verkaufen.

Computer

In den USA gehören Computer noch mehr zum alltäglichen Leben als in Europa. Arbeitsabläufe in Bibliotheken, Verwaltungseinrichtungen und Fakultäten sind voll computerisiert. Kennen Sie sich noch nicht mit Computern aus, so werden Ihnen die meisten Amerikaner bei der Bedienung gerne behilflich sein, und Sie können Ihren USA-Aufenthalt als Chance nutzen, etwas über Computer zu lernen. Bei Ihrer Rückkehr nach Deutschland werden Ihnen Computerkenntnisse spätestens im Berufsleben sehr nützlich sein.

Kulturschock

Die meisten Studenten bekommen nach einer gewissen Zeit im Ausland einen Kulturschock. Symptomatisch dafür sind Lustlosigkeit, ein Gefühl der Isolation, depressive Verstimmungen, Heimweh, ein hohes Schlafbedürfnis, ein Gefühl der Abhängigkeit von anderen Austauschstudenten, Aggression gegen Amerikaner (als vermeintliche Ursache des eigenen Unglücks) oder Zweifel an dem Sinn Ihres Studienwunsches in den USA. Aber keine Sorge: Diese Symptome verschwinden wieder nach einer Weile. Vielleicht hilft es Ihnen, zu wissen, daß fast alle ausländischen Studenten mehr oder weniger unter diesen Problemen leiden.

Kontakte in den USA

An amerikanischen Hochschulen gibt es viele Gruppen sozial engagierter Amerikaner, die ausländischen Studenten helfen, Kontakte zu Amerikanern herzustellen. Die Aktivitäten solcher Gruppen reichen von der Organisation von Besuchen in öffentlichen Einrichtungen bis zu Angeboten für die Ehepartner der ausländischen Studenten. In sogenannten »Host Family«-Programmen werden für ausländische Studenten Einladungen von amerikanischen Familien anläßlich besonderer Feiertage, wie »Thanksgiving« oder Weihnachten, organisiert. Im besten Fall bilden sich auf diese Weise Freundschaften. Auf jeden Fall lernen die Studenten amerikanische Lebensweisen kennen. Möchten Sie Weihnachten nicht allein auf dem Campus verbringen, können Sie sich durch »Christmas International House« eine amerikanische Familie vermitteln lassen, bei der Sie über die Weihnachtstage eingeladen werden.
Eine andere Form solcher Programme sind »Clothing Banks«.

Insbesondere in nördlichen Gebieten der USA, wo sehr niedrige Temperaturen im Winter vorherrschen, die dicke schwere und teure Winterkleidung notwendig machen, profitieren ausländische Studenten, die knapp bei Kasse sind, von derartigen Gebrauchtkleidersammlungen.

Welche Gruppen es an Ihrer Hochschule gibt, können Sie bei Ihrem »Student Adviser« erfahren. Manchmal können Sie auch in der »Public Library« Listen solcher Gruppen erhalten.

Familienmitglieder

Familienmitglieder, die Sie in die USA begleiten, dürfen mit einem F-2-, J-2- oder M-2-Visum keine Arbeit aufnehmen. Es gibt aber meistens trotzdem eine Reihe von Möglichkeiten für Ehepartner, sich zu beschäftigen. Erkundigen Sie sich beim »International Student Adviser« danach, ob Ihre Familienmitglieder die Möglichkeit haben,

- an einem »English as a Second Language«-Kurs oder an anderen Kursen der Hochschule (unter Umständen müssen Sie dafür Extra-Gebühren bezahlen) teilzunehmen,
- sich sozial und unentgeltlich zu engagieren (»Volunteer Services«) oder
- Clubs und Organisationen beizutreten (Theatergruppen, Kochtreffs, gemeinsames Musizieren etc.). Welche Clubs und Organisationen es an Ihrer jeweiligen Hochschule gibt, können Sie auch in der »Public Library« erfragen.

Kinder

Begleiten Sie Ihre Kinder in die USA, so müssen sie, wenn sie zwischen 6 und 16 Jahre alt sind, eine Schule besuchen. Wie in den meisten anderen Bereichen, wird Ihr »Student Adviser« Ihnen bei der Anmeldung in der Schule behilflich sein. Wichtig ist nur, daß Sie zumindest Kopien der Geburtsurkunden Ihrer Kinder bei sich haben, da Sie diese für die Schulanmeldung benötigen. Sind Ihre Kinder jünger als sechs Jahre und brauchen Aufsicht, während Sie Ihrem Studium nachgehen, so gibt es meist mehrere Möglichkeiten, Ihre Kinder unterzubringen: Eine Möglichkeit ist, sich eine Tagesmutter zu besorgen, die Ihre Kinder entweder bei sich zu Hause oder in Ihrer Wohnung hütet (»Home Day Care«). Außerdem gibt es, ähnlich wie in Deutschland, Tagesgruppen oder Kindergärten (bzw. »Nursery Schools«), wo Sie Ihr Kind tagsüber unterbringen können. Allerdings müssen Sie unter Umständen für diesen Service eine Gebühr entrichten.

12.2. Checkliste bei der Ankunft in den USA

☐ Eröffnen Sie ein Bankkonto.
☐ Suchen Sie eventuell eine Wohnung bzw. ein Zimmer außerhalb des Campus.
☐ Stellen Sie sich beim »International Student Adviser« vor (Visumunterlagen mitbringen).
☐ Machen Sie den amerikanischen Führerschein.
☐ Beantragen Sie die Social Security Card.
☐ Besprechen Sie sich mit Ihrem »Student Adviser« und stellen Sie mit ihm Ihren Studienplan auf.
☐ Denken Sie an die Registrierung.

12.3. Dinge des täglichen Lebens

Alkohol

Amerika hat viel strengere Vorschriften, was den Alkoholkonsum betrifft, als Europa. Alkohol darf nur konsumiert werden von Personen, die mindestens 21 Jahre alt sind. Alkohol in der Öffentlichkeit zu trinken ist verpönt und in manchen Bundesstaaten verboten. In den meisten Gegenden dürfen Sie noch nicht einmal unangebrochene, angebrochene oder leere Alkoholflaschen im Auto (Führerraum) haben. In einigen Gebieten dürfen Gaststätten mit Alkohollizenz sonntags nicht öffnen. Tankstellen und Supermärkten ist es in bestimmten Regionen verboten, sonntags Alkohol zu verkaufen.

Apotheken

Medikamente kaufen Sie in den USA in großen »Drugstores«, in Supermärkten oder »Discount Stores«. Neben Medikamenten führen »Drugstores«, die oft rund um die Uhr geöffnet sind, Toilettenartikel, Kosmetika und Schreibwaren.

Elektrische Versorgung

In den USA ist die Elektrizitätsversorgung anders gestaltet als in Europa. Während in Europa 220 Volt Wechselstrom und 50 Hertz in die Leitung eingespeist werden, gibt es in den USA 110 Volt Wechselstrom und eine Frequenz von 60 Hertz.

Feiertage

1. Januar	New Year's Day
Dritter Montag im Januar	Martin Luther King Jr.'s Birthday
Dritter Montag im Februar	President's Day
Letzter Montag im Mai	Memorial Day
4. Juli	Independence Day
Erster Montag im September	Labor Day
Zweiter Montag im Oktober	Columbus Day
Dienstag nach dem ersten Montag im November in Jahren mit Präsidentschaftswahlen	Election Day
11. November	Veteran's Day
Vierter Donnerstag im November	Thanksgiving Day
25. Dezember	Christmas Day

Geld

penny =	0,1 U.S. $ =	1 cent
nickel =	0,5 U.S. $ =	5 cents
dime =	0,1 U.S. $ =	10 cents
quarter =	0,25 U.S. $ =	25 cents
half-dollar =	0,5 U.S. $ =	50 cents
silver-dollar =	1 U.S. $ =	100 cents
buck =	1 U.S. $	

Amerikanisches Papiergeld wird aufgrund seiner grünen Farbe auch »Greenback« genannt.

Maßeinheiten

In den USA wird größtenteils das britische System und nicht das uns Europäern vertraute metrische System benutzt. Wie die beiden Systeme in Relation zueinander stehen, sehen Sie in der folgenden Aufstellung:

Längenmaße:

1 inch	(in.or")		2,54 cm
1 foot	(ft.or')	12 inches	0,3048 m
1 yuard	(yd.)	3 feet	0,91 m
1 mile	(mi.)	5280 feet	1,61 km

Gewichtsmaße:

1 ounce	(oz.)		28,35 g
1 pound	(lb.)	16 ounces	0,4536 kg
1 ton	(tn.)	2000 pounds	1,02 Tonnen

Hohlmaße und Flüssigkeitsmaße:

1 liquid gill			0,118 Liter
1 cup	(c.)	8 ounces	0,22 Liter
1 liquid pint	(pt.)	2 cups	0,473 Liter
1 liquid quart	(qt.)	2 pints	0,946 Liter
1 gallon	(gal.)	4 quarts	3,785 Liter

Trockenmaße:

1 dry pint		0,550 Liter
1 dry quart	2 dry pints	1,1 Liter
1 peck	8 dry quarts	8,81 Liter
1 bushel	4 pecks	35,24 Liter

Öffnungszeiten

Die Kundenfreundlichkeit der Amerikaner wird bei den Öffnungszeiten deutlich. In großen Supermärkten und »Shopping Malls« können Sie bis 21 Uhr, manchmal auch bis 23 Uhr einkaufen. Kleinere Fachgeschäfte haben meist nur bis 18 oder 19 Uhr geöffnet. Außerdem gibt es in den meisten Regionen Geschäfte, die 24 Stunden am Tag geöffnet haben. Banken haben von Montag bis Freitag zwischen 9 und 15 Uhr geöffnet. Freitags haben einige Banken länger geöffnet. Samstags liegen die Öffnungszeiten normalerweise zwischen 9 und 12 Uhr mittags. Im Gegensatz zu vielen Geschäften haben Restaurants und Fast-Food-Ketten nicht bis spät in die Nacht geöffnet. Außerdem müssen in vielen Bundesstaaten Gaststätten mit Alkohollizenz sonntags ganz geschlossen bleiben.

Post

Die amerikanische Post ist nur für den Postverkehr zuständig. Bankdienstleistungen werden nicht von der Post angeboten, daher werden Sie mit einem Postsparbuch in den USA wenig anfangen können. Für den Telefonverkehr sind Telefongesellschaften zuständig. Wie Sie Telegramme aufgeben können, lesen Sie unter »Telegramme« nach.
Pakete und Briefe können Sie über den »U.S. Postal Service« oder über private Unternehmen, beispielsweise »United Parcel Service« oder »FedEx«, verschicken. Die privaten Dienstleistungsunternehmen sind zwar etwas teurer, haben aber den Ruf, zuverlässiger zu sein.
In jeder Stadt finden Sie ein »Main Post Office«, in großen Städten oft mehrere »Full Service Branch Post Offices«. Daneben gibt es häufig »Small« oder »Minimum Service Substa-

tions«, die zum Teil in »Drugstores« oder Geschäften integriert sind und auf dem Campus einiger Hochschulen zu finden sind. An den »Minimum Service Substations« können Sie Briefmarken kaufen und nationale Post verschicken. Für internationale Post müssen Sie sich jedoch an die größeren Postämter wenden. Die Öffnungszeiten der »Minimum Service«-Postämter richten sich meistens nach den Öffnungszeiten der Geschäfte, in denen sie untergebracht sind. »Full Service«-Postämter haben meist von 7.30 bis 17.00 Uhr geöffnet.

Ziehen Sie innerhalb der USA um, dann können Sie in jedem Postamt einen Nachsendeantrag stellen, indem Sie sogenannte »Change of Address«-Karten ausfüllen. Denken Sie aber unbedingt daran, den INS innerhalb von zehn Tagen nach dem Umzug über Ihre neue Adresse zu informieren. Ihr »Student Adviser« wird Ihnen dabei behilflich sein.

Haben Sie noch keine feste Adresse in den USA, dann können Sie sich Post aus Deutschland postlagernd zusenden lassen. Als Empfängeradresse wird lediglich Ihr Vor- und Nachname, ein Zusatz »c/o General Delivery«, die Stadt, der »Zip Code« und USA angegeben. Ihre Post wird dann am Hauptpostamt der jeweiligen Stadt gelagert, und Sie können sie gegen Vorlage Ihres Passes abholen.

Wenn Sie sich bereits in den USA befinden, können Sie sich auch ein Postfach (»Post Office Box« oder »P.O. Box«) mieten. Natürlich müssen Sie sich dann Ihre Post an Ihre P.O.-Box-Nummer schicken lassen.

Adresse

Die Schreibweise von amerikanischen Adressen unterscheidet sich in einigen Details von der europäischen Schreibweise. Wie in Europa, wird in die ersten Zeile der Name des Empfängers geschrieben. In der zweiten Zeile steht zuerst die Hausnummer und dann erst der Straßenname. In der dritten Zeile folgt zuerst der Ort, danach das postalische Kürzel des Bundesstaates, in dem der Ort liegt. Ganz zuletzt folgt die Postleitzahl (»ZIP Code«). Die Kürzel der Bundesstaaten finden Sie übrigens im Anhang (S. 285 f.). Der »ZIP Code« besteht in der Regel aus fünf Ziffern. Es gibt aber auch neunstellige »ZIP Codes«, die beispielsweise einige Behörden benutzen.

Übrigens können Sie an dem »ZIP Code« die Region, in der der Ort liegt, erkennen. Eine Eins am Anfang des »ZIP Code« bedeutet, daß der Ort im Nordosten der USA liegt. Eine Zwei steht am Anfang, wenn der Ort in der Mittel-Atlantik-Region liegt. Eine Drei bezeichnet Orte im Südosten, eine Sechs Orte im Mittelwesten und eine Neun Orte im Westen der USA.

Rauchen

Die Amerikaner sind Rauchern nicht sehr wohl gesonnen und erschweren ihnen in vielen Bereichen das Leben. In öffentlichen Gebäuden, in vielen Restaurants und auf Inlandsflügen darf nicht geraucht werden.

Restaurants

In vielen Restaurants müssen Sie eine Reservierung machen, um einen Platz zum Dinner zu bekommen. Es ist üblich, am Eingang des Restaurants darauf zu warten, daß die Bedienung Sie zu einem freien Tisch begleitet. Selbst wenn nicht das gesamte Restaurant besetzt ist, sollten Sie am Eingang auf die Bedienung warten. Dies gilt natürlich nicht für Fast Food-Restaurants. Anders als wir Europäer essen Amerikaner nicht mit Messer und Gabel. Vielmehr wird das gesamte Essen in mundgerechte Happen geschnitten und dann mit der Gabel in der einen Hand gegessen, während die andere Hand auf dem Bein unter dem Tisch liegt. Mit Messer und Gabel gleichzeitig zu essen, gilt als gierig. Vielleicht stammen diese Eßsitten noch aus Zeiten, in denen eine Hand auch während des Essens für den Griff zum Revolver frei sein mußte.

Außerdem können Sie durchaus für die nicht verspeisten Reste nach einer »Doggy Bag« oder einer »Box« fragen, in der Ihnen Übriggebliebenes mitgegeben wird.

Soziale Umgangsformen

So unterschiedlich die einzelnen Bundesstaaten in den USA sind, so unterschiedlich sind auch die Umgangsformen. Trotzdem möchte ich Sie hier mit einigen Umgangsformen bekannt machen, die für Europäer ungewohnt sein können.

Anrede

In den USA werden Personen häufig mit dem Vornamen angesprochen. Generell können Sie Menschen, die in Ihrem Alter oder jünger sind, mit dem Vornamen ansprechen. Ältere Menschen oder »Respektspersonen« reden Sie mit Mr. oder Mrs., Miss oder Ms. und dem Nachnamen an, es sei denn, Sie werden ausdrücklich aufgefordert, den Vornamen zu verwenden. Sind Sie sich unsicher, wie Sie jemanden ansprechen sollen, können Sie ihn Ma'm bzw. Sir nennen (beispielsweise wenn Sie mit einem Polizisten sprechen). Oder Sie fragen ihn, wie er angesprochen werden möchte (»What would you like to be called?«).

Verabredungen und Einladungen

Wie in anderen Gesellschaften gibt es Floskeln, die für einen Fremden wie eine Einladung klingen, aber keine sind. Beispielsweise »Come by and see me«. Generell können Sie davon ausgehen, daß eine Einladung nur als solche gemeint ist, wenn auch gesagt wird, wann und wo das Treffen stattfinden soll. Zu einer Verabredung sollten Sie nicht frühzeitig erscheinen: Entweder sind Sie exakt zu der verabredeten Zeit da oder kurz danach (kommen Sie aber auch nicht später als eine halbe Stunde). Als besonders nett und höflich gilt es, wenn Sie sich am Tag nach der Einladung kurz telefonisch oder schriftlich für die Einladung bedanken.

Freundschaften

Viele Deutsche, die eine Zeit in den USA gelebt haben, beschweren sich über die Oberflächlichkeit der Amerikaner. Vielleicht treffen Sie viele Amerikaner, die am Anfang sehr interessiert an Ihrer Person sind und viele persönliche Dinge fragen, aber schnell wieder das Interesse an Ihnen verlieren. Natürlich braucht es immer etwas Zeit und Glück, auf Menschen zu stoßen, die einem so sehr liegen, daß man richtige Freundschaften aufbaut. So gesehen ist das schnelle intensive Interesse vieler Amerikaner an Ihnen ganz gut, da dadurch die Chance erhöht wird, daß Sie auf die »richtigen« Amerikaner treffen. Stellen beide Seiten fest, daß sie harmonieren, wird das Interesse sicherlich nicht verblassen. Also nicht beleidigt sein, wenn sich vermeintliche Bekannte nicht wieder melden! Besser, Sie haben viele kurze Kontakte als gar keine. Und bedenken Sie, daß viele Amerikaner sehr mobil sind. Es ist daher für sie üblich, möglichst schnell Kontakte zu knüpfen und nur die Kontakte zu pflegen, die wirkliche Freundschaften darstellen.

Telefonieren

Gibt es in dem von Ihnen gemieteten Zimmer, Apartment oder in der Wohnung kein Telefon, sollten Sie eines beantragen. Das gilt insbesondere, wenn Sie außerhalb des Campus wohnen. Sie können dabei zwischen den verschiedenen »Long Distance«-Telefongesellschaften wählen. Bereits beim Kauf des Telefons bezahlen Sie eine Gebühr für die Installation. Manchmal müssen Sie einen Betrag hinterlegen – als Garantie, daß Sie die Telefonrechnung zahlen. Wie in Deutschland erhalten Sie die Telefonrechnung einmal im Monat.

Außerdem erhalten Sie Telefonbücher für Ihre Region. Ein Telefonbuch besteht aus Abschnitten verschiedenfarbiger Seiten. Weiße Seiten (»White Pages«) am Anfang des Telefonbuches listen die Telefonnummern aller Anschlüsse in einer bestimmten Region auf. Manchmal sind die »White Pages« unterteilt in geschäftliche und private Anschlüsse. In den »Blue Pages« sind die Telefonnummern der öffentlichen Verwaltung aufgeführt. Ganz am Schluß des Telefonbuches finden Sie die »Yellow Pages«. Wie bei den Gelben Seiten in Deutschland sind Geschäfte, Unternehmen, Institutionen und Organisationen in verschiedene Kategorien unterteilt.

Eine amerikanische Telefonnummer besteht aus einem »Area Code«, der drei Ziffern hat, und der eigentlichen Telefonnummer, die sieben Ziffern hat. Der »Area Code« gilt für eine bestimmte Region, die manchmal einen ganzen Bundesstaat umfaßt. Wundern Sie sich nicht, wenn einige Telefonnummern statt der siebenstelligen Telefonnummer eine Buchstabenfolge haben (beispielsweise lautet die Telefonnummer der Bahnauskunft 800-USA-RAIL)! Den Buchstaben sind bestimmte Zahlen zugeordnet. Übrigens zahlt bei Telefonnummern, die mit 800 beginnen, der Angerufene das Gespräch – diese Nummern sind »Toll Free«.

Benötigen Sie Hilfe bei der Bedienung des Telefons (unabhängig davon, ob es sich um Ihr eigenes Telefon handelt oder einen öffentlichen Apparat), wählen Sie die Null. Sie erreichen einen »Operator«, der Ihnen bei der Bedienung hilft, Ihnen Auskünfte über die Telefontarife geben und Ihnen bestimmte Gesprächstypen (»Person to Person Call« und ähnliches) vermitteln kann.

Auskunft: Finden Sie einmal nicht die gesuchte Telefonnummer, so können Sie unter der Nummer 411 die Auskunft (»Directory Assistance«) anrufen.
Notruf: Befinden Sie sich in einer Notsituation, können Sie unter der Nummer 911 Hilfe erhalten. Unter dieser Nummer meldet sich ein »Operator« in Ihrer Region, fragt nach der Art der Notsituation und leitet den Hilferuf an die richtige Stelle weiter.

Telefonattypen

Möchten Sie einen »Long Distance Call« führen, sollten Sie zuerst die verschiedenen Tarife der »Long Distance«-Telefongesellschaften vergleichen, die Sie am Anfang des Telefonbuches finden oder beim »Operator« erfragen können. Wie bei uns hängen die Tarife von der Entfernung, der Tageszeit, dem Gesprächstyp, der Länge des Gesprächs und der Telefongesellschaft ab. Um ein »Long Distance«-Gespräch zu führen, wählen Sie vor dem »Area Code« eine Eins. Ist Ihre Verbindung schlecht oder wird Ihr Gespräch unbeabsichtigt unterbrochen, sollten Sie den »Operator« anrufen (Null wählen) und über das Problem informieren. Er wird dann versuchen, Ihr Gespräch wiederherzustellen und unter Umständen den von Ihnen für das Telefonat zu zahlenden Betrag verringern.

In den USA gibt es einige besondere Formen des Telefonierens, mit denen Deutsche häufig nicht so vertraut sind. Daher möchte ich Sie im folgenden mit den verschiedenen Möglichkeiten, die sich natürlich auf Ihre Telefonkosten auswirken, vertraut machen:

Als erstes gibt es den »Direct Dial Call«, ein »Long Distance«-Gespräch, das Sie ohne die Vermittlung eines »Operators« führen. Entsprechend dem Service-Aufwand ist dies die insgesamt günstigste Möglichkeit, »Long Distance«-Gespräche zu führen.

Nur für Sie günstig ist ein »Collect Call«, da das Gespräch von dem Angerufenen bezahlt wird. Bei einem »Collect Call« rufen Sie den »Operator« an, der Sie verbindet, vorausgesetzt, der Angerufene erklärt sich bereit, die Kosten des Gesprächs zu übernehmen. Die Telefonkosten werden dann auf die Telefonrechnung des Angerufenen geschlagen.

Möchten Sie ein »Person to Person«-Gespräch führen, bezahlen Sie nur, wenn der »Operator« Sie mit der gewünschten Person verbinden kann. Wollen Sie beispielsweise einen Professor erreichen und spricht der »Operator« nur mit dessen Sekretärin, brauchen Sie das Telefonat nicht zu bezahlen. Da Sie im Falle eines Zustandekommens des Telefonats neben den Telefongebühren einen Betrag für den Service entrichten müssen, sollten Sie nur ein »Person to Person«-Gespräch führen, wenn Ihr Gesprächspartner sehr schwer zu erreichen ist.

Telefonieren Sie nicht von Ihrem eigenen Telefon, möchten aber, daß die Gebühren auf Ihre monatliche Telefonrechnung gesetzt werden, dann können Sie einen »Third-Party Call« führen. Bei einem »Third-Party Call« rufen Sie wieder zuerst den »Operator« an und sagen ihm Ihren Namen und Ihre Telefonnummer. Die Gebühr wird dann automatisch auf Ihre Telefonrechnung geschlagen. Falls Sie von einem öffentlichen Telefon (»Pay Telefon«) aus einen »Third-Party Call« führen möchten, versucht der »Operator«, unter Ihrer Telefonnummer jemanden zu erreichen, der die auf Sie übertragenen Gebühren verbal akzeptiert (beispielsweise Ihr Mitbewohner oder Ihre Ehefrau). Solche Kontrollanrufe, die, wenn Sie alleine wohnen, ein ernsthaftes Problem sein können, werden überflüssig, wenn Sie eine »Telephone Credit Card« besitzen. In diesem Fall geben Sie lediglich die Nummer der »Telephone Credit Card« an, und die Telefongebühren laufen über das Konto Ihrer Telefonkarte. Hierfür wählen Sie eine gebührenfreie Telefonnummer an, woraufhin ein »Operator« die gewünschte Verbindung herstellt.

Öffentliche Telefone

Beim Telefonieren von öffentlichen Apparaten aus können Sie das Telefonat sofort bar bezahlen. Zuerst wählen Sie die gewünschte Telefonnummer, danach meldet sich ein »Operator«, der Ihnen mitteilt, wie viele Münzen Sie in den Apparat einwerfen müssen. Neigt sich die Summe dem Ende zu, meldet sich der »Operator« erneut und teilt Ihnen mit, daß Sie weiterhin Geld einwerfen müssen, um weiter telefonieren zu können.

Alternativ können Sie den oben beschriebenen »Collect Call«, einen »Third-Party Call« oder ein Gespräch, das über Ihre Telefonkreditkarte abgerechnet wird, führen. Sie können Ihre Telefongebühren auch über Ihre Kreditkarte (beispielsweise Visa, Eurocard bzw. Mastercard) abrechnen lassen. Zu diesem Zweck wählen Sie an einem Münzapparat eine 01 vorweg und geben nach Aufforderung durch einen Sprachcomputer die Kreditkartennummer und die Gültigkeitsdauer Ihrer Kreditkarte ein.

Außerdem können Sie ebenso wie in Deutschland Telefonkarten erwerben, die Sie im voraus bezahlen.

Internationale Telefonate

Bei internationalen Telefongesprächen können Sie natürlich alle obengenannten Möglichkeiten der Gesprächstypen nutzen. Bedenken Sie aber: Jedes Gespräch mit Extra-Service über einen »Operator« ist teuerer, als wenn Sie direkt die internationale Telefonnummer wählen.

Die internationale Vorwahl für Deutschland ist 011 49, danach wählen Sie die deutsche Vorwahl ohne die Null und dann die gewünschte Anschlußnummer. Möchten Sie beispielsweise jemanden mit der deutschen Telefonnummer (0457) 12345 anrufen, wählen Sie lediglich die Nummer (011) 49 457 12345.

Um in Österreich anzurufen, wählen Sie 011 43 plus die jeweilige Vorwahl ohne die Null plus die gewünschte Anschlußnummer.

Die Durchwahl in die Schweiz ist 011 41, gefolgt von der jeweiligen Vorwahl ohne die Null. Anschließend wählen Sie die gewünschte Anschlußnummer.

Telegrafieren

Telegramme oder »Telex Messages« können Sie telefonisch aufgeben. Am besten überlegen Sie sich erst den Text des Telegramms, der meistens nach der Anzahl der Buchstaben und nach dem Bestimmungsort des Telegramms berechnet wird. In den »Yellow Pages« finden Sie unter »Telegraph Service« verschiedene Gesellschaften, über die Sie Telegramme verschicken können. Rufen Sie eine Gesellschaft an und teilen Sie dem »Operator« den Namen und die Adresse der Person, an die Sie das Telegramm schicken möchten, mit. Außerdem teilen Sie dem »Operator« natürlich den Text des Telegramms mit und lassen ihn den Text am besten noch einmal wiederholen. Die Gebühr für das Telegramm können Sie je nach

Wunsch entweder auf Ihre Telefonrechnung setzen lassen oder nach Zuschicken einer Rechnung bezahlen.

Temperaturen

Anders als in Europa wird in den USA die Temperatur in Fahrenheit (F) und nicht in Grad Celsius (C) gemessen. Sie können die Temperaturen aber leicht umrechnen:

F = (C x (9/5)) + 32
C = (F – 32) x (5/9)

Trinkgeld

In vielen Bereichen des amerikanischen Dienstleistungssektors erhalten die Angestellten sehr niedrige Gehälter und sind auf die Trinkgelder angewiesen. Die Höhe der Trinkgeldes in Restaurants sollte sich in der Regel nach der Höhe der Rechnung richten. Üblich sind 10 bis 15 Prozent des Rechnungsbetrages. Sitzen Sie allerdings stundenlang kaffeetrinkend in einem Restaurant und erhalten eine Rechnung über wenige Cents (da meistens nur die erste Tasse Kaffee bezahlt werden muß), dann sollten Sie das Trinkgeld für die Bedienung, die etliche Male Ihre Tasse aufgefüllt hat, nicht nach dem Rechnungsbetrag ausfallen lassen.

Taxifahrern sollten Sie 10 bis 15 Prozent des Fahrgeldes geben. Einem öffentlichen Angestellten dagegen geben Sie auf keinen Fall Trinkgeld, da dies per Gesetz untersagt ist.

Verkehr

Als Teilnehmer des Straßenverkehrs sollten Sie sich mit den Verkehrsregeln unbedingt auseinandersetzen. Begehen Sie Verkehrsdelikte, werden Sie auch als Ausländer bestraft, da man von Ihnen erwartet, daß Sie sich über die amerikanischen Verkehrsregeln informiert haben. Etwas kompliziert wird es, wenn Sie in den USA reisen und mehrere Bundesstaaten durchqueren, da jeder Bundesstaat seine eigenen Verkehrsregeln festlegt. Die wichtigsten Verkehrsregeln werden Ihnen auf Schildern bei der Überschreitung der Bundesgrenzen mitgeteilt.

Geschwindigkeitsbegrenzungen

Im allgemeinen wird in den USA die Geschwindigkeit beschränkt. Je nach Bundesstaat darf man auf der Autobahn zwischen 55 bzw. 75 Meilen pro Stunde (ungefähr 88 bis 120 Kilometer pro Stunde) fahren. In Städten liegen die Geschwindigkeitsbegrenzungen zwischen 20 und 35 Meilen pro Stunde (32 bis 56 Kilometer pro Stunde).

Straßensystem und Beschilderung

Um große Entfernungen zu überbrücken, benutzen Sie »Highways« oder »Interstates«. Die amerikanischen »Interstates« entsprechen deutschen Autobahnen. Schilder in Form eines blauen Wappens mit weißer Schrift und roter Krone führen Sie zu »Interstates«. Wie aus dem europäischen Straßensystem bekannt, sind die »Interstates« durchnumeriert. Die Himmelsrichtung, in die eine Straße verläuft, erkennen Sie anhand der Nummer. »Interstates« in Ost-West-Richtung werden mit geraden Nummern gekennzeichnet, »Interstates« in Nord-Süd-Richtung mit ungeraden Nummern.

Ring- und Zubringerstraßen sind mit dreistelligen Nummern

bezeichnet. Ist die erste Ziffer eine gerade Zahl, dann handelt es sich um eine Ringstraße, ist sie ungerade, dann handelt es sich um eine Zubringerstraße. Die letzten beiden Ziffern entsprechen der Nummer der »Interstate«, mit der die Ringstraße bzw. die Zubringerstraße verbunden ist.

Kostenlose »Interstates« in der Nähe großer Städte heißen »Freeways«. In der Regel nicht kostenlos sind »Turnpikes« oder »Thruways«, »Parkways« und »Expressways«. Viele Brücken dürfen nur nach Bezahlen einer Gebühr befahren werden.

Schilder, die auf »Highways« hinweisen, haben die Form eines weißen Wappens und sind schwarz beschriftet. Ebenso wie »Interstates« sind »Highways« durchnumeriert, wobei die Nummer angibt, ob es sich um eine Ost-West-Verbindung (gerade Nummer) oder eine Nord-Süd-Verbindung (ungerade Nummer) handelt.

Verkehrsregeln

Während Fahrbahnen, die in dieselbe Richtung führen, durch weiße Linien voneinander getrennt sind, werden Fahrbahnen, die in verschiedene Richtungen führen, durch gelbe Linien getrennt. Sind die gelben Linien unterbrochen, dürfen Sie unter Benutzung der Gegenfahrbahn überholen, doppelt durchgehende Linien dürfen Sie nicht überqueren. In den meisten Bundesstaaten darf rechts und links überholt werden. Aufpassen muß dabei vor allem derjenige, der die Fahrbahn wechselt, da er bei einem Unfall im Zweifel die Schuld erhält. Halten Sie auf jeden Fall, wenn Sie einen gelben Schulbus mit rot blinkenden Warnlichtern sehen, unabhängig davon, ob sich der Bus auf einer Fahrbahn in Ihrer Fahrtrichtung befindet oder auf der Gegenfahrbahn.

Ampeln sind in den USA über oder hinter der Kreuzung angebracht, halten müssen Sie an der weißen Linie vor der Kreuzung. Sind Sie Rechtsabbieger, dürfen Sie auch bei roter

Ampel rechts abbiegen, nachdem Sie an der weißen Linie gehalten haben. Zeigt die Ampel rot, dürfen Sie natürlich nicht nach rechts abbiegen, wenn ein Schild dies ausdrücklich untersagt (»No Right Turn on Red«).

Einige Kreuzungen haben in alle Richtungen Stoppschilder mit dem Zusatz »Four Ways«. An solchen Kreuzungen müssen alle Fahrzeuge erst halten, weiterfahren darf dann der zuerst, der zuerst an der Kreuzung war.

Tanken

In den USA gibt es »Full Service«-, »Mini Service«- und »Self Service«-Tankstellen. Natürlich kostet das Benzin um so mehr, je mehr Service Sie in Anspruch nehmen. »Full Service« bedeutet, daß Sie Ihren Wagen nicht zu verlassen brauchen. Ein Tankwart tankt, wäscht die Scheiben, prüft den Reifendruck und kassiert. An Tankstellen mit »Mini Service« tankt der Tankwart lediglich für Sie. Tanken Sie an »Self Service«-Tankstellen, müssen Sie alles selbst machen, sparen dafür aber etwas Geld. Manchmal müssen Sie vor dem Tanken zahlen oder die Zapfsäule mit Ihrer Kreditkarte füttern. Damit Benzin aus der Zapfsäule gepumpt wird, drücken Sie meistens einen Startknopf oder legen einen Hebel um.

Polizei

Amerikanische Polizeikontrollen kennen Sie sicherlich zur Genüge aus dem Fernsehen. Fährt ein Polizeiwagen mit Blaulicht hinter Ihnen, dann halten Sie an, stellen den Motor ab und schalten, falls es dunkel ist, die Innenbeleuchtung an. Bleiben Sie ruhig in Ihrem Wagen sitzen und lassen Sie die Hände am Steuer, bis der Polizist sich nähert. Suchen Sie nicht hektisch nach Ihrem Führerschein, das könnte als Suchen nach einer Waffe fehlinterpretiert werden.

Alkohol

Natürlich dürfen Sie in den USA nicht alkoholisiert fahren. Die zulässigen Alkoholgrenzen sind von Bundesstaat zu Bundesstaat individuell festgelegt. In einigen Bundesstaaten dürfen Sie noch nicht einmal angebrochene oder leere Flaschen alkoholischer Getränke im Fahrzeug mit sich führen.

Parken

In Ortschaften erkennen Sie anhand der Farbe der Bordsteine, ob Sie an einer Stelle parken dürfen oder nicht. Rote Bordsteine markieren ein totales Halteverbot, blaue Bordsteine markieren Behindertenparkplätze, weiße Bordsteine erlauben fünfminütiges Parken während der Geschäftszeiten, und grüne Bordsteine erlauben zehnminütiges Parken. Gelbe Bordsteine markieren Ladezonen für Lieferwagen, gelbschwarze Bordsteine Ladezonen für Lastwagen. Außerhalb von Ortschaften müssen Sie beim Parken die Straße vollständig verlassen. Sie dürfen generell nicht in der Nähe von Hydranten und an Bushaltestellen parken. Falsches Parken kann teuer werden; es wird sehr häufig kontrolliert.

Wichtig: Sind Sie Mitglied eines Automobilclubs (ADAC etc.), sollten Sie unbedingt Ihren Mitgliedsausweis in die USA mitnehmen. In einigen Hotels können Sie von günstigeren Tarifen profitieren. Außerdem erhalten Sie von der »American Automobile Association« Rat, Informationen und Routenvorschläge.

Ein Auto kaufen

Möchten Sie sich einen Gebrauchtwagen kaufen, können Sie sich im »Blue Book« über Gebrauchtwagenpreise informieren.

Das »Blue Book« können Sie in den meisten Banken oder Bibliotheken einsehen. Ehrliche Gebrauchtwagenhändler werden Ihnen erlauben, den Wagen vor dem Kauf in einer Werkstatt prüfen zu lassen. Sie bezahlen zwar für den Check, vermeiden aber unter Umständen Fehlkäufe. Gewerbliche Gebrauchtwagenhändler sollten Ihnen eine Garantie auf den Wagen geben. Erkundigen Sie sich beim »Department of Motor Vehicle«, welche Dokumente Sie benötigen, um den Wagen zuzulassen und um zu belegen, daß der Wagen Ihnen gehört. Gehen Sie beim Kauf sicher, daß Sie diese Dokumente erhalten (beispielsweise einen »Title« oder eine »Anti Smog Certification«). Eventuell kann Ihr »Student Adviser« Tips und Informationen über Versicherungsfragen geben.

Mietwagen

In der Regel müssen Sie mindestens 21 Jahre alt sein, um einen Wagen mieten zu können. Personen unter 25 Jahren bezahlen häufig Aufpreise für Versicherungen und ähnliches.

Möchten Sie einen Wagen mieten, sollten Sie unbedingt die Preise und Konditionen der verschiedenen Mietwagengesellschaften vergleichen. Mietwagenpreise hängen von der Region, in der Sie den Wagen mieten (da es unterschiedlich hohe Steuern und Haftungsregelungen gibt), von dem Umfang der Versicherung, die Sie wählen, von der Mietdauer, der Wagengröße und dem Ort, wo Sie den Wagen abgeben möchten, ab. Falls Sie den Wagen nicht an dem Ort mieten, wo Sie ihn auch wieder abgeben, müssen Sie in der Regel Überführungsgebühren bezahlen, die nicht unerheblich sind (zwischen U.S. $ 150 und 500). Außerdem sollten Sie sich erkundigen, ob es Meilenbeschränkungen gibt und ob es hinsichtlich der Bundesstaaten, in denen Sie mit dem Wagen fahren dürfen, Beschränkungen gibt. Fahren darf nur der Mieter des Wagens, manchmal auch der Ehepartner des Mieters. Dritte dürfen nur fahren, wenn Sie einen Aufpreis zahlen. Natürlich kann die Mietwagengesellschaft kaum kontrollieren, wer fährt. Im Fall eines Unfalls können Sie allerdings erhebliche Probleme bekommen, wenn eine nichtversicherte Person gefahren ist.

Üblicherweise bezahlen Sie den Wagen mit Kreditkarte, indem Sie beim Mieten ein Blankoformular unterschreiben. Ohne Kreditkarte ist es oft nicht möglich, einen Wagen zu mieten, und wenn doch, dann müssen Sie eine Barkaution hinterlegen. Haben Sie den Wagen mit einer Kreditkarte bezahlt, können Sie den Wagen problemlos auch außerhalb der Geschäftszeiten zurückgeben. Sie parken lediglich auf dem Hof des Unternehmens und werfen den Wagenschlüssel in einen dafür vorgesehenen Briefkasten.

> **Wichtig für Vielflieger:** An Vielfliegerprogramme einiger Fluggesellschaften sind Mietwagenfirmen angeschlossen, die Ihnen Prozente gewähren oder Meilen gutschreiben.

Fahrräder und Motorräder

Haben Sie nur kurze Strecken zurückzulegen, dann ist es günstiger, sich ein Fahrrad oder ein Motorrad anzuschaffen, anstatt gleich ein Auto zu kaufen. Es gibt Städte und Hochschulen, an denen es Pflicht ist, Fahrräder anzumelden. Ebenso müssen Sie Motorräder in der Regel anmelden. Einige Hochschulen verlangen, daß die Studenten zusätzlich ihre Motorräder bei dem »Campus Security Office« registrieren lassen. Außerdem besteht in den meisten Gegenden Helmpflicht für Motorradfahrer. Fragen Sie Ihren »Student Adviser« nach den geltenden Vorschriften.

Mit dem Bus fahren

Viele Orte sind mit Bussen relativ schlecht zu erreichen, die großen Städte sind aber mit einem Busnetz verbunden. Busfahren ist oft günstiger als Bahnfahren. Vergleichen Sie die Preise der verschiedenen Busgesellschaften und reservieren Sie Ihre Fahrkarten frühzeitig, um eventuell ermäßigte Fahrpreise zu erhalten. Fahrpläne und Preisinformationen der verschiedenen Busgesellschaften bekommen Sie an den Busbahnhöfen. Informationen zu Fahrplänen und Preisen der Greyhound-Busse erhalten Sie unter folgender Internetadresse: http://www.greyhound.com

Mit der Bahn fahren

Ebenso wie das Busnetz ist das Bahnnetz nur großmaschig ausgebaut. Der Personenfernverkehr wird hauptsächlich von der Gesellschaft »AMTRAK« bedient, daneben gibt es noch einige kleine lokale Bahngesellschaften. Bevor Sie sich entscheiden, eine Bahnkarte zu kaufen, sollten Sie sich nach Sonderangeboten von Fluggesellschaften informieren, die häufig mit den Preisen der Bahn konkurrieren können. Wie bei Flügen geben Sie übrigens vor der Fahrt Ihr Gepäck ab; es reist getrennt mit (nicht im Abteil!).

Fahrkartenreservierungen können Sie unter der gebührenfreien Telefonnummer 1-800-USA-RAIL machen. Die Fahrkarten müssen dann innerhalb von 48 Stunden abgeholt werden.

Deutsche Touristen können Netzkarten für bestimmte Regionen oder den »International U.S.A. Rail Pass« im AMTRAK-Büro in Berlin kaufen (Adresse S. 264). Hier erhalten Sie auch Informationen über Preise und Fahrpläne. Diese Informationen können Sie ebenfalls im Internet abfragen: http://www.amtrak.com.

Mit dem Flugzeug reisen

Insbesondere bei großen Entfernungen kann es ebenso günstig oder günstiger sein zu fliegen, statt ein Auto zu mieten bzw. Bus oder Bahn zu benutzen. Außerdem werden von den Fluggesellschaften sehr oft Spartarife (»Round-Tickets« bzw. »Standby-Tickets«) angeboten.

Da Inlandsflüge schnell ausgebucht sein können (vor allem in der Zeit von Feiertagen), müssen Sie rechtzeitig buchen. Hier einige gebührenfreie Telefonnummern verschiedener Fluggesellschaften, bei denen Sie sich nach Flügen und Preisen erkundigen können:

American Airlines	1-800-433-7300
America West	1-800-235-9292
Continental	1-800-525-0280
Delta	1-800-221-1212
Northwest Airlines	1-800-225-2525
Southwest Airlines	1-800-435-9792
USAir	1-800-428-4322
United Air	1-800-241-6522

Wenn Sie während allgemeiner Ferien oder Feiertage reisen, müssen Sie mit einem erhöhten Verkehrsaufkommen rechnen, d.h. Flüge sind schnell ausgebucht, Busse und Züge schnell besetzt.

Zahlen

Es gibt einige Details in der Schreibweise von Zahlen, die Sie sich merken sollten. Hierzu gehört die Funktion des Punktes zwischen Zahlen. In den USA wird ein Punkt in einem Zahlenblock so benutzt wie ein Komma in Europa.

Beispiel: 2.001 bedeutet in den USA »zwei Komma null null eins«, in Europa hingegen »zweitausendundeins«.

Und umgekehrt wird in den USA ein Komma in einem Zahlenblock so benutzt wie ein Punkt in Europa.

Beispiel: 4,000 bedeutet in den USA »viertausend«, in Europa hingegen »vier Komma null null null«.

Zahlungsverkehr

»Checking Account« und Schecks

Das »Checking Account« entspricht einem Girokonto. Es gibt »Checking Accounts«, bei denen Sie keine Zinsen erhalten, und solche, bei denen Sie Zinsen erhalten, sogenannte »Interest Bearing Checking Accounts«. Allerdings sind die Zinsen eines »Checking Account« in der Regel niedriger als die eines »Savings Account«. EC-Karten gibt es in den USA nicht. Anstatt ec-Karten werden in den USA Schecks benutzt.

Mit Schecks erhalten Sie Geld von Ihrem eigenen Konto. Und an Stelle von Überweisungen verschicken Sie Schecks. Schecks können im Gegensatz zu Bargeld problemlos mit der Post verschickt werden. Auf die Schecks ist bereits der Name und die Adresse des Kontoinhabers gedruckt. Vom Kontoinhaber muß im Feld »Pay to the Order of« der Name des Empfängers, der Geldbetrag und das aktuelle Datum eingetragen werden. Damit der Scheck gültig ist, muß der Kontoinhaber den Scheck auf der Rückseite unterschrieben haben. Beim Eintragen des Geldbetrags müssen Sie darauf achten, daß

Punkte und Kommas zwischen Zahlen in den USA eine andere Bedeutung haben als in Europa.

Sie heben von Ihrem Konto Geld ab, indem Sie in das Feld »Pay to the Order of« das Wort »Cash« schreiben. »Cashing a Personal Check« bedeutet, daß Sie Bargeld gegen einen Scheck eintauschen. Da es in den USA kein dichtes Netz von Bankfilialen gibt, haben Sie auf diese Weise die Möglichkeit, mit einem Ihrer Schecks und unter Vorlage von zwei Dokumenten, die Sie identifizieren (Reisepaß, Führerschein etc.), beispielsweise in Geschäften oder Hotels Bargeld zu erhalten. Wo Sie Schecks in der Nähe Ihrer Hochschule eintauschen können, erfragen Sie bei Ihrem »Student Adviser«.

Stellt ein anderer Ihnen einen Scheck aus (schreibt also in das Feld »Pay to the Order of« Ihren Namen), dann können Sie diesen Scheck nur bei Ihrer Bank einlösen. Um einen solchen Scheck einzulösen, unterschreiben Sie den Scheck auf der Rückseite (unter der Unterschrift des Kontoinhabers). Dabei muß Ihr Name in derselben Schreibweise geschrieben sein wie in dem Feld »Pay to the Order of« (beispielsweise muß ein Scheck an »M. Mueller« mit »M. Mueller« und nicht mit »Michael Müller« unterschrieben werden). Es ist ratsam, den Scheck erst zu unterschreiben, wenn Sie den Scheck unmittelbar danach einlösen möchten. Wird Ihnen der Scheck mit Ihrer Unterschrift gestohlen, kann der Dieb den Scheck zu seinen Gunsten einlösen.

Neben diesen normalen Schecks können Sie sich von Ihrer Bank gegen Bargeld oder zu Lasten Ihres Kontos einen »Cashier's Check« ausstellen lassen. Dieser Scheck kann bei jeder Bank eingelöst werden. »Cashier Checks« werden benutzt, um mit größeren Geldbeträgen zu zahlen, da sie sicherer sind als Bargeld und außerdem leichter einzulösen als normale Schecks. Achten Sie darauf, Ihr Konto nicht zu überziehen. Für jeden Scheck, der nicht mehr durch Ihr Konto gedeckt ist, werden

> **Wichtig:** Tragen Sie jeden Scheck samt Betrag und Empfänger sorgsam in Ihr Scheckbuch ein. Eingelöste Schecks erhalten Sie zusammen mit Ihrem monatlichen »Bank Statement« zurück. Sie gelten als Zahlungsbeleg. Kontrollieren Sie das »Bank Statement«, auch Banken können Fehler machen.

Ihnen Gebühren ab U.S. $ 10 pro Scheck berechnet, wenn der Scheck überhaupt eingelöst wird. Haben Sie mit einem Scheck bezahlt, der nicht eingelöst wird, werden Ihnen von dem betroffenen Geschäft Gebühren berechnet, deren Höhe zwischen U.S. $ 5 und U.S. $ 20 liegt. Das heißt, eine Kontoüberziehung kann schnell sehr teuer werden. Außerdem wird dieses Geschäft höchstwahrscheinlich keine Schecks mehr von Ihnen annehmen.

Möchten Sie in den USA reisen, nehmen Sie am besten »Traveller-Schecks« mit. Diese sind versichert und werden, wenn Sie sich außerhalb Ihres Wohnortes befinden, eher akzeptiert als Ihre Schecks.

»Savings Account«

Das »Savings Account« entspricht einem Sparkonto. Insbesondere, wenn Sie etwas mehr Geld auf Ihrem Konto haben, empfiehlt es sich, dieses Geld auf ein »Savings Account« zu legen und dafür Zinsen zu erhalten. Sie können außerdem sehr leicht Geld vom »Savings Account« auf Ihr »Checking Account« transferieren, meist genügt ein Anruf bei der Bank.

Bankautomaten

In einigen Banken wird ein 24-Stunden-Service angeboten. Sie können mit Hilfe einer speziellen Bankkarte und einer Geheimnummer (»Personal Identification Number« oder »PIN«)

an Automaten, sogenannten »Automatic Teller Machines« oder »ATM's«, Geld bekommen und Ihren »Checking Account«- und »Savings Account«-Kontostand überprüfen. Diese Automaten finden Sie außerhalb der Bankfilialen in den ganzen USA. Allerdings sind die Geldbeträge, die Sie über Automaten erhalten, normalerweise auf U.S. $ 100 oder U.S. $ 200 pro Tag begrenzt, und Sie müssen eine Gebühr (unter einem Dollar) entrichten, wenn Sie per Automat anderer Banken Geld abheben. Natürlich müssen Sie vorsichtig sein und dürfen niemandem Ihre Bankkarte oder Ihre PIN geben. Haben Sie Probleme mit der Benutzung des Automaten, bitten Sie einen Bankangestellten um Hilfe.

Kreditkarten
Neben dem oben erläuterten Scheck-System sind Kreditkarten die geläufigste Form des Zahlungsverkehrs in den USA. Kreditkarten werden nicht nur von Banken, sondern auch von Kreditkartengesellschaften, »Gasoline Companies« oder Kaufhäusern angeboten. Um eine Kreditkarte zu erhalten, müssen Sie in der Regel ein bestimmtes Mindesteinkommen haben. Sie beantragen eine Kreditkarte, indem Sie Formblätter mit Fragen nach Ihren Einkommensquellen, der Höhe Ihres Einkommens, Ihrem Wohnort und ähnlichem beantworten. Die Formulare erhalten Sie bei Banken, Geschäften oder Tankstellen. Haben Sie erfolgreich eine Kreditkarte beantragt, erhalten Sie jeden Monat eine Abrechnung. Sie haben dann einige Tage Zeit, Ihr Kreditkartenkonto auszugleichen. Kommen Sie dem nicht nach, wird Ihnen eine zusätzliche Gebühr berechnet.

Aufbewahrung von Wertgegenständen
Als letztes möchte ich Sie noch auf sogenannte »Safety Boxes« aufmerksam machen. Banken bieten Ihnen an, Wertgegenstände (Ausweise, Geld, Schmuck und ähnliches) in »Safety

Boxes« aufzubewahren, zu denen nur Sie mit einem Schlüssel Zugang haben. Diese »Safety Boxes« können Sie gegen ein geringes Entgelt monatlich oder jährlich mieten.

Banküberweisungen in die USA
Sie können zwar Geld von Ihrem deutschen Konto in die USA überweisen, eine Überweisung kann aber unter Umständen mehrere Wochen dauern.

Zeit

Nicht nur die amerikanische Schreibweise der Zahlen, sondern auch die Schreibweise der Zeit unterscheidet sich von der europäischen. In den USA wird die Uhrzeit mit den Zahlen eins bis zwölf und dem Zusatz a.m. und p.m. bezeichnet. Dabei bedeutet a.m. (»Ante Meridian«) vor Mittag und p.m. (»Post Meridian«) nach Mittag. Der Wechsel von »a.m.« zu »p.m.« findet von elf auf zwölf Uhr statt, damit entspricht 12 a.m. 24 Uhr und 12 p.m. 12 Uhr mittags.

Auf dem Kontinent USA (ohne Hawaii und Alaska) gibt es vier verschiedene Zeitzonen:

- Die »Eastern Standard Time« EST (hier ist es sechs Stunden früher als in Deutschland)
- Die »Central Standard Time« CST (hier ist es sieben Stunden früher als in Deutschland)
- Die »Mountain Standard Time« MST (hier ist es acht Stunden früher als in Deutschland)
- Die »Pacific Standard Time« PST (hier ist es neun Stunden früher als in Deutschland)

Zum Gebiet der »Eastern Standard Time« gehören die Städte Boston, MA, New York, NY, Detroit, MI, Washington, DC, Atlanta, GA, Miami, FL.

Zum Gebiet der »Central Standard Time« gehören die Städte Chicago, IL, St.Louis, MO, Memphis, TN, Little Rock, AR, New Orleans, LA.

In das Gebiet der »Mountain Standard Time« fallen die Städte Helena, MT, Denver, CO, Albuquerque, NM, Tucson, AZ.

Und in das Gebiet der »Pacific Standard Time« fallen die Städte Seattle, WA, San Francisco, CA, Las Vegas, NV, Los Angeles, CA, San Diego, CA.

In den USA fängt die Sommerzeit am ersten Sonntag im April an. An diesem Tag werden alle Zeitzonen von »Standard« auf »Daylight Savings« umbenannt. Am letzten Sonntag im Oktober endet die Sommerzeit. Einige Bundesstaaten führen aber keine Sommerzeit ein, beispielsweise Arizona.

13. Nach dem Studium

13.1. Anerkennung amerikanischer Studienleistungen in Deutschland

Möchten Sie nun Ihre amerikanischen Studienleistungen in Deutschland anerkennen lassen, sollten Sie sich, bevor Sie Ihr Studium in den USA beginnen, informieren, unter welchen Bedingungen welche Leistungen anerkannt werden. Damit Sie bei der Rückkehr nach Deutschland keine bösen Überraschungen erleben, bitten Sie am besten das für Sie zuständige akademische staatliche Prüfungsamt Ihrer deutschen Hochschule um die Erteilung einer schriftlichen, verbindlichen Auskunft.

Beschließen Sie, in den USA einen »Master« zu machen und auf einen deutschen Studienabschluß ganz zu verzichten, können Sie sich bei einer Rückkehr nach Deutschland zwar (erfolgreich) in der privaten Wirtschaft bewerben, eine Karriere im öffentlichen Dienst bleibt Ihnen aber verwehrt (hierfür ist das deutsche Examen grundlegend).

Zuständige Stellen

Nehmen Sie an einem von Ihrer deutschen Hochschule koordinierten Austauschprogramm teil, ist die Frage nach der Anerkennung meistens geklärt. Organisieren Sie Ihr Studium in den USA selber, müssen Sie sich auch selber um die Klärung eventueller Anerkennung amerikanischer Studienleistungen kümmern. In Diplom- und Magisterstudiengängen sind die jeweiligen Prüfungsämter der deutschen Hochschulen oder die jeweiligen Fachbereiche für die Anerkennung zuständig. Streben Sie eine Staatsprüfung an, müssen Sie sich bezüglich ihrer Anerkennung an entsprechende Behörden wenden. Studenten in Lehramtsstudiengängen wenden sich an das staatliche Prüfungsamt oder das Kultusministerium des Bundeslandes, in dem sie unterrichten möchten. Für die Anerkennung amerikanischer Leistungen von Studenten der Rechtswissenschaften sind die Prüfungsämter an den Oberlandesgerichten zuständig.

Möchten Sie mit einem amerikanischen Abschluß eine Berufsausübungserlaubnis bekommen, müssen Sie sich als Lehrer an das Kultusministerium Ihres Bundeslandes, als Arzt oder Apotheker an die oberste Gesundheitsbehörde Ihres Bundeslandes und als Facharzt an die Landesärztekammer wenden.

Möchten Sie amerikanische Grade in Deutschland führen, benötigen Sie eine Genehmigung des für Ihren Wohnsitz zuständigen Kultusministeriums oder des Wissenschaftsministeriums. Haben Sie einen Wohnsitz im Ausland, dann ist immer das Ministerium für Wissenschaft und Forschung Nordrhein-Westfalen in Düsseldorf zuständig.

Adressen der Kultus- und Wissenschaftsbehörden der Länder in der BRD finden Sie in dem kostenlosen »Studienführer USA« des DAAD.

Allgemeine Empfehlungen

• Generell können Sie davon ausgehen, daß nur Leistungen anerkannt werden, die Sie an anerkannten Hochschulen (mit »Accreditation«, siehe S. 31) erworben haben und anhand schriftlicher Dokumente (»Transcripts of Records«,

»Credentials«, »Student Record Card« usw.) nachweisen können.

- Die Leistungen, die Sie anerkennen lassen möchten, müssen
  Entsprechungen in Ihrem deutschem Studium haben. Haben
  Sie in den USA als Psychologe Mathematikkurse besucht,
  sind Mathematikkurse in Ihrem deutschen Studium aber
  nicht vorgesehen, so können Sie diese auch nicht anrechnen
  lassen.
- Möchten Sie in höheren Semestern amerikanische Leistun-
  gen anerkennen lassen, dann müssen Sie in der Regel
  »Graduate Courses« belegt haben.
- Haben Sie Studienleistungen als Gasthörer (»Audit«) oder im
  Rahmen von Fernkursen (»Correspondence Courses«) erworben, werden diese in Deutschland meist nicht anerkannt.

Am besten besprechen Sie vor Ihrem USA-Aufenthalt Ihr
Studienvorhaben mit einem Ihrer Hochschullehrer. Der kann
Ihnen unter Umständen seine Erfahrungen, Anerkennungen
betreffend, mitteilen oder Ihnen raten, welche Kurse Sie am
besten in den USA besuchen und später anerkennen lassen.
Während »Associate Degrees« üblicherweise nicht anerkannt
werden, wird Ihnen in einigen Fällen vom Landesministerium
genehmigt, einen »Bachelor Degree« in Deutschland zu führen.
Ein »Bachelor Degree« entspricht allerdings nicht in jedem Fall
einem deutschen Vordiplom bzw. einer Zwischenprüfung.
Wenn Sie einen Master-Studiengang in den USA machen
möchten, sollten Sie darauf achten, daß die fachliche Akkredition der amerikanischen Hochschule nicht nur für den
»Undergraduate«-Bereich gilt. Sie finden eine Liste mit »Accredited MBA Programs« im Handbuch »The Official Guide to
MBA Programs, Admissions and Careers«. Um einen amerikanischen Mastertitel in Deutschland führen zu dürfen oder
ihn anerkennen zu lassen, müssen Sie den Titel an einer

amerikanischen Hochschule in den USA mit »Accreditation« (auch im »Graduate Studies«-Bereich!) während eines acht Semester dauernden Vollstudiums oder während eines zwei Semester dauernden Vertiefungsstudiums (mit deutschem Hochschulabschluß) in Präsenzkursen erworben haben. Zusätzlich muß es zu dem Studiengang, den Sie mit einem »Master« abgeschlossen haben, einen entsprechenden Studiengang mit einer Regelstudienzeit von acht Semestern an deutschen Hochschulen geben.

Ein amerikanischer Mastertitel wird im allgemeinen nur dann als Zugangsvoraussetzung für eine Promotion in Deutschland akzeptiert, wenn das Studium im wesentlichen an einer deutschen Hochschule durchgeführt wurde. Möchten Sie einen amerikanische Doktortitel anerkennen lassen, sollten Sie Ihre Dissertation vorlegen können.

13.2. Den Aufenthalt in den USA verlängern

Wie Sie bereits im Kapitel »Visa für Studenten« erfahren haben, ist es für Sie kein Problem, so lange in den USA zu bleiben, wie Sie wollen, wenn Sie Green-Card-Inhaber sind. Dagegen muß jeder, der ein befristetes Visum für die USA hat, die USA nach Ablauf der Aufenthaltserlaubnis verlassen oder einen Verlängerungsantrag stellen. Bei dem Antrag auf Verlängerung Ihres Visums wird Ihnen Ihr »Foreign Student Adviser« behilflich sein.

Aufenthaltsverlängerung mit einem F-1-Visum

Können Sie Ihr Studium nicht in der Regelstudienzeit beenden oder möchten Sie nach dem Studium ein anderes Studium oder ein »Practical Training« in den USA machen, so müssen Sie einen entsprechenden Antrag auf eine Aufenthaltsverlängerung beim INS einreichen. Dieser Antrag wird auf dem Formblatt I-538 gestellt.

Aufenthaltsverlängerung mit einem J-1-Visums

Als J-1-Visum-Inhaber können Sie Ihren Aufenthalt verlängern, indem Sie 15 bis 30 Tage vor Ablauf Ihres gegenwärtigen J-1-Visums ein neues, vom Sponsor ausgefülltes IAP-66-Formblatt sowie das Formblatt I-94 (»Arrival-Departure Record«) an den INS schicken. Wird die Verlängerung genehmigt, erhalten Sie vom INS eine Kopie des IAP-66-Formulars.

Möchten Sie ein Einwanderungsvisum beantragen, müssen Sie nach Ablauf der J-1-Aufenthaltserlaubnis zwei Jahre in Ihrem Heimatland gelebt haben.

Aufenthaltsverlängerung mit einem M-1-Visum

Mit einem M-1-Visum dürfen Sie einen auf dem Visum vermerkten bestimmten Zeitraum, der aber längstens ein Jahr einnimmt, in den USA bleiben. Benötigen Sie mehr als ein Jahr, um Ihr Studium zu beenden, so müssen Sie eine Aufenthaltsverlängerung beim INS beantragen. Diesen Antrag stellen Sie am besten 60 Tage vor Ablauf Ihrer gegenwärtigen Aufenthaltserlaubnis auf dem Formular I-538.

Nach dem Studium in den USA bleiben

Ob Sie nach dem Studium in den USA bleiben können, hängt ebenfalls davon ab, was für ein Visum Sie haben. Eine Green Card erlaubt Ihnen, unbefristet in den USA zu bleiben, unabhängig davon, ob Sie studieren, Praktika absolvieren oder arbeiten. Mit einer Green Card können Sie sich problemlos nach Ihrem Studium in den USA einen Arbeitsplatz suchen.

Haben Sie allerdings mit einem J-1-Visum in den USA studiert, müssen Sie in bestimmten Fällen die USA nach einem Zeitraum von zwei Jahren verlassen haben, bevor Sie erneut ein Visum beantragen dürfen.

13.3. Checkliste für die Rückkehr nach Deutschland

- ☐ Buchen Sie den Rückflug.
- ☐ Kündigen Sie Ihre Wohnung.
- ☐ Stellen Sie einen Nachsendeantrag bei der Post.
- ☐ Melden Sie Telefon, Zeitungen etc. ab und bezahlen Sie Ihre Rechnungen.
- ☐ Lassen Sie sich »Transcripts« und andere Nachweise Ihrer Studienleistungen ausstellen.
- ☐ Sammeln Sie die Adressen Ihrer USA-Freunde.
- ☐ Schreiben Sie Adressen und Ansprechpartner von der Hochschule, Banken, Telefondienst etc. auf.
- ☐ Lösen Sie Ihre Konten auf.
- ☐ Denken Sie daran, Ihre elektrischen Geräte, die auf das amerikanische Stromversorgungssystem umgestellt waren, wieder auf das europäische Netz umzuschalten.

14. Anhang

Glossar

Hier sind die wichtigsten Begriffe aufgelistet, mit denen Sie in Berührung kommen, wenn Sie in den USA studieren möchten. Einige Begriffe, die im Zusammenhang mit dem amerikanischen Bildungssystem benutzt werden, haben mehrere Bedeutungen. Bei Unklarheiten sollten Sie sich unbedingt darüber informieren, was genau mit einem Begriff gemeint ist. Beispielsweise kann ein Zulassungsbescheid einer Universität, der Sie als »First Year Student« zuläßt, bedeuten, daß Sie mit dem ersten Universitätsjahr anfangen oder weiterführende Kurse besuchen dürfen.

Accreditation	Anerkennung von Hochschulen oder Programmen durch akademische oder berufsständige Gremien
Admission	Zulassung
Advanced Standing	Höhere Einstufung als die normale »Classification« der Studenten, die aufgrund des Nachweises besonderer Leistungen vorgenommen wird
(Academic) Adviser	Fakultätsmitglied, das bestimmte Studenten betreut
Academic Probation	Zeitraum, in dem Studenten eine deutliche Verbesserung ihrer Leistungen vorzeigen müssen, um an der Hochschule weiter studieren zu dürfen
Alumnae/Alumni	Hochschulabsolventen

Associate	Akademischer Grad, den man nach Abschluß eines »Community College« oder »Junior College« erhält
Audit	Veranstaltung auf freiwilliger Basis für eingeschriebene Studenten, bei der keine »Credits« vergeben werden
Bachelor	Akademischer Grad, den man nach Abschluß eines vierjährigen (manchmal auch fünfjährigen) Studiums erhält
Carrel	Arbeitsplatz in der Bibliothek, der für einen bestimmten Studenten reserviert ist
Catalogs	Werbebroschüren amerikanischer Hochschulen. Häufig wird hier nicht das tatsächliche entgültige Kursangebot angegeben, sondern nur ein hypothetisches Kursangebot
Classification	Einstufung
College	1. Schultyp 2. Fakultät oder Fachbereich 3. synonym mit »School« benutzt
Consortium	Hochschulverbund
Core Course	Pflichtveranstaltung
Corequisite	Veranstaltung, die parallel zu einem Course besucht werden muß
Course	Akademische Veranstaltung
Course Final	Abschlußprüfung eines Kurses
Credits	Punkte, die in akademischen Veranstaltungen erlangt werden
Cut	Unerlaubte Abwesenheit von einer akademischen Veranstaltung
Curriculum/Program	Studienplan

Dean	Dekan im akademischen oder Verwaltungsbereich
Degree	Akademischer Grad
Department	Fachbereich
Deposit	Gebühr, die manchmal für die Bearbeitung von Zulassungsanträgen verlangt wird, oder Kaution bzw. Anzahlung
Diplom Examination	Diplomprüfung
Diplom Thesis	Diplomarbeit
Doctorate (»Ph.D.«)	Doktorgrad
Dormitory (oder Dorm)	Wohnheim (Residence Hall)
Elective	Wahlkurs oder Wahlpflichtkurs
Entrance Examination	Aufnahmeprüfung
Enrollment	Immatrikulation bzw. Gesamtzahl der eingeschriebenen Studenten
Examination Subject	Prüfungsfach
Examination Regulations	Prüfungsordnung
Extracurricular Activities	Tätigkeiten außerhalb des Studiums (Mitarbeit in Clubs, Vereinen, Studentengruppen und ähnliches)
Faculty	Der Lehrkörper einer Hochschule
Fee	Verwaltungs- und Sozialgebühren
Fellowship	Stipendium
Field of study	Fach
Final	Die letzte Prüfung, die einen Kurs abschließt
(Foreign) Student Adviser	Ansprechpartner und Betreuer ausländischer Studenten
Freshman	Student im ersten College-Jahr, Studienanfänger oder Neuankömmling
Grades/Grading	Zensuren

Collegestudenten heißen
im ersten Jahr: »Freshmen«
im zweiten Jahr: »Sophomores«
im dritten Jahr: »Juniors«
und im vierten Jahr: »Seniors«

Allerdings nennen manche Universitäten die Studenten im ersten Jahr nicht »Freshman«, sondern »First-Year Students«; andere Universitäten nennen alle Studenten, die an die Universität wechseln (also nicht nur die erste Jahrgangsklasse) »First Year Student«.

Grade-Point-Average (GPA)	Durchschnittsnote
Grant	Stipendium für »Undergraduates« oder »Graduates«
Honors Program	Lehrveranstaltung für »Undergraduates« mit überdurchschnittlich guten Zensuren
Institute	1. Hochschulbezeichnung
	2. kurze Fortbildungskurse (fachlich oder handwerklich)
	3. Arbeitsgruppen
	4. Fachbereich
	5. Organisation
Intermediate Examination	Vordiplom/Zwischenprüfung
Intern/Internship	Praktikum außerhalb der Universität
Letter of Recommendation/Reference	Empfehlungsschreiben, Gutachten

Load	Wochenstunden
Major	Hauptfach
Minor	1. Nebenfach
	2. Minderjähriger
Mod-Modular System	Unterrichtsstunden, die nur 15 bis 30 Minuten dauern
Money Order	Bargeldüberweisung
Oral Examination	Mündliche Prüfung
»Ph.D.« Supervisor	Doktorvater
Practical (Course)	Praktikum in der Universität (vgl. Internship)
Prerequisite (Course)	Kurs, der Voraussetzung zum Besuch anderer Kurse ist
Rank in Class	Platz auf der Rangliste (beispielsweise der 20. von 50)
Records	Belege, Studiennachweise, Scheine, Zeugnisse
Registration	Einschreibung und Kursbelegung zu Anfang des akademischen Jahres
Residence Hall	Wohnheim (Dormitory)
Residence Requirement	Anwesenheitspflicht oder Mindeststudienzeit, um einen akademischen Grad zu erhalten
Required Course	Pflichtveranstaltung
Practical Training	Practical Training nennt man zeitlich befristete (maximal ein Jahr bei F-1-Studenten) Arbeitserfahrungen im Hauptfach
Scholarship	Stipendium oder wissenschaftliche Gesamtheit
School	1. Schule,
	2. Fakultät
Score/Test Scores	Testergebnisse

Staff	Alle an einer Hochschule beschäftigten Personen, die nicht zum Lehrkörper (»Fakulty«) gehören
Subject	Fach
Syllabus	Lehrplan, Gliederung, Inhaltsangabe eines Kurses
Terms	1. Zeitabschnitte, in die das akademische Jahr unterteilt wird 2. Bedingung (Terms of Admission = Zulassungsvoraussetzungen) 3. Ausdruck (legal term = Fachausdruck)
Term paper	Hausarbeit
Transcript	Offizieller Nachweis (Computerausdruck) der bisherigen Studienleistungen eines Studenten, der die Titel, die Anzahl der Credits und die Noten der Veranstaltungen auflistet.
Transfer of Terms	Anrechnung von Kursen oder Zwischenprüfungen
Tuition	Studiengebühr
Tuition Waiver	ermäßigte/erlassene Studiengebühren
Withdrawal	1. Abwahl einer Lehrveranstaltung, 2. Exmatrikulation

Adressen

Konsulate und Botschaften

US-Konsulate in Deutschland

Die US-Konsulate in Deutschland sind an allen öffentlichen Feiertagen (sowohl deutschen als auch amerikanischen) für den Publikumsverkehr geschlossen. Die amerikanischen Feiertage sind auf S. 189 verzeichnet.

US-Konsulat

Postanschrift:	*Publikumsverkehr:*
Neustädtische Kirchstr. 4-5	Clayallee 170
10117 Berlin	14195 Berlin
Tel.: (030) 2 38 51 74	Tel.: (030) 8 32 92 33
Fax: (030) 2 38 62 90	

Diese Dienststelle bearbeitet Anträge für Nichteinwanderungs-Visa (ausgenommen K-Visa (Verlobten-), E-1-Visa (Handelsvertragsvisa) und E-2-Visa (Investorenvisa)) für Personen mit Wohnsitz in den Bundesländern Berlin, Brandenburg, Sachsen-Anhalt, Sachsen, Mecklenburg-Vorpommern, Thüringen, Schleswig-Holstein, Niedersachsen, Hamburg und Bremen. Anträge auf Nichteinwanderungsvisa werden in der Zeit von 8.30 bis 11.30 Uhr angenommen.

US-Botschaft

Deichmanns Aue 29
53179 Bonn
Tel.: (0228) 33 9 – 1/ – 2 053
Fax: (0228) 33 27 12
Internet: http://www.usia.gov/posts/bonn.html

Diese Dienststelle bearbeitet Anträge auf Nichteinwanderungs-Visa (ausgenommen K-, E-1- und E-2-Visa) für deutsche Staatsbürger mit Wohnsitz in Nordrhein-Westfalen. Diplomaten und andere Mitarbeiter ausländischer Vertretungen, die in Bonn/ Nordrhein-Westfalen akkreditiert sind oder arbeiten, können ihre Anträge auf Nichteinwanderungsvisa bei der US-Botschaft in Bonn stellen. Anträge für Nichteinwanderungsvisa können in der Zeit von 8.30 bis 11.30 Uhr eingereicht werden. In Bonn kann die Visa-Bearbeitungsgebühr nur mit Banküberweisung oder Euroscheckkarte bezahlt werden. Weder Euroschecks noch Bargeld werden in Bonn angenommen.

US-Konsulat
Siesmanyerstr. 21
60323 Frankfurt a. M.
Tel.: (069) 75 35 0
Fax: (069) 74 89 38

Diese Dienststelle bearbeitet für ganz Deutschland Anträge auf Einwanderungs- und K-Visa, Verlobten-Visa (beide Visakategorien nur nach vorheriger Terminabsprache) sowie alle Anträge für E-1-Visa (Handelsvertragsvisum) und E-2-Visa (Investorenvisa). Darüber hinaus ist Frankfurt a. M. zuständig für alle Anträge auf Nichteinwanderungsvisa für Personen mit Wohnsitz in den Bundesländern Hessen, Rheinland-Pfalz, Baden-Württemberg, Saarland und Bayern sowie von nichtdeutschen Antragstellern mit Wohnsitz in Nordrhein-Westfalen.
Die Konsularabteilung in Frankfurt a. M. nimmt Anträge auf Nichteinwanderungsvisa in der Zeit von 8.00 bis 11.00 Uhr entgegen. Die Öffnungszeit kann bei übergroßer Nachfrage, z. B. im Sommer, in den Osterferien usw., ohne vorherige Ankündigung auf die Zeit von 8.00 bis 10.00 Uhr verkürzt werden.

Informationen über Studentenvisa können Sie unter folgenden Telefonnummern erfahren:

Informationstonband:

(0190) 27 07 89   1,21 DM pro Minute

Live-Auskünfte:

(0190) 91 50 00   2,42 DM pro Minute.

Sie können Ihre Fragen aber auch schriftlich an die Konsulate
in Berlin, Bonn oder Frankfurt a. M. richten. Lediglich ein an
Sie selbst adressierter und ausreichend frankierter Rückumschlag und die genaue Angabe der gewünschten Visa-Infor-
mation sind erforderlich.

Sonstige US-Konsulate und Botschaften in Deutschland

US-Konsulat
Alsterufer 27/28
20354 Hamburg
Tel.: (040) 41 17 10
Fax: (040) 44 30 04

US-Konsulat
Urbanstr. 7
70182 Stuttgart
Tel.: (0711) 21 00 80
Fax: (0711) 210 08 20

US-Konsulat
Königinstr. 5
80539 München
Tel.: (089) 2 88 80
Fax: (089) 2 80 51 63

US-Konsulat
Wilhelm-Seyfferth-Str. 4
04107 Leipzig
Tel.: (0341) 21 38 40

US-Konsulat
Kennedydamm 15-17
40476 Düsseldorf
Tel.: (0211) 4 70 61

Deutsche Vertretungen in den USA

Botschaft der BRD
4645 Reservoir Road N.W.
Washington, D.C. 20007-1998

Generalkonsulat der BRD
Three Copley Pl., Suite 500
Boston, Massachusetts 02116

Generalkonsulat der BRD
676 N. Michigan Av.,
Suite 3200
Chicago, Illinois 60611-2804

Generalkonsulat der BRD
Edison Plaza,
Suite 2100
Detroit, MI 48226-1271

Generalkonsulat der BRD
1330 Post Oak Bd.,
Suite 1850
Houston, Texas 77056-3018

Generalkonsulat der BRD
6222 Wilshire Bd.,
Suite 500
Los Angeles, CA 90048

Generalkonsulat der BRD
460 Park Avenue
New York, NY 10022-1971

Generalkonsulat der BRD
1960 Jackson St.
San Francisco, CA 94108

Generalkonsulat der BRD
2500 One Union Sq. Bldg.
600 University St.
Seattle, Washington 98101

Amerika-Häuser

Amerika-Haus
Hardenbergstr. 22-24
10623 Berlin
Tel.: (030) 3 11 07 406
Fax: (030) 3 12 27 32

Amerika-Haus
Staufenstr. 1
60232 Frankfurt a. M.
Tel.: (069) 97 14 48 20
Fax: (069) 97 14 48 20

Amerika-Haus
Apostelkloster 13-15
50672 Köln
Tel.: (0221) 2 09 01 47
Fax: (0221) 25 55 43
E-Mail: ahcolo@usia.gov

Amerika-Haus
Wilhelm-Swyffarth-Str. 4
04147 Leipzig
Tel.: (0341) 2 13 84 25
Fax: (0341) 2 13 84 43

Die Amerika-Häuser in Hamburg und München wurden aufgelöst. Folgeinstitutionen sind das Amerika-Zentrum e.V. in Hamburg und das Bayerische Amerikanische Zentrum in München.

Deutsch–Amerikanische Institute (DAI)

In den deutsch-amerikanischen Instituten finden Sie Literatur, um sich über USA-Aufenthalte zu informieren. Neben Nachschlagewerken, Merkblättern, Ratgebern, Vorlesungsverzeichnissen gibt es dort umfangreiche amerikanische Literatur. Außerdem werden von Zeit zu Zeit Informationsveranstaltungen für Amerika-Interessierte durchgeführt.

Carl-Schurz-Haus
Kaiser-Joseph-Str. 266
79098 Freiburg
Tel.: (0761) 31 64-5/-7
Fax: (0761) 3 98 27

DAI
Sofienstr. 12
69115 Heidelberg
Tel.: (06221) 6 07 30
Fax: (06221) 60 73 73

Kennedy-Haus
Holtenauer Str. 9
24103 Kiel
Tel.: (0431) 55 48 66
Fax: (0431) 55 54 83

E-Mail: biblio@dai.
hd.bib.belwue.de
Internet:
http://www.dai.hd.bib.belwue.de

E-Mail: KENNEDY@t-
online.de

DAI
Gleißbühlstr. 13
90402 Nürnberg
Tel.: (0911) 23 06 90
Fax: (0911) 2 30 69 23
E-Mail: 106023,66@
compuserve.com

DAI
Charlottenplatz 17
70173 Stuttgart
Tel.: (0711) 22 81 80
Fax: (0711) 2 28 18 40
Internet: http://www.daz.org

DAI
Haidplatz 8
93047 Regensburg
Tel.: (0941) 5 24 76
Fax: (0941) 5 21 98

DAI
Berliner Promenade 15
66111 Saarbrücken
Tel.: (0681) 3 11 60
Fax: (0681) 37 26 24

DAI
Karlstr. 3
72072 Tübingen
Tel.: (07071) 34 07-1/-2
Fax: (07071) 3 18 73
E-Mail: 101527.1236compuserve.com

INS in den USA

Northern Service Center
100 Centennial Mall,
Room 393
Lincoln, Nebraska 65808

Eastern Service Center
75 Lower Welden Street
St. Albans, Vermont 05478
Tel.: (001) (802) 5 27 17 05

Southern Service Center
7701 N. Stemmons Freeway
Dallas, Texas 75356
Tel.: (001) (214) 7 67 77 69

Western Service Center
24000 Avila Road
Laguna Hills, CA 92677
Tel.: (001) (714) 6 43 42 36

Allgemeiner Internetzugang: http://www.ins.usdoj.gov/

Weitere Informationen für Studenten

AAUW Educational
Foundation
Department 60, 2201
N. Dodge Street
Iowa City, IA 52243-4030
Tel.: (001) (319) 3 37 17 16
Fax: (001) (319) 3 37 12 04
Internet: http://www.aauw.org/

Deutsch-Amerikanischer
Frauenclub e.V.
Postfach 301202
20305 Hamburg
Tel.: (040) 2 79 04 59

American Association of University Women
1111 Sixteenth Street N.W.
Washington, DC 20036-4873
Tel.: (001) (202) 7 28 76 03

Amerika-Zentrum e.V.
Tesdorpfstr. 1
20148 Hamburg
Tel.: (040) 45 01 04 22
Fax: (040) 44 47 05

Das Amerika-Zentrum e.V. ist das Nachfolgeinstitut für das Amerika-Haus. Für die Studienberatung wird leider inzwischen eine Gebühr von 20 DM pro halbe Stunde berechnet.

Auswärtiges Amt
Referat Öffentlichkeitsarbeit
Adenauerallee 99-103
53113 Bonn
Tel.: (0228) 9 14 08 -03/-06/-30
Internet: http://www.auswaertiges-amt.government.de

Hier erhalten Sie kostenlos das »Adreßbuch der deutsch-amerikanischen Zusammenarbeit«. Außerdem kann Ihnen das Auswärtige Amt bei der Vermittlung von Praktika für Lehramtsanwärter behilflich sein.

Akademisches Auslandsamt Studienberatung USA

Besucheranschrift:	*Postanschrift:*
Hanomagstr. 8	Ricklinger Stadtweg 118-120
30449 Hannover	30459 Hannover

Ansprechpartner: Frau Truman
Tel.: (0511) 9 29 60
Fax: (0511) 9 29 69 96 21
E-Mail: truman@verw.fh.-hannover.de
Internet: http://www.fh-hannover.de/usa/usa-info.html

Hier bekommen Sie Informationen über Studium und Praktika in den USA. Zusätzlich sind vor Ort eine Menge Handbücher und andere Informationsunterlagen einsehbar.

American Association of Intensive English Programs (AAIEP)
229 North 33rd Street
Philadelphia, PA 19104 USA
Tel.: (001) 215 895 58 56
Fax: (001) 215 895 58 54
E-Mail: aaiep@post.drexel.edu

Internet: http://www.aaiep.org/index2.htm
http://www.outfitters.com/com/aaiep

Hier erhalten Sie Informationen zu »Summer Sessions« und
»English as a Second Language«-Programmen.

Association of University Summer Sessions (AUSS)
Indiana University
254 Maxwell
Bloomington, IN 47 405, USA

Informationen zu »Summer Sessions«.

Bayerisches Amerikanisches Zentrum
Karolinenplatz 3
80333 München
Tel.: (089) 55 25 37 17
Fax: (089) 55 25 37 30
E-Mail: crsmuni@usia.gov

Hier können Sie Anmeldeformulare für Zulassungstests erhalten (an der Pforte oder per Post gegen eine Gebühr von 4 DM).
Außerdem finden von Zeit zu Zeit Informationsveranstaltungen für Studien-, Au-Pair- und Schüleraufenthalte statt.

**Bundesministerium für Bildung, Wissenschaft, Forschung
und Technologie, Referat Öffentlichkeitsarbeit**
53170 Bonn
Fax: (0228) 57 39 17
E-Mail: information@bmbf.bund400.de

Hier können Sie sich über Auslands-BAföG informieren.
Außerdem gibt es hier die kostenlosen Veröffentlichungen:
»BAföG 98/99 – Gesetz und Beispiele« und »Studium in Aus-
land. Hinweise für Studenten«.

Körber-Stiftung
Kampchaussee 10
21033 Hamburg
Tel.: (040) 72 50 44 75
Fax: (040) 72 50 39 22
E-Mail: usable@stiftung.koerber.de
Internet: http://www.stiftung.koerber.de/

Die Körber-Stiftung hat eine sehr informative Internetseite, wo Sie neben Tips zu Studium, Praktikum, Arbeit oder Reisen in den USA viele Links finden. Außerdem existiert ein Austauschforum, in dem Sie sich per E-Mail informieren können. Darüber hinaus veranstaltet die Körber-Stiftung einen Wettbewerb im Zusammenhang mit den USA (Einsendeschluß 31. Dezember 1999), bei dem bis zu 10.000 DM vergeben werden.

Kultus- und Wissenschaftsbehörden der Länder der BRD
Anerkennung von Studien- und Prüfungsleistungen in Studiengängen, die mit dem Staatsexamen abschließen und Anerkennung amerikanischer akademischer Grade: Die Adressen der zuständigen Behörden können Sie der kostenlosen DAAD-Broschüre von Ulrich Littmann oder der kostenlosen Broschüre »Allgemeine Hinweise zum Auslandsstudium« entnehmen. Beide Broschüren sind beim DAAD erhältlich (Adresse S. 239).

Landesamt für Ausbildungsförderung
Behörde für Wissenschaft und Forschung in Hamburg
Hamburger Straße 37 *Besucheranschrift:*
22083 Hamburg Weidestr. 122c, 3. Etage
Tel.: (040) 24 88 0
Fax:. (040) 24 88 52 18

Dieses Amt ist für BAFöG-Anträge zur Förderung von Studien in den USA zuständig.

Carl-Duisberg-Gesellschaft e.V. (CDG)
Weyerstr. 79-83
50676 Köln
Tel.: (0221) 20 98 -102 /-148/-229
Fax: (0221) 2 09 81 11
Internet: http://www.cdg.de

Die CDG hat ein umfangreiches Programm an praxisorientierten Trainings-, Austausch- und Fremdsprachenprogrammen
im Ausland (siehe S. 93).

CIEE – Council on International Educational Exchange e.V.

Thomas-Mann-Str. 33	Hagenauerstr. 1
53111 Bonn	10435 Berlin
Tel.: (0228) 98 36 00	Tel.: (030) 4 42 79 52
Fax: (0228) 65 95 64	Fax: (030) 4 42 60 82

E-Mail: InfoGermany@ciee.org
Internet: http://www.council.de/

Council on Standards for International Educational Travel
3, Loundoun Street, SE
Leesburg, VA 22075
USA
Tel.: (001) (703) 7 71 20 40
Fax: (001) (703) 7 71 20 46

Auf Anfrage erhalten Sie hier die »Advisory List of International Educational Travel and Exchange Programs«, eine Liste
über die Austauschorganisationen für die USA und deren
Programme (siehe auch S. 94 f.).

DAAD – Deutscher Akademischer Austauschdienst
Referat 425
Kennedyallee 50
53175 Bonn
Tel.: (0228) 88 20
Tel.: (0228) 88 24 41 (Information und Beratung)
Fax: (0228) 88 25 53
E-Mail: auslandsstudium@daad.de
oder: postmaster@daad.de
Internet: http:/www.daad.de

Der DAAD fördert In- und Ausländer mit über 100 Projekten
weltweit und in allen Fachbereichen (siehe S. 95). Die Infor-
mationsbroschüre des DAAD »Studium, Forschung, Lehre,
Förderungsmöglichkeiten im Ausland für Deutsche« erscheint
jährlich im April neu. Sie erhalten die Broschüre bei dem
Akademischen Auslandsamt Ihrer Universität oder bei der für
Auslandsfragen zuständigen Stelle Ihrer Hochschule.

DAAD-Büro Berlin
Postfach 240   Jägerstr. 23
10106 Berlin   10117 Berlin
Tel.: (030) 2 02 20 80
Fax: (030) 2 04 12 67

DAAD-Arbeitsstelle Berlin-Mitte
Breite Straße 11   Postfach 86
10178 Berlin   10122 Berlin
Tel.: (030) 24 75 90
Fax: (030) 24 75 90 20

Büro New York (German Academic Exchange Service)
950 Third Avenue, 19th floor
New York, NY 10022 USA

Tel.: (001) (212) 7 85 32 23
Fax: (001) (212) 7 55 57 80
E-Mail: daadny@daad.org

ELS Language Centers Across the USA
http://www.els.com/toc.htm

Informationen zu »Summer Sessions«.

Fulbright-Kommission
Theaterplatz 1a
53177 Bonn
oder:
Postfach 20 05 55
53135 Bonn
Tel.: (0228) 93 56 90
Fax: (0228) 36 31 30
E-Mail: fulkom@uni-bonn.de
Internet: http://www.uni-bonn.de/Fulbright.Germany

Studenten und Dozentenaustausch zwischen den USA und der Bundesrepublik Deutschland (siehe S. 97).

GLS-Sprachenzentrum
Kolonnenstr. 26
10829 Berlin
Tel.: (030) 7 87 41 23
Fax: (030) 7 87 41 91
E-Mail: gls.berlin@t-online.de
Internet: http://www.gls-berlin.com

Das GLS-Sprachenzentrum bietet Sommerkurse, Praktika, »High School«, »College« sowie »University Programs« und Bildungsurlaub für Erwachsene im Ausland an.

The German Marshall Foundation of the United States
Friedrichstr. 113a
10117 Berlin
Tel.: (030) 2 83 49 02
Fax: (030) 2 83 48 53
E-Mail: info@gmfus.org

Hans-Böckler-Stiftung
Bertha-von-Suttner-Platz 1
40227 Düsseldorf
Tel.: (0211) 7 77 80
Fax: (0211) 7 77 81 20
Internet: http://www.boeckler.de

International Student Exchange Program (ISEP)
Georgetown University
1242 35th Street, NW20057 Washington, DC, USA
Tel.: (001) 202 965 05 50

Internationale Gesellschaft der Bildenden Künste (IGBK)
Weberstr. 61
53113 Bonn
Tel.: (0228) 216141
Fax: (0228) 216105

Die IGBK hat eine Publikation herausgegeben, in der Sie
Adressen nationaler und regionaler Organisationen, Agentu-
ren und Künstlerzusammenschlüsse finden, an die Sie sich
bezüglich eines Austauschs mit US-amerikanischen Künstlern
wenden können. Hier erhalten Sie außerdem Adressen von
amerikanischen Künstlerhäusern bzw. erfahren, wo Arbeitsaufenthalte möglich sind und Stipendien vergeben werden.

Koordinierungsstelle für Praxissemester der
Fachhochschulen
Moltkestr. 30
76133 Karlsruhe
Tel.: (0721) 9252820
Fax: (0721) 9252828
E-Mail: koor-praxis-bw@FH-Karlsruhe.de

North American Association of Summer Sessions (NAASS)
Internet: http://www.naass.org

Informationen zu »Summer Sessions«.

Petersons's Guide (Summer Programs)
http://www.petersons.com/summerop/

Informationen zu »Summer Sessions«.

Robert-Bosch-Stiftung
Heidehofstr. 31
70184 Stuttgart
Tel.: (0711) 4 60 84 47
Fax: (0711) 4 60 84 94
Internet: http://www.Bosch-Stiftung.de

Rotary Foundation Scholarships Section
1560 Sherman Avenue
Evanston, Illinois 60201 USA
Tel.: (001) 847 866 33 20
Internet: http://www.rotary.org/
http://www.rotary.org/foundation/educational_programs/

Stiftung »Luftbrückendank«
Berliner Rathaus
10173 Berlin
Tel.: (030) 24 01 20 80
Fax: (030) 24 01 20 82

Fördert über Stipendien Studien-und Arbeitsaufenthalte junger Berliner.

Studienstiftung des deutschen Volkes
Mirbachstr. 7
53173 Bonn

Gefördert werden ausschließlich USA-Aufenthalte von Stipendiaten der Studienstiftung des deutschen Volkes.

United States Information Service (USIS)
Botschaft der Vereinigten Staaten von Amerika
Deichmanns-Aue 29
53170 Bonn
Tel.: (0228) 33 91
Fax: (0228) 33 41 02

Sie können hier Vorlesungsverzeichnisse amerikanischer Universitäten einsehen und erhalten Informationen über deutschamerikanische Austauschprogramme

**University and College Intensive English Programs
in the USA (UCIEP)**
http://www.go-ed.com/uciep/

Informationen zu »Summer Sessions«.

Verband der Deutsch-Amerikanischen Clubs
Friedrichsberg 32c
70567 Stuttgart
Tel.: (0711) 71 39 55

Jährlich werden 30 Studenten an amerikanische Partnerhochschulen geschickt. Informationen erhalten Sie bei dem Verband, wenn Sie Ihrem Anschreiben einen frankierten Rückumschlag beilegen.

Adressen für Wissenschaftler

Alexander-von-Humboldt-Stiftung
Jean-Paul-Str. 12
53173 Bonn
Tel.: (0228) 83 30
Fax: (0228) 83 32 12
E-Mail: select@alex.avh.uni-bonn.de
Internet: http://www.avh.de

**Deutsche
Forschungsgemeinschaft**
Kennedyallee 40
53175 Bonn
Tel.: (0228) 88 51
Fax: (0228) 8 85 27 77
E-Mail:
postmaster@dfg.d400.de
Internet:
http://www.dfg-bonn.de

**Gottlieb-Daimler- und
Carl-Benz-Stiftung**
Dr.-Carl-Benz-Platz 2
68526 Ladenburg
Tel.: (06203) 15924
Fax: (06203) 16624
E-Mail: GD-KB-
STIFTUNG@T-ONLINE.DE

International Student Loans

International Student Loan Program (ISLP)
VP/IEFC
424 Adams Street
Milton, MA 02186, USA
Tel.: (001) 1-617 696 7840
Fax: (001) 1 617 698 3001
E-Mail: iefc@aol.com

Norwest Bank/HEMAR Insurance Corp.
GMAC, 2400 Broadway Suite 320
Sante Monica, CA 90404-3064, USA
Tel.: (001) 1 703 7 49 01 31

Bank of Boston
PO Box 312
Boston, MA 02117-0312,
USA

Bay Bank
PO Box 510
Dedham, MA 02026, USA
Tel.: (001) 1 800 3 32 83 74

Nellie Mae
Braintree Hill Park
Braintree, MA 02184
Tel.: (001) 1 800 6 34 93 08

MEFA
125 Summer Street,
Boston, MA 02110, USA
Tel.: (001) 1 800 8 42 15 31
Fax: (001) 1 617 2 61 97 65
E-Mail: kocl@aol.com

USA Funds
Option 4 Loan Program
USA Funds MC M372, PO Box 6180
Indianapolis, IN 462099303, USA

Krankenversicherung

Die folgenden vier Versicherungen haben zusammen mit der
»Association of International Educators« Versicherungen für
ausländische Studenten ausgearbeitet:

Hinchcliff International, Inc.
11 Ascot Place
Ithaca, New York 14850

International Group Services
10530 Rosehaven Street
Suite 350
Fairfax, Virginia 22030

Seabury and Smith
1166 Avenue
of the Americas
New York, NY 10036

John Hancock:
International Student
Medical Insurance Program
OMA Limited
15 Broad Street
Boston, Massachusetts 02109

Sprachreisen

Aktion Bildungsinformation e.V.
Alte Poststr. 5
70173 Stuttgart
Tel.: (0711) 29 93 35
E-Mail: abi@kv-netzwerk.de

Bei der Aktion Bildungsinformation können Sie gegen Ent-
richtung einer Schutzgebühr Broschüren über Schuljahresauf-
enthalte in den USA erhalten, die Sprachkurse im Ausland
kritisch unter die Lupe nehmen.

Fachverband Deutscher Sprachreisen-Veranstalter
Hauptstr. 26
63811 Stockstadt
Tel.: (06027) 27 90
Fax: (06027) 41 88 47

Für ca. 5 DM erhalten Sie hier den »Ratgeber Sprachreisen«.

CIEE – Council on International Educational Exchange e.V.
(siehe S. 238).
Der Council vermittelt unter anderem Sprachkurse in den USA.

Einen Überblick über verschiedene Sommerkurse bietet der
DAAD unter:
http://www.daad.de/info-f-d/ubersicht_uber_sprachkursverzeich
nisse.shtml

Vermittlung von Praktika und Jobs

Sie können sich einen Job oder ein Praktikum auf eigene Faust
suchen. Ab S. 268 finden Sie zahlreiche Internetadressen, die
Ihnen dabei helfen können. Vorab eine sehr informative Seite
mit vielen nützlichen Links: **http://www.fh-hannover.de/
usa/usa-info.html**
Sie können sich natürlich auch einen Job oder ein Praktikum
vermitteln lassen. Neben den hier aufgeführten Möglichkeiten
können Sie sich für ein Praktikum in internationalen Organisationen mit Sitz in den USA bewerben. Informationen zu
Ausbildungsplätzen für Rechtsreferendare sind auf S. 257 f.
zu finden.

AIESEC
Subbelrather Str. 247
50825Köln
Tel.: (0221) 55 10 56
Fax: (0221) 5 50 76 76
E-Mail: ne@de.AIESEC.org

AIESEC vermittelt weltweit Praktika im Bereich Wirtschafts-
und Sozialwissenschaften.

Amity Institute
P.O.-Box 118
Del Mar, California 92014,
USA
Tel.: (001) (619) 7 55 35 82

Arbeitsgemeinschaft für Jugendhilfe
Haager Weg 44
53127 Bonn
Tel.: (0228) 91 02 40
Fax: (0228) 9 10 24 66

Diese Organisation vermittelt beispielsweise im Rahmen des
»Cleveland International Program« erfahrene Fachkräfte in
sozialen Berufen in die USA.

Arthur-F.-Burs-Fellowship-Programm
c/o Initiative Jugendpresse e.V.
Höhenblick 2
61462 Königstein
Tel.: (06174) 77 07
Fax: (06174) 41 23

Jährlich findet ein Austauschprogramm von zehn deutschen und zehn amerikanischen Journalisten statt.

A.S.I. Wirtschaftsberatung für Arzt und Zahnarzt
Postfach 1128
48001 Münster
Tel.: (0251) 2103346

Arzt im Praktikum.

Association for International Practical Training (AIPT)
10400 Little Patuxent Parkway, Suite 250
Columbia, Maryland 21044-3510
Tel.: (001) (410) 9972200
Fax: (001) (410) 9 92 39 24
E-Mail: aipt@aipt.org
Internet: http://www.aipt.org

Praktikantenaustausch zusammen mit der ZAV (siehe S. 257).

Bertelsmann-Stiftung
Carl-Bertelsmann-Straße 256
33311 Gütersloh
Tel.: (05241) 81 70
Fax: (05421) 81 66 77

Gefördert werden medienpädagogische Projekte, journalistische Workshops, deutsch-amerikanische Bildungsdialoge, Auslandspraktika für junge Buchhändler und ein deutsch-amerikanisch-israelischer Lehreraustausch.

Bundestagsverwaltung
Referat PB 4
Bundeshaus
53113 Bonn
Tel.: (0228) 1 62 93 36
Fax: (0228) 162 65 74

Sie können sich hier über das »Parlamentarische Paten-schaftsprogramm« informieren. 1983 haben der Deutsche Bundestag und der amerikanische Kongreß aus Anlaß der 300-Jahr-Feier der deutschen Einwanderung nach Nordamerika ein Jugendaustauschprogramm unter der Bezeichnung »Parlamentarisches Patenschaftsprogramm« (PPP) vereinbart, das:

- Schülern allgemeinbildender Schulen im Alter von 16 und 17 Jahren,
- Vollzeitberufsschülern im Alter von 16 bis 19 Jahren und
- jungen Berufstätigen mit abgeschlossener Ausbildung im Alter von 16 bis 21 Jahren

einen einjährigen Aufenthalt in den USA ermöglicht.

Partnerorganisation:
Council of International Programs
500 23rd Street, NW – Flat B – 902
Washington, DC 20037
USA
Tel.: (001) (202) 4 29 43 51
Fax: (001) (202) 4 29 43 54
Es wird ein Hospitationsprogramm von vier bis sechs Monaten in Einrichtungen der amerikanischen Jugend- und Sozialhilfe angeboten. Teilnehmen können berufserfahrene sozialpäd-agogische Fachkräfte. Reise-, Aufenthalts- und Programmkosten werden durch Stipendien des Bundesfamilienministeriums finanziert. Die Unterbringung erfolgt in Gastfamilien.

Carl-Duisberg-Gesellschaft e.V. (CDG)
(siehe S. 93 u. S. 238)

Camp Counselors USA Programm
Alemannenstr. 9
79232 Freiburg

Vergeben werden Jobs in Sommercamps beispielsweise als Kinder- und Jugendbetreuer, Küchenhilfe oder Fahrer für Abiturienten, Studierende oder Lehrkräfte. Über das Programm informiert die ZAV oder der Camp Counselors USA (am besten geben Sie bei der Informationsanfrage Ihr Geburtsdatum, bisherige Tätigkeit und mögliches Abflugdatum an).

CIEE – Council on International Educational Exchange e.V.
(siehe S. 94 f. u. S. 238)

Deutsches Komitee der IAESTE e.V.
Kennedyallee 50
53175 Bonn
Tel.: (0228) 88 22 31
Fax: (0228) 88 25 50
E-Mail: iaeste@daad.de

Vermittlung von Praktikaplätzen für Studenten der Natur-, Agrar- und Ingenieurwissenschaften und Forstwirtschaft.

Deutscher Bauernverband e.V.
Godesberger Allee 142-148
53175 Bonn
Tel.: (0228) 8 19 82 99
Fax: (0228) 8 19 82 05

Praktika in den Bereichen Land- und Hauswirtschaft, Garten- und Weinbau.

Deutscher Berufsverband der Sozialarbeiter, Sozialpädagogen und Heilpädagogen e.V. (DBSH)
Friedrich-Ebert-Str. 30
45127 Essen
Tel.: (0201) 82 07 80
Fax: (0201) 8 20 78 40

Bei dem DBSH werden internationale Fortbildungsaufenthalte angeboten (über die »International Federation of Social Workers«).

Deutscher Famulantenaustausch
Godesberger Allee 54
53175 Bonn
Tel.: (0228) 37 53 40
Fax: (0228) 8 10 41 55

Vermittlung von Praktikaplätzen für Studenten der Pharmazie und Medizin. Außerdem erhalten Sie hier eine Liste von Krankenhäusern im Ausland.

Deutscher Industrie- und Handelstag
Adenauerallee 148
Postfach 14 46
53004 Bonn
Tel.: (0228) 10 40
Fax: (0228) 10 41 58
Internet: http://www.diht.de

Der deutsche Industrie- und Handelstag bietet zusammen mit der Carl-Duisberg-Gesellschaft jungen diplomierten Wirtschaftswissenschaftlern die Möglichkeit, ein Praktikum bei einer German American Chamber of Commerce zu absolvieren. Ebenso können Rechtsreferendare ihre Wahlstation bei einer deutschen Auslandshandelskammer oder der Delegation der Deutschen Wirtschaft ableisten.

European Law Student's Association (ELSA)
c/o Juristisches Seminar
Friedrich-Ebert-Anlage 6-10
69117 Heidelberg
Tel.: (06221) 54 77 31

Ursprünglich nur in Europa tätig, vermittelt ELSA inzwischen auch Praktika in die USA.

Epcot-Center Florida
Möchten Sie ein halbes bis ein Jahr als Bedienung oder Verkäufer in Disney-World arbeiten, dann wenden Sie sich an das Epcot Center. Über die Teilnahmebedingunge informiert die ZAV (siehe S. 257).

Future Farmers of America
National FFA Center
5632 Mt. Vernon Memorial Highway
PO Box 15160
USA Alexandria, VA 22309-0160
Tel.: (001) (703) 360 36 00
Fax: (001) (703) 3 60 55 24

Deutschen zwischen 18 und 24 Jahren mit landwirtschaftlichen Erfahrungen wird ein Praktikum auf einer amerikanischen Farm oder bei einem agrarwirtschaftlichen Unternehmen ermöglicht.

GLS-Sprachenzentrum
(siehe S. 240)

Das GLS-Sprachenzentrum vermittelt Praktika in die USA.

Goethe-Institut
Zentralverwaltung
Helene-Weber-Allee 1
80637 München
Tel.: (089) 15921460
Fax: (089) 15921450
E-Mail: rupp@goethe.de
Internet: http://www.goethe.de

Sie können an einem Goethe-Institut im Ausland ein Praktikum absolvieren.

Informationsbüro für deutsch-amerikanischen Austausch
Kaiserswerther Str. 16-18
14195 Berlin
Tel.: (030) 8 31 38 20
Fax: (030) 8 31 80 31

Hier können Sie Informationen über Schüleraustausch, Jugendaustausch, wissenschaftliche und kulturelle Programme und berufliche Fortbildung erhalten. Außerdem können auf Wunsch Kontakte zwischen Einzelpersonen und Institutionen vermittelt werden.

International Pharmaceutical Student's Federation (IPSF)
Auslandsreferat des BPhD
c/o Fachschaft Pharmazie
Staudinger Weg 5
55099 Mainz
Fax: (06131) 39 55 89
Internet: http://www.pharmazie.uni-mainz.de/BPhD/ALR/se.
html

Praktika für ein bis drei Monate für Pharmaziestudenten und
Apotheker. Teilnehmen kann jeder, der Pharmazie an einer
deutschen Universität studiert, sowie Apotheker, deren Approbation nicht länger als vier Jahre zurückliegt.

Koordinationsstelle für Praxissemester der Fachhochschulen
(siehe S. 242)

National Association of Social Workers
7981 Eastern Avenue
Silver Spring, MD. 20910, USA
Tel.: (001) (301) 5 65 03 33

RIAS-Berlin-Kommission
RIAS-Funkhaus
Am Hans-Rosenthal-Platz, Zi. 215
10285 Berlin
Tel.: (030) 8 50 31 98
Fax: (030) 8 50 35 57

Journalistenaustausch mit den USA.

Sekretariat der ständigen Konferenz der Kultusminister
der Länder in der Bundesrepublik Deutschland
Pädagogischer Austauschdienst
Nassestr. 8
53113 Bonn
oder:
Postfach 2240
53012 Bonn
Tel.: (0228) 50 14 82
Fax: (0228) 50 13 01

Fremdsprachenassistenten und Lehreraustausch. Voraussetzung ist das erste Staatsexamen.

Stiftung »Luftbrückendank«
(siehe S. 243)

**Villa Aurora – California Institute for
European-American Relations**
Feuchtwanger Program in Exile Studies
520 Paseo Miramar
Pacific Palisades, Los Angeles, CA, USA
Tel.: (001) (310) 4 54 42 31
Fax: (001) (310) 5 73 36 01

Austauschprogramme für Schriftsteller und Künstler.

Zahnmedizinischer Austausch e.V. (ZAD)
Mallwitzstr. 16
53177 Bonn
Tel.: (0228) 85 57 35

Nach dem zweiten klinischen Semester können Zahnmediziner

sich vom ZAD an eine »School of Dentistry« in den USA vermitteln lassen.

Zentralstelle für Arbeitsvermittlung (ZAV)
Auslandsabteilung
Feuerbachstr. 42-46
60325 Frankfurt a. M.
Tel.: (069) 7 11 10
Fax: (069) 71 11 555

Die ZAV vermittelt Studenten, die an deutschen Universitäten oder Fachhochschulen eingeschrieben sind, zwei- bis viermonatige Ferienarbeiten im Rahmen des »California International Education Program«. Die Jobs sind in den Bereichen Handel, Hotel, Gastronomie, Freizeitpark, Kinderbetreuung, Kundendienst, Banken oder Büros.
Außerdem bietet die ZAV das »Inter Exchange Praktikantenprogramm«, das »Transamerica Job-Programm«, das »Midwest Programm«, Au-Pair-Tätigkeiten und Lehreraustausch zwischen Texas, Missouri, North Carolina und der BRD an.
Informationen zu den Programmen erhalten Sie in der kostenlosen Broschüre »Jobs und Praktika im Ausland für Studenten(innen), Abiturienten(innen) & andere junge Leute« von der ZAV.

Informationen für Rechtsreferendare

Da in der Regel nur sehr wenige organisierte Ausbildungsplätze im Rahmen des ILEX-Programmes (der »American Bar Association«) vorhanden sind, sollten Sie sich zusätzlich selbst um einen Ausbildungsplatz in den USA bemühen. Informationen erhalten Sie bei den folgenden Institutionen:

American Bar Association
(Section of International Law and Practice)
ILEX-International Legal Exchange Program
2nd Floor, S. Lobby
1800 M Street N.W. Suite 450 South
Washington, D.C. 20036-5886, USA
Tel.: (001) (202) 3 31 22 39
Fax: (001) (202) 4 57 11 63

Deutsch-Amerikanische　　**Deutscher Anwaltverein**
Juristenvereinigung e.V.　　Adenauerallee 106
(DAJV)　　53113 Bonn
Alte Bahnhofstr. 10　　Tel.: (0228 2 60 70
53173 Bonn　　Fax: (0228) 26 07 -46
Tel.: (0228) 36 13 76
Fax: (0228) 35 79 72

Die DAJV bietet einen für Nichtmitglieder (Studenten und
Referendare) kostenpflichtigen »Internship Service« an.

Senator für Justiz und Verfassung der
Freien Hansestadt Bremen
Richtweg 16/22
28195 Bremen
Tel.: (0421) 3 61 24 58
Fax: (0421) 3 61 25 84

Hier werden Wahlpflichtstationen für Rechtsreferendare bei
Rechtsanwälten in den USA vermittelt. Die Ausbildungsplätze
werden von der »American Bar Association« im Rahmen des
ILEX-Programms bereitgestellt.

Deutscher Industrie- und Handelstag
(siehe S. 253)

Standardtests

American College Test (ACT)
ACT Universal Testing
P.O. Box 4028
Iowa City, IA 52243-4028, USA
Tel.: (001) 319-3 37 14 48
E-Mail: osus@act.org

Dental Admission Test (DAT)
Department of Testing Services
American Dental Association (ADA)
211 East Chicago Avenue
Chicago, IL 60611-2678, USA
Tel.: (001) 312-4 40 26 89
Internet: http://www.bibl.u-szeged.hu/bibl/afit/datw.html
und: http://www.ada.org/tc-educ.html

Auf der Internetseite der »American Dental Association« finden Sie Informationen zum DAT, zur Akkredition, Links zu »Dental Schools« und viele weitere nützliche Auskünfte.

TOEFL, TWE und TSE
CITO, National Institute for Educational Measurement
P.O. Box 1203
NL – 6801 BE Arnheim,
Netherlands
Tel.: 00/31-2 63 52 14 80
Fax: 00/31-2 63 52 12 78

E-Mail: registration@cito.nl
Internet: http://www.toefl.org.

Graduate Record Examination (GRE)

CITO/GRE	GRE/ETS
P.O. Box 1109	P.O. Box 6155
NL 6801 BC Arnheim,	Princeton, NJ 08541-
Netherlands	6155, USA
Tel.: 00/31-263521577	
E-Mail: gre-info@ets.org	
Internet: http://www.gre.org.	

GMAT	SAT
GMAT/ETS	SAT/ETS
P.O. Box 6103	P.O. Box 6200
Princeton, NJ 08541-6103,	Princeton, NJ 08541-6103,
USA	USA
Tel.: (001) 609-7 71 73 30	Tel.: (001) 609-7 71 76 00
Fax: (001) 609-20 10 92	E-Mail: SAT@ETS.ORG
E-Mail: gmat@ets.org	Internet:http://www.ets.org/
Internet:	satets.html
http://www.gmat.org.	

Informationshefte und Anmeldeformulare für die Standardtests des »Educational Testing Service« (ETS) können je nach Vorrat aus dem CIEE-Büro in den Amerika-Häusern mitgenommen werden.

USMLE

Mediziner erhalten die Unterlagen zur Anmeldung zum »United States Medical Licensing Examination« (USMLE) bei amerikanischen Botschaften und Konsulaten.

Educational Commission for Foreign Medical Graduates
(ECFMG)
3624 Market Street, 4th Floor,
Philadelphia, PA 19104-2685, USA
Tel.: (001) (215) 3 86 59 00
Fax: (001) (215) 3 87 99 63
Internet: http://www.ecfmg.org (USMLE Heft ist dort abrufbar)
Internet: http://www.usmle.org/98bull3.HTM

Commission on Graduates of Foreign Nursing Schools
(CGFNS)
3600 Market Street, Suite 400
Philadelphia, PA19104-2651, USA
Tel.: (001) (215) 2 22 84 54
Fax: (001) (215) 6 62 04 25
E-Mail: 102432.735@compuserve.com

Bei der CGFNS erhalten Krankenschwestern Unterlagen zur
Anmeldung für die CGFNS-Prüfung.

LSAT Law School Admission Services P.O. Box 2000 Newtown, PA 18940-0998, USA Tel.: (001) (215) 9 68 10 01 E-Mail: lsacinfo@lsac.org Internet: http://www.lsac.org/ lsatinfo.htm	MCAT MCAT Program Office P.O. Box 4056 Iowa City, IA 52243, USA Tel.: (001) (319) 337 13 57 Fax: (001) (319) 337 15 51 Internet: http://www.aamc. org/stuapps/admiss/mcat/ geninfo.htm

Michigan English Language Assessment Battery (MELAB)
English Language Institute
MELAB Testing
University of Michigan
3020 North University Building
Ann Arbor, MI 48109-1057, USA
Tel.: (001) (734) 7 63 34 52 oder
(001) (734) 7 64 24 16
Fax: (001) (734) 7 63 03 69
E-Mail melabelium@umich.edu
Internet: http://www.lsa.umich.edu/eli/melab2.html

MAT The Psychological
Corporation
555 Academic Court
San Antonio, TX 78204, USA
Tel.: (001) (800) 622 32 31
Internet:
http://www.hbtpc.com/mat/

IELTS
The British Council
Hahnenstr. 6
50667 Köln
Tel.: (0221) 20 64 40
Fax: (0221) 2 06 44 55

University of Cambridge Local Examinations Syndicate
1 Hills Road
GB-Cambridge, CB1 2EU
Tel.: (0044) (1223) 55 33 11
Fax: (0044) (1223) 46 02 78

Kontaktadresse für Einwanderung

American Immigration Lawyers Association (AILA)
1400 Eye Street, NW, Suite 1200
Washington, DC 20005, USA
Tel.: (001) (202) 2 16 24 00
Fax: (001) (202) 3 71 94 49

Internet:
http://www.aila.org/public/immigrationlawyers. html

AILA ist eine »National Bar Association« auf »nonprofit«-Basis mit mehr als 5.200 Rechtsanwälten, die Erfahrungen auf dem Gebiet der Immigration haben. Bei der AILA können Sie erfahren, an welche Rechtsanwälte Sie sich mit Immigrationsfragen wenden können, und was Sie bei der Auswahl eines Anwalts beachten sollten.

Bundesverwaltungsamt
Informationsstelle für Auslandstätige und Auswanderer
Postfach 6580169
50728 Köln
Tel.: (0221) 75 80
Fax: (0221) 7 58 27 68

Das Bundesverwaltungsamt hat die Aufgabe, Auslandstätige und Auswanderer zu beraten und zu informieren. Es werden unter anderem gegen eine Schutzgebühr Informationsschriften für Auslandstätige und Auswanderer über Aufenthaltsbedingungen und Lebensverhältnisse in den USA herausgegeben. Nutzen Sie auf jeden Fall die Chance und erörtern in einem persönlichem Gespräch in einer der 67 Beratungsstellen Ihre individuelle Situation. Mitarbeiter des Bundesverwaltungsamtes betonen, daß die Informationsschriften kein persönliches Beratungsgespräch ersetzen können. Folgende Merkblätter sind verfügbar:
• Allgemeine Hinweise (Vorbereitung der Ausreise)
• Versicherung bei Auslandsaufenthalt
• Deutsche heiraten in Nordamerika
• Ländermerkblatt: USA
• Informationsblätter zu Lebenshaltungskosten und andere länderspezifische Besonderheiten

Touristeninformationen

AMTRAK
Wilmersdorfer Str. 94
10629 Berlin
Tel.: (030) 8 81 41 22
Fax: (030) 8 83 55 14

Hostelling International-
USA
American Youth Hostels
P.O. Box 37613
Washington, DC
20013-7613, USA
Tel.: (001) 202-783 61 61

Fremdenverkehrsamt der USA
Bethmannstr. 56
60311 Frankfurt a. M.
Tel.: (069) 29 52 11

Adressen anderer Fremdenverkehrsämter für die verschicde-
nen Bundesstaaten der USA finden Sie unter der Internetadresse:
http://www.uni-passau.de/~ramsch/fremdenverkehrszentral
en.html#U.S.A.

Internetadressen

Adressen für Studenten
http://www.bibl.u-szeged.hu/oseas/links.html
Auf dieser Internetseite finden Sie Links zu
- US »Colleges« und Universitäten
- den Fachbereichen Business, Engineering and Science, Hu-
  manities, Law, Medicine und Social Sciences
- International Education and Advising
- Financial Aid
- Tests
- English as a Second Language Programs

- Praktikavermittlungsstellen
- Versicherungen, Touristeninformationen und ähnliches.

http://www.finaid.org/finaid/focus/itl-stud.html
Diese Seite der »Financial Aid Information Page« der »National Association of Student Financial Aid Administrators« (NAS-FAA) weist auf einige Möglichkeiten für deutsche Studenten hin, finanzielle Unterstützung von amerikanischer Seite zu erhalten.

http://www.homefair.com/homefair/cmr/salcalc.html.
Auf dieser Webseite werden Lebenshaltungskosten und Indizes, die vierteljährlich auf den neusten Stand gebracht werden, von über 450 amerikanischen Städten publiziert. Diese Lebenshaltungskosten können eine wertvolle Grundlage für Ihre Überlegung sein, wie hoch Ihr Gehalt sein sollte. Es gibt auf dieser Webseite sogar einen »Calculator«, der für Sie ausrechnet, welches Gehalt Sie in einer anderen Stadt benötigen, um denselben Lebensstandard wie bisher zu haben.

http://lattanze.loyola.edu/MonGen/home.html
Sie erfahren auf dieser Webseite unter anderem Hilfe, wie Sie Lebensläufe schreiben und wie Sie die Jobsuche angehen können.

http://www.lsac.rog/rellinks.htm
Eine Internetseite für Juristen. Viele Links zu »Related to Legal Education«.

http://chronicle.merit.edu/
Auf dieser Seite erhalten Sie Informationen zu amerikanischen Hochschulen und zu Jobs im akademischen Bereich und Links.

http://www.bdvb.de/htm/themen.htm

Ein informativer Erfahrungsbericht auf der Internetseite des Bundesverbands Deutscher Volks- und Betriebswirte zum Thema MBA-Studium in den USA.

Adressen amerikanischer Universitäten

Universitätsadressen sehen im Normalfall folgendermaßen aus:

http://www.Universität.edu/

wobei statt Universität der Name der Universität steht.

So sieht beispielsweise die Adresse der Yale-Universtität folgendermaßen aus:

http://www.yale.edu/

Über die Homepages der Universitäten kann man Informationen über Kurse, Vorlesungen, universitäre Dienste, soziale Veranstaltungen, Professoren etc. erhalten.

Über folgende Adressen kann man auf Homepages vieler Universitäten gelangen:

http://www.yahoo.com/education/universities

http://www.mit.edu/people/cdemello/univ.html/

http://www.clas.ufl.edu/CLAS/american-universities.html

http://www.review.com/.

Dies ist die Princeton Review's Homepage.

Amerikanische Tests

http://www.toefl.org   http://www.gre.org

http://www.gmat.org   http://www.kaplan.com

Informationen zur Green Card-Lotterie

http://www.us-botschaft.de/travel/d41-3-3.htm

Informationen in deutscher Sprache.

http://travel.state.gov/visa_bulletin.html
Informationen in englischer Sprache.

Rankings

http://www.nap.edu/nap/online/researchdoc/
http://www.usnews.com/usnews/nycu/educat.htm
http://www.usnews.com/usnews/edu/misc/index.htm#rank
http://www.auslandsstudium.de/info-f-d/links_zum_studi
um_ in_ den_usa.html
Auf der Seite des DAAD finden Sie Links zu mehreren Rankings.

Versicherungen bzw. »Student Health Insurance Programs«

http://www.sid.com/sid/Welcome.html
»Student Insurance Division (SID)«
http://www.amesweb.com/rust_assocs/index.html
»Rust and Associates Premier International Health Insurance
Plan«
http://www.ins-for-students.com
http://mmink.com/mmink/dossiers/irnimg/select.html
»Time Insurance Student Select«
http://www.champion-ins.com/
»Champion Insurance«

Amerikanische Behörden im Internet

http://www.ins.usdoj.gov/
Mit dieser Adresse kommen Sie auf die Homepage des INS.
http://www.ins.usdoj.gov/forms/download/formdown.htm
Unter dieser Adresse finden Sie Formblätter des INS.

Adressen zur Praktika- und Jobsuche

http://www.switchboard.com/

Auf dieser Seite finden Sie Firmenadressen, zum Teil geordnet nach Branchen.

http://yp.uswest.com/cgi/search.fcg

Firmen und Personen samt E-Mail-Adressen, nach Bundesstaaten geordnet.

http://206.141.250.39/

Adresse der amerikanischen »Yellow Pages«, sortiert nach Bundesstaaten.

http://www.black-collegian.com/

Hier finden Sie ausgeschriebene Praktika und Jobs.

http://curry.edschool.virginia.edu/kpj5e/ITJobQuest/Quest
.html

http://www.careermosaic.com

Datenbanken mit Tausenden offener Stellen. Sie können Ihren Lebenslauf in einer Datenbank speichern, in der Arbeitgeber nach Arbeitnehmern suchen; und Sie erhalten durch den »Career Resource Center« Tips zur Jobsuche.

http://www.jobweb.org

Mit dieser Adresse gelangen Sie auf die Homepage der »National Association of Colleges and Employers«. Es werden offene Stellen aufgeführt und Informationen zu Unternehmensprofilen und anderen karriererelevanten Themen gegeben. Außerdem gibt es eine Reihe Links auf Datenbanken, Newsgroups und Jobbanks.

http://www.jobtrak.com

Jobtrak und mehr als 400 »Colleges« und »University Career Centers« haben sich zusammengeschlossen, um ehemaligen Schülern und Studenten täglich über 2.000 offene Arbeitsplätze anzubieten. Die Schulen, die zu diesem Verbund gehören, werden on-line aufgelistet.

http://www.jobsdirect.com

http://www.mediainfo.com/edpub/e-papers.us.html

http://www.ncsu.edu/jobs/osp/index.html

Stellenbörse der Universität North Carolina.

http://recomp.stanford.edu/jobs

Hier gelangen Sie zu einer Liste von Online-Stellenbörsen und verwandten Seiten.

http://www.monster.com

Die mehr als 50.000 Arbeitsplätze, die hier angeboten werden, setzen sich zu 60 Prozent aus technischen Jobs und Jobs an der East Coast zusammen.

Auch hier kann Ihr Lebenslauf on-line hinterlassen werden. Und außerdem Informationen zu Berufsprofilen, Karriere, Events und zahlreiche Links zu Firmen-Webseiten und Job-Messen.

http://www.espan.com

Diese Adresse bietet den Zugang zu Tausenden Arbeitsangeboten bzw. Unternehmensprofilen und enthält umfangreiche Informationen für Arbeitsuchende.

http://www.ajb.dni.us

Links zu 250.000 Jobs von 1800 State Employment Service Offices. Diese Seite wird vom U.S. Department of Labor und State Employment Agencies bereitgestellt.

http://www.newslink.org

http://www.careerpath.com

Verzeichnis von 20.000 klassifizieren Arbeitsplätzen der 25 größten amerikanischen Zeitungen.

http://www.careermag.com

Homepage des Career Magazine. Interessant für Ingenieure und Programmierer.

http://www.careercity.com

http://www.careermosaic.com

Internetseite mit technologischer Orientierung. Es werden

mehr als 50.000 Jobs aufgeführt. Außerdem auch Jobs in Kanada, Großbritannien und Asien.

http://www.nationjob.com

Eine Stellenbörse mit Jobs in den ganzen USA; die meisten Jobs liegen im Mittleren Westen der USA.

http://www.medsearch.com

Ungefähr 2000 Jobs in den Bereichen Medizin und Gesundheitsfürsorge.

http://chronicle.merit.edu/ads/.links.html

Jobs in den Bereichen Erziehung und akademische Jobs (Museen, Galerien und »Social Service Organizations«).

http://www.lawjobs.com

http://www.intellimatch.com/intellimatch/

Allgemeine Jobbörse.

http://www.postajob.com/

Jobbörse für EDV-Profis.

http://www.occ.com

Dieses on-line »Career Center« bietet eine immense Datenbank mit Stellenangeboten, mit Suchfunktionen nach Industrie und Lokation; auch hier können Sie Ihren Lebenslauf on-line hinterlassen. Zusätzlich werden Unternehmensprofile angeboten.

http://www.jobcenter.com

http:/pub.acs.org

Jobs für Chemiker, Chemieingenieure, Biochemiker u. ä.

http://www.peinews.com./pci

Technische Berufe.

http://www.onramp.net/icc/

»Insurance Career Connection«.

http://www.au-pair.com/

Au-Pair-Vermittlung, die kostenlos Stellengesuche und Angebote entgegennimmt.

http://www.summerjobs.com/

Hier finden Sie Saison-, Teilzeit- und Sommerjobs auf der ganzen Welt, überwiegend aber in den USA. Der Zugang ist kostenlos.

http://www.coolworks.com

http://www.petersons.com/summerop/ssector.html

http://www.jobweb.org/catapult/jintern.html

Praktika:

http://www.reg.uci:80/ucl/sop/brainbook/internship.html

http://icpac.indiana.edu/interns.html

http://www.review.com/career/internships.worth.html

http://www.forum-jobline.de/surftips/praktikum.html

Über diese Seite erhalten Sie Zugang zu einer Menge interessanter Links in bezug auf Auslandspraktika.

http://www.daily.umn.edu/~mckinney/

Praktika bei Zeitungen bzw. bei Sendern für Print- und Radiojournalisten.

http://www.rsinternships.com

Viele Praktikantenstellen geordnet nach Branchen.

http://www.prsadetroit.org/

Praktika im PR-Bereich.

http://www.wolf-trap.org/interns.html

Eine amerikanische Organisation, die Praktika in künstlerischen und kulturellen Bereichen vermittelt.

Allgemeine USA-Informationen

http://www.usembassy.de/d0.htm

Eine sehr empfehlenswerte Adresse: Hier finden Sie Informationen zur amerikanischen Geschichte, ferner zu Wirtschaft, zu Politik, Gesellschaft, Kultur, Technologie, Bildungswesen, Sport etc. Außerdem Reiseinfos und sehr viele Links (beispielsweise, um Mietwagen, Flüge, Hotels zu reservieren etc.).

http://www.ecola.com/travel/

Auf dieser Seite finden Sie Adressen von Hotels, Mietwagen, Airlines, Airports und lokalen Zeitungen. Teilweise können Sie direkt On-line-Buchungen vornehmen. Außerdem bekommen Sie Informationen zu den USA, Landkarten und vieles mehr.

http://www.hiayh.org/

Hier finden Sie »Youth Hotels« in den USA.

http://city.net/countries/united_states/

Landkarten, »Yellow Pages«, Bücher, Reservierungen von Flügen, Mietwagen und Hotels.

http://www.reisetraeume.de/usa

Auf dieser Seite erhalten Sie Reisetips aller Art (Trinkgeld, Auto, Geld, Bus und Bahn, Motels, Reiseführer, Büros etc.).

http://www.reisetraeume.de/usa/tips/Auto.html

Unter anderem erfahren Sie, wo Sie ein Auto mieten können, auch wenn Sie noch nicht 25 Jahre alt sind.

http://www.amtrak.com

Unter dieser Adresse finden Sie Fahrpläne und Preisinformationen der für den amerikanischen Personenbahnverkehr zuständigen Gesellschaft AMTRAK.

http://www.greyhound.com

Fahrpläne und Preise der Busgesellschaft Greyhound.

http://www.fh-hannover.de/usa/landesk.htm

Links auf die Seiten verschiedener Zeitungen und Zeitschriften.

http://www.gerstein.acemail.com/ymcatoronto/ask/ymca2.htm

Hier bekommen Sie Kontakt zu den »YMCA's« in den USA.

http://www.hostels.com/us.html

Internetzugang zu Hostels in den USA.

http://www.nethomeexchange.com/

Internetseite einer Wohnungstauschbörse.

http://www.skyways.de/drr-faq.html
Hier finden Sie Antworten auf Fragen, die »immer wieder auftauchen«, beispielsweise alles über Flugtarife, Studententickets, Airpässe, Pauschalreisen, Last-Minute-Reisen, Reiseversicherungen, Mietwagen, Verkehrsverbindungen, Einreisebestimmungen, Telefonieren im Ausland und Geld.

Literaturhinweise

Literatur zu dem Thema »Studium in den USA« finden Sie in
- Universitätsbibliotheken,
- Auslandsabteilungen der Universitäten,
- Stadtbibliotheken,
- Amerika-Häusern,
- Deutsch-Amerikanischen Instituten.

Amerikanische Literatur können Sie bestellen bei Telebuch: http://www.telebuch.de oder bei Princeton Review: http://www.review.com oder bei Peterson's Books: http://bookstore.applytocollege.com/POLbookstore/

Studium

Asher, Donald, 1991: Graduate Admissions Essays: What Works, What Doesn't and Why, Ten Speed Press, Berkeley, CA. *Hinweise für Bewerbungsessays.*
American Association of Dental Schools (Hg.), 1998: Admission Requirements of U.S. and Canadian Dental Schools, American Association of Dental Schools, Washington, DC.
The American Bar Association, 1998: Aba Approved Law Schools 1999, MacMillan General Reference, New York, NY

American Council on Education (Hg.), 1992: American Universities and Colleges, Walter de Gruyter, New York, NY, Washington, DC

Berner, Torsten; Giesen, Birgit; Rappmund-Gerwers, 1996: Das MBA-Studium. Mit Portraits von Business Schools in den USA und Europa, 1. Auflage, Jörg E. Staufenbiel, Köln.

Brennan, Moya; Briggs, Sarah, 1991: How to Apply to American Colleges and Universities, VGM Career Horizons, Lincolnwood, IL.
Hinweise für Bewerbungsessays.

Bundesministerium für Bildung, Wissenschaft, Forschung und Technologie (Hg.), 1996: BAföG 98/99 – Gesetz und Beispiele.
Diese Broschüre können Sie kostenlos beim BMB+F anfordern.

Bundesministerium für Bildung, Wissenschaft, Forschung und Technologie (Hg.), 1996: Studium im Ausland. Hinweise für Studenten.
Diese Broschüre können Sie kostenlos beim BMB+F anfordern.

Bundesverband Deutscher Stiftungen e.V., 1997: Verzeichnis der Deutschen Stiftungen, Verlag Hoppenstedt, Darmstadt.

College Entrance Examination Board, 1992: The College Board Guide to 150 Popular College Majors, College Board, New York, NY
Mit Hilfe dieses Buches können Sie sich über die Bandbreite von Studienangeboten amerikanischer »Colleges« informieren.

Custard, Edward, 1997: The Best 311 Colleges, 1998 Edition, The Princeton Review Series, Random House, New York, NY
In diesem Buch sind Adressen und Informationen über das akademische Angebot, Leben, Zusammensetzung der Studenten, Zulassung und finanzielle Hilfe von 311 »Colleges« in den USA aufgeführt.

Custard, Edward, 1997: The Complete Book of Colleges, The Princeton Review Series, Random House, New York, NY

DAAD (Hg.), Studium, Forschung, Lehre im Ausland. Förderungsmöglichkeiten für Deutsche sowie Akademisches Jahr 1998/1999.

Eine kostenlose Veröffentlichung des DAAD gibt einen nahezu vollständigen Überblick über Auslandsstipendien für Deutsche. Es werden Stipendien für Studierende, Graduierte, Promovierte, Wissenschaftler, Hochschullehrer sowie Programme der Europäischen Union, gesetzliche Fördermaßnahmen, Programme anderer Organisationen und Vermittlungsstellen berufsbezogener Fachpraktika aufgelistet.

Esch, Wally, 1991: Medizinstudium und Weiterbildung in den USA, 2. Auflage, Biermann, Zülpich.

Everett, Carole J., 1997: The Performing Arts Major's College Guide, Macmillan, New York

Gilbert, Nedda, 1997: The Best Business Schools, 1998 Edition, The Princeton Review Series, Random House, New York, N.Y.

Informationen über akademische Programme, Professoren, Studienbedingungen, Kosten, Stipendien und Bewerbungsverfahren.

Gourman, Jack, 1997: The Gourman Report. Undergraduate Programs. A Rating of Undergraduate Degree Programs in American and International Universities, The Princeton Review Series, Random House, New York, NY

Hier finden Sie Ratings der 100 besten Undergraduate Schools, der amerikanischen »Undergraduate Institutions«, der »Undergraduate Programs«, der »Undergraduate Schools in Engineering«, der »Undergraduate Schools in Business Administration«, der »Pre-professionale Education« und der Universitäten in bezug auf administrative Bereiche.

Sie erfahren zusätzlich Adressen, Fachbereiche, angebotene Programme und die Zulassungsvoraussetzungen der Universitäten.

Gourman, Jack, 1997: The Gourman Report. Graduate Programs. A Rating of Graduate and Professional Degree Programs in American and International Universities, The Princeton Review Series, Random House, New York, NY

Hier finden Sie Ratings der einzelnen »Graduate Programs«, der »Law Schools«, der »Medical Schools«, der »Health Programs«, der »Engineering Programs«, der »Business Schools«, der »Doctoral Programs in Management«, der »Criminal Justice Programs«, der »Departments of Graduate Education«, der 50 besten »Graduate Schools« und der »Graduate Research Libraries«.

Institute of International Education, 1996: Funding for U.S. Study – A Guide for Foreign Nationals, New York, NY.

Institute of International Education, 1997: English Language and Orientation Programs in the United States, New York, NY.

Köhler, Dorothee, 1997: Berufliche Weiterbildung im Ausland, Qualifizierungsprogramme weltweit, Band 14, Campus Concret Verlag, Frankfurt a. M.

Littmann, Ulrich, 1996: Studienführer Vereinigte Staaten von Amerika, DAAD, Bonn.

Dieses kostenlose Buch können Sie bei den akademischen Auslandsämtern oder direkt beim DAAD erhalten. Der Text ist außerdem über das Internet veröffentlicht.

Nagy, Andrea; Bilstein, Paula, 1997: The Best Medical Schools 1998, 1998 Edition, The Princeton Review Series, Random House, New York, NY.

Informationen über akademische Programme, Professoren, Studienbedingungen, Kosten, Stipendien und Bewerbungsverfahren.

Peterson's MBA Programs 1998: Peterson's Guides, Princeton, NJ.

Peterson's Guide to Graduate and Professional Programs 1998: An Overview, Peterson's Guides, Princeton, NJ.

Den »Peterson's Guide to Graduate & Professional Programs« gibt es für folgende Disziplinen:

- *in the Humanities, Arts, and Social Sciences 1998*

- *in the Biological Sciences 1998*
- *in the Physical Sciences, Mathematics, Agricultural Sciences, the Environment, and Natural Resources 1998*
- *in the Engineering and Applied Sciences 1998*
- *in Business, Education, Health, Information Studies, Law, and Social Work 1998*

Schäufele, Michael K., 1995: Medizinier in den USA. Leitfaden für Studium und Weiterbildung, 2. Auflage, edition med konkret, München.

Schulze, Martina, 1997: Studienaufenthalte, Praktika und Jobs in USA und Kanada. Der Bewerbungsratgeber für Abiturienten, Studierende und junge Berufstätige, Falken Verlag, Niedernhausen.

Seidenspinner, Gundolf, 1997: Studieren mit Stipendien – USA, Kanada, weltweit, mvg Verlag, Landsberg am Lech.

Stelzer, Richard, 1997: How to Write A Winning Personal Statement for Graduate and Professional School, Peterson's Guides, Princeton, NJ.
Hinweise für Bewerbungsessays.

Thompson, Douglas C., 1997: College Handbook 1998: Foreign Student Supplement, College Board Publications, New York, NY.

United States Information Services (Hg.): A Practical Guide for Students who want to study in the U.S.
Ein jährlich neu herausgegebener Ratgeber des United States Information Services, den Sie in den Amerika-Häusern einsehen können.

Van Tuyl, Ian, 1997: The Best Law Schools, 1998 Edition, The Princeton Review Series, Random House, New York, NY.
Informationen über akademische Programme, Professoren, Studienbedingungen, Kosten, Stipendien und Bewerbungsverfahren.

Varner, Kimberly, 1997: Medical School Admission Requirements, 1998-1999, Association of American Medical Colleges, Washington, D.C.

Vuturo, Christopher, 1997: The Scholarship Advisor. More than 500.000 Scholarships worth 1.5 Billion Dollars, 1998 Edition The Princeton Review Series, Random House, New York, NY.

World Health Organization, 1996: World Directory of Medical Schools, 7. Auflage, GOVI-Verlag, Eschborn.

Arbeiten in den USA

Bernstein, Alan B.; Schaffzin, Nic, 1997: Guide to Your Career 1997-1998 Edition, The Princeton Review Series, Random House, New York, NY.

Dixon, Pam; Tierstcn, Sylvia, 1995: Be Your Own Headhunter Online, The Princeton Review Series, Random House, New York, NY.

Glossbrenner, Alfred; Glossbrenner, Emily, 1995: Finding a Job on the Internet.

Kennedy, Joyce Lain, 1995: Hook Up, Get Hired! The Internet Job Search Revolution, John Wiley & Sons.

Krantz, Les, 1997: Job Finder's Guide 1999, the World Almanac, Mahwah.

Oldman, Mark; Hamadeh, Samer, 1997: The Internship Bible, 1998 Edition, The Princeton Review Series, Random House, New York, NY.

Petras, Kathryn; Petras, Ross; Petras, Georges, 1997: Jobs '98. From Entry-Level to Executive Postitions – Leads on more than 40 Million Jobs, Fireside, New York, NY.

Rosenberg, Arthur D.; Hizer, David, 1996: The Resume Handbook. How to Write Outstanding Resumes & Cover Letters for Every Situation, Adams Media Corporation, Massachusetts.

Schmidtke, Carsten, 1996: Bewerben in den USA. Arbeitssuche, Bewerbungsunterlagen, Vorstellungsgespräch, Rechts-grundlagen, Falken Verlag, Niedernhausen.

Tullier, Michelle; Haft, Thimothy; Heenehan, Margaret; Taub, Marci, 1997: Job Smart. What You Need to Know to Get the Job You Want, The Princeton Review Series, Random House, New York, NY.

Tests

Von der The Princeton Review Series, Random House, New York, NY, gibt es eine Reihe von Büchern, mit deren Hilfe Sie sich auf Zulassungstests vorbereiten können. Dazu gehören beispielsweise:

Buffa, Liz, 1997: Cracking the TOEFL.
Martz, Geoff, 1997: Cracking the GMAT.
Robinson, Adam; Katzman, John, 1997:
• Cracking the SAT and PSAT,
• Cracking the GRE und
• Cracking the LSAT.

Akkreditierung amerikanischer Hochschulen/Studiengänge

Anaya, Alison, 1997: Accredited Institutions of Postsecondary Education, American Council on Education Washington, DC.
Dickey, Karlene N.: Switzerland: A Study of the Educational System of Switzerland and a Guide to the Academic Placement of Students in Educational Institutions of the United States (AACRAO) Washington, DC.
Lukas, Karen Hammerlund, 1987: Austria: A Study of the

Educational System of Austria and a Guide to the Academic Placement of Students in Educational Institutions of the United States, American Association of Collegiate Registrars and Admission Officers (AACRAO), Washington, DC.

Porter, Georgeanne B., 1986: The Federal Republic of Germany: A Study of the Educational System of the Federal Republic of Germany and a Guide to the Academic Placement of Students in Educational Institutions of the United States, American Association of Collegiate Registrars and Admission Officers (AACRAO), Washington, DC.

Standardwerk, nach dem auch Begutachtungsagenturen vorgehen.

Leben in den USA

Näth, Insa, 1998: Wunschheimat USA. Alles über Arbeiten, Leben, Sozialversicherung, Visa, Bewerbungen. Mit vielen Tips, Tricks und Adressen, mvg Verlag, Landsberg am Lech.

Ein Ratgeber für Auswanderung und vorübergehende Arbeitsaufenthalte. Es werden alle Schritte, von der Überlegung, in den USA zu arbeiten, bis hin zu Informationen für das Alltagsleben in den USA, gegeben.

- *Sie erhalten einen Überblick über die Wirtschaft, das Bildungswesen und den Arbeitsmarkt mit den vielversprechendsten Branchen und die Bevölkerungsstruktur.*

- *Sowohl das Krankenversicherungssystem als auch das Rentensystem der USA werden ausführlich erläutert.*

- *Neben zahlreichen Tips zur Arbeitsuche erhalten Sie Anleitungen, wie Sie sich erfolgreich in den USA bewerben.*

- *Visa-Bestimmungen werden beschrieben, und Sie erfahren, wie Sie eine Green Card oder ein befristetes Visum beantragen.*

- *Insbesondere wird auf die Möglichkeit ausführlich eingegangen, über die »Green-Card-Lotterie« oder das »Investor Visa Program« eine Green Card zu erhalten.*
- *Unentbehrliche Ratschläge, Informationen und eine Checkliste geben Ihnen nützliche Hilfestellung in allen Phasen Ihres Umzugs.*
- *Außerdem finden Sie viele nützliche Literaturhinweise und aktuelle Kontaktadressen.*

Lewis, Loida Nicolas; Madlansacay, Len T., 1998: How to get a Green Card. Legal Ways to Stay in the U.S.A., 3rd Edition, Nolo-Press Berkeley.

Musterbrief 1:
Beispiel für eine erste Informationsanfrage

»Director of   Musterstadt,
Undergraduate   10. März 2000
Admission«
University
[Adresse]

Dear Admissions Officer:

I am interested in receiving information on your undergraduate programs in ... *(Fach angeben)*. Please send me your »college catalogs«, »bulletins«, an application for admission, an application for financial aid and any other important information that I may need to apply to your school.

Name: **Mrs. Karin Muster**
Address: **Musterstraße 3**
                         55555 Musterstadt
                         Germany

Telephone:	(001) 235 565448
Fax:	(001) 235 565449
Date of Birth:	August/22/1973
Marital Status	[single, married oder divorced]
Child:	[...]
Citizenship:	German

Educational Background:
Schulen (ab Gymnasium),
Universitäten
Fachhochschulen
Pädagogische Hochschulen
und ähnliche.

> Listen Sie für jede Ausbildungsstufe den Namen und Ort der jeweiligen Bildungsinstitution, Fachbereiche, erreichte Abschlüsse (Termin und Note) auf.

Background in English Proficiency:

> Anzahl der Jahre, in denen Sie Englischkenntnisse erworben haben. Name und Ort der Bildungsinstitution. Erreichte Note bzw. eigene Einschätzung der Kenntnisse. Eventuelle TOEFL-Testergebnisse, falls vorhanden.

Academic Plans while in the USA:

> Möchten Sie einen Abschluß erzielen? Wann soll das Studium beginnen (Monat, Jahr angeben)? Wo möchten Sie eingestuft werden?

Financial Arrangements:

> Erläutern Sie die Finanzierung Ihres Studium und Ihres Lebensunterhalts (Zahlen Sie selber, erhalten Sie Unterstützung durch deutsche Stipendien, möchten Sie einen Job ausüben oder amerikanische Stipendien beantragen? Wieviel Geld steht Ihnen zur Verfügung?)

Thank you for your time and consideration
Sincerely

[Unterschrift]

Ihre Informationsanfrage für »graduate studies« kann im Prinzip aussehen wie oben, nur müssen Sie die Anfrage direkt an den Fachbereich (»Dean of the Department/the Graduate School) richten.

Musterbrief 2:
»Summary of Academic Record«

Student Reported Summary of Academic Record

Name of Student:	**Hans Müller**
Home Address:	Musterstr. 7
	57892 Musterstadt
	Germany
Telephone:	(001) (256) 5487892
Fax:	(001) (256) 5487893
Date of Birth:	April 3, 1971
Place of Birth:	Köln
Enrolled at:	**University of Freiburg**
Degree Level:	Master of Business and Administration
Major Subject/s:	International Economics, Business Administration, Pedagogy and Business
Minor Subject/s:	Financial Markets

Seite 2:
Übersicht über die besuchten Lehrveranstaltungen:

Term	Title of Course	Type of Course	Professor	Hours a Week	Course Requirements	Grade
Fall Semester 98	Money, Banking and Finance	Seminar	Prof. Dr. Sauermann	5		2,0
Fall Semester 98	International Trade	Seminar		4		Pass
Fall Semester 98	Accounting	Vorlesung		4		2,7

German Grading System: *
For Presentation to:
(name of U.S. University)

We certify that the courses listed correspond to the students course records (Studienbuch) and the grades reported to the performance certificates (Scheine) presented in the original. Lecture courses are not graded.

Date, Student Signature   Stamp of Student's
                               Home University

* Ein Beispiel für einen Text zur Erklärung des deutschen Benotungssystems finden Sie im Internet:
http://www.intl.fh-pforzheim.de/out/trancript.html

Postalische Abkürzung der Bundesstaaten

AL	Alabama
AK	Alaska
AZ	Arizona
AR	Arkansas
CA	California
CO	Colorado
CT	Connecticut
DE	Delaware
DC	District of Columbia
FL	Florida
GA	Georgia
HI	Hawai
ID	Idaho
IL	Illinois
IN	Indiana
IA	Iowa
KS	Kansas
KY	Kentucky
LA	Louisiana
ME	Maine
MD	Maryland
MA	Massachusetts
MI	Michigan
MN	Minnesota
MS	Mississippi
MO	Missouri
MT	Montana
NE	Nebraska
NV	Nevada
NH	New Hampshire
NJ	New Jersey

NM	New Mexico
NY	New York
NC	North Carolina
ND	North Dakota
OH	Ohio
OK	Oklahoma
OR	Oregon
PA	Pennsylvania
RI	Rhode Island
SC	South Carolina
SD	South Dakota
TN	Tennessee
TX	Texas
UT	Utah
VT	Vermont
VA	Virginia
WA	Washington
WV	West Virginia
WI	Wisconsin
WY	Wyoming

Register

AACRAO-Empfehlung 37, 70
AAUW Education Foundation 105
Admission Office 30
Advanced Placement Program (AP) 117 f.
Adviser 34 f., 37, 149, 177 ff.
Akkreditation 31 ff., 66 f.
Alexander-von-Humboldt-Stiftung 102
Alkohol 169, 188, 205
Arbeit 105 ff., 142, 144
Associate Degree 22, 28 f., 218
Ausbildungsqualität 65 f.
Autokauf 205 f.

Bachelor's Degree 22 f., 26, 28 f., 218
BAföG 90 ff.
Bankkonto 174
Bewerbung 55-60, 61, 119-134
– Bibliothek 44 f., 184
Bulletin 108

Campus 34 f., 45 , 106, 131,139, 156
Carl-Duisberg-Gesellschaft e. V. 93
Charter 32
Class Ranks 19
Cluster College 21
College 13, 16-23, 26, 28 f.
College-Level Examination Program (CLE)
  118
Community College 22
Computer 170, 184
Consortia 23 f.
Council on International Educational
  Exchange e. V. 94
Course Credits 41 f.
Credit Hours 41 ff.

Department of Student Affairs 30
Deutsche Forschungsgemeinschaft 102
Deutscher Akademischer Austauschdienst
  (DAAD) 95 f.
Direktaustausch 103
Doctor's Degree 26 ff.

Einreise 149
Einstufung 36, 70, 74 f., 117 f., 180

Elementary School 15 ff.
Empfehlungsschreiben 125 ff.
Englischkenntnisse 75-79
Evening Class 25
Exmatrikulation 161

Fächerauswahl 64, 67
Familienangehörige 144, 186 f.
Famulatur 50 f., 145
Feiertage 189
Financial Aid Office 30
Finanzierung 67 f., 84-107
– Kredit 89 f.
– Nachweis 131, 147
First-Year Student 21, 37
Flughafenankunft 172 f.
Forschungsstipendien 102
Four-Year College 21 f.
Freizeitwert 68
Führerschein 175 f.
Fulbright-Kommission 97 f.

Gastfamilie 161
Geld 170, 189
Geräte, elektrische 165 f., 188
German Marshall Fund 98
Gottlieb-Daimler- und Carl-Benz-Stiftung
  103
Graduate Degree 28 f.
Graduate Studies 23 f., 32, 72 f., 122, 125,
  129 f., 134, 219
Green Card 105, 135 f., 150-155, 219, 221
– Lotterie 153 ff.
Gutachten 125 ff.

Hans-Böckler-Stiftung 99
High School 15-19, 28 f.
Hochschulauswahl 65

Identifikation 175 f.
Informationsmaterial 80
International Student Office 177
I-20 Form 132, 137 ff., 143

Jahr, akademisches 35 f.

Jurastudium 48 f.

Kleidung 167
Kontakte 185
Kosten 85 ff.
Kulturschock 185

Lebensmittel 168
Liberal Art College 20

Maßeinheiten 190, 201
Master Degree 24-28, 216, 218 f.
Medikamente 168, 188
Medizinstudium 49 ff., 145
Mietkonditionen 160 f.
Mietwagen 206 f.

Objective Test 39
Öffnungszeiten 191

Pädagogischer Austauschdienst 99
Post 191 f.
Praktisches Jahr 51 f.
Predeparture Orientation Session 179
Professional Schools 23, 26
Promotionsstudium 26 f.

Ranking 66
Rauchen 193
Registrar's Office 30
Registrierung 181
Restaurant 193 f.
Robert-Bosch-Stiftung 100
Rotary Foundation 100 f.

Scholarship 20
Schriftverkehr 80 f., 192
Schulsystem 13 ff.
Scores 19
Social Security Card 175 ff., 182
Special Honors 43 f.
Sprachstudium 25, 75-79
Sprachtest 108-112, 127 f., 180
State University System 23
Stipendien 84, 90-105
Studienanerkennung 33, 69, 216 ff.
Studiendauer, -zeitpunkt 62 f.
Studiengebühren 20, 46 f., 88
Studienleistung, Bewertung der 40 f.

Studienstiftung des deutschen Volkes 101
Stundenplan 180 f.
Subjective Test 40
Summer School 25, 78 f., 142 f.

Technical Institution 13, 17 ff.
Telefonieren 196-200
Telegrafieren 200
Tiere 167 f.
TOEFL-Test 78, 110, 127 f.
Trinkgeld 201
Two-Year College 21 f.

Umgangsformen 194
Umzug 165
Undergraduate Degree 28
Undergraduate Studies 32, 71 f., 121,
    129, 134
University 23 ff., 28-47, 66, 69
– Colleges 30
– Extension 25
– Lehrkörper 30 f.
– Lehrveranstaltung 37 f.
– Prüfung 39 f.
Unterkunft 45, 156-161
Urlaubssemester 161 f.

Verband der Deutsch-Amerikanischen
    Clubs 102
Verkehr 202-209
Versicherung 142, 162 ff.
Visum 35, 42, 135 ff.
– B- 145
– befristetes 137-149, 219
– F-1 137 ff., 147, 219
– J-1 140 ff., 148, 162, 220 f.
– M-1 143 f., 148, 220
Vocational School 17 ff., 143
Vollstudium 63

Wirtschaftswissenschaften 52 f.
Wissenschaftler-Förderung 102

Zahlen 209
Zahlungsverkehr 210-214
Zeit 214 f.
Zeugnisse 123
Zulassung 24, 36, 70 f.
Zulassungstest 108 ff., 112-118, 128